当代破产法丛书　　韩长印 ● 总主编　　许德风　任一民 ● 执行主编

破产法上的担保权问题研究

李忠鲜 ● 著

图书在版编目(CIP)数据

破产法上的担保权问题研究 / 李忠鲜著. -- 北京：当代中国出版社，2024.11
（当代破产法丛书）
ISBN 978-7-5154-1324-2

Ⅰ.①破… Ⅱ.①李… Ⅲ.①破产法—研究—中国②担保—物权法—研究—中国 Ⅳ.①D922.291.924②D923.24

中国国家版本馆CIP数据核字(2024)第034684号

出 版 人	王　茵
责任编辑	邓颖君
责任校对	贾云华　康　莹
印刷监制	刘艳平
封面设计	鲁　娟
出版发行	当代中国出版社
地　　址	北京市地安门西大街旌勇里8号
网　　址	http://www.ddzg.net
邮政编码	100009
编 辑 部	(010)66572156
市 场 部	(010)66572281　66572157
印　　刷	中国电影出版社印刷厂
开　　本	710毫米×1000毫米　1/16
印　　张	14.5印张　1插页　197千字
版　　次	2024年11月第1版
印　　次	2024年11月第1次印刷
定　　价	78.00元

版权所有，翻版必究;如有印装质量问题，请拨打(010)66572159联系出版部调换。

序 一

　　担保制度具有保障债权实现和促进资金融通的功能,企业在进入破产程序之时,通常其主要财产已经被多种类型的担保权利所覆盖,妥善处置担保财产对于破产程序的顺利推进至关重要。从制度价值上来讲,担保法重在以担保财产保障主债权如约优先受偿,而且基于债权人保护理念,实现担保物权的程序应当具有费用低、环节少、程序快等特点,促进债权人便捷高效地实现债权;而破产法则重在以财产归集实现全体债权集中清偿,而企业存续这一事实本身对于社会经济也能带来一定的经济效益,破产法的所有规范设计也就尽其所能地追求企业挽救,或者至少促进可分配财产的最大化。由此,在担保法和破产法之间必然产生法理和适用上的冲突和矛盾。

　　2006年以来,《企业破产法》及其相关司法解释修改了此前《企业破产法(试行)》第28条不严格区分破产取回权与破产别除权、将担保财产不列入债务人财产的相关规定,将担保财产统一纳入债务人财产范围,由破产管理人统一管理和处分,债权人仅得主张优先受偿权。这一修改表明,虽然破产别除权系权利人所享有的不依破产清算程序而优先于一般破产债权人就担保财产优先受偿的权利,但其行使仍然受破产程序的约束。破产别除权的行使事涉债务人财产的稳定和构成,也攸关债务人财产的价值发现和公平分配,别除权人不仅应当参加债权集中申报,接受破产管理人的审查,且在法院裁定认可破产和解协议、裁定批准破产重整计划之前,应当暂停担保物权的行使,这一修改体现了由破产管理人统一管理债务人财产的基本法政策选择。不仅如此,在《民法典》对于担保物权制度采取功能主义的立场之后,担保物权在破产程序中的处置更是发生了根本性的方法论转向。在这一规范体系之下,对于担保债权的保护问题尤其值得重视,如果企业破产程序动摇了担保债权的优先性,必将对担保制度的功能造成严重损害。

基于这一背景,本书选题具有极强的问题意识。在内容编排上,本书对于我国《企业破产法》及相关司法解释对担保物权采取的这种既保护又限制的政策立场进行了系统阐述,继而在区分破产清算和破产重整的基础上,对当前我国《企业破产法》中担保债权在破产程序中的实现机理作了系统反思和批判性思考。此外,本书较好地结合了担保制度理论的新发展和近年来我国破产法的立法、司法政策变化,具备相当的理论性、实践性和可读性。可喜的是,本书认为应当对现行担保权益调整的两大制度——自动停止制度与重整计划强制批准制度进行立法论上的补漏,这一观点和建议虽形成于博士论文写作之时,却与最高人民法院于后续发布的司法解释和司法政策所秉持的保护担保债权的总体立场相契合,体现了忠鲜博士作为青年研究者的学术敏锐性。

在博士毕业之后,忠鲜博士也在我和石佳友教授的指导下,继续在这一主题进行研究,相继在《南京大学学报(哲学·人文科学·社会科学)》《东南大学学报(哲学社会科学版)》《中国应用法学》发表相关主题的论文,形成了内部自洽、前后相继的学术脉络。本书来源于她的博士论文,专著出版不失为对一个学习研究阶段的有益总结,希望这部著作的出版能激发更多学界的探讨,为担保制度和破产制度的完善作出贡献。

是为序。

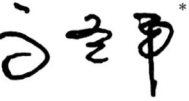*

2024 年 10 月

---

* 中国人民大学吴玉章讲席教授、博士生导师,教育部长江学者奖励计划特聘教授,"马工程"项目首席专家,教育部人文社会科学重点研究基地中国人民大学民商事法律科学研究中心副主任,中国人民大学不动产法研究中心主任。中国法学会理事,中国法学会案例法学研究会副会长、中国农业农村法治研究会副会长,中国法学会民法学研究会、银行法学研究会常务理事,最高人民法院执行特邀咨询专家,全国人大常委会财经委《中华人民共和国融资租赁法》立法小组成员,自然资源部不动产登记法立法专家组成员,农村农业部农村集体经济组织法立法专家组成员,中国银行业协会法律专家组成员。参与《民法典》《农村土地承包法修正案》《土地管理法修正案》《农村集体经济组织法》等法律的起草与论证工作。

序 二

随着担保制度的完善和担保财产范围的扩张,企业破产时,其绝大多数资产上通常都会附有各类担保物权。破产程序中最重要的一项工作,就是清理和实现担保物权。该工作同时涉及民法、破产法、公司法等法律部门,技术性强、复杂度高,我国的实务操作尚不成熟,相关的理论著述对具体实现规则的讨论也仍不充分。忠鲜博士的论著《破产法上的担保权问题研究》适时地选择了这一破产法理论和实践中的重点难点问题,以扎实的理论解读、恰当的实践案例和详尽的文本分析,全面讨论了破产法上担保物权的保护和限制问题,为我国破产法、物权法中担保规则的完善提供了具有建设性的意见。

正如忠鲜博士所指出的,担保物权与破产是相互竞争的两项制度:虽然二者都是为了帮助债权人实现债权,但债权人要求债务人提供担保物的初衷通常是担心债务人陷入破产而到期不能完全清偿债务;而破产制度的基本目的是让各债权人平等受偿。

忠鲜博士专著的研究主线围绕着担保物权的正当性及其必要限制而展开,通过对实体法和相关司法案例的检讨,认为我国破产法对于担保制度采取的是既保护又限制的立场。其理论依据在于:因涉及第三人即无担保权人的利益,债务人与担保物权人之间的自愿约定本身,并不足以正当化担保物权制度。实践中,常见情形是,在存在非自愿债权人的情形下,债务人(的股东)通过为他人设定担保而转移其财产,并借助破产与有限责任制度逃避清偿义务。具体而言,本书系统考察了既有破产与担保制度的立法背景意义以及其对经济运行成本的影响。同时区分破产清算和破产重整程序,分别讨论两类程序中担保权的保护范围及保护方式,并着重于担保债权的受偿范围、自动停止与强制批准的制度构建,以下几项内容尤其有创见。

第一,破产法的目的在于建构不完全合同之下的协商机制,保护难以避害的弱势方,既非实体法上担保物权关系的直接镜像映射,也并未完全背离通过意思自治及公示安排形成的优先或顺序规则。

第二,担保债权在破产重整中的实现问题在于以担保债权的充分保护为基本原则,拓宽价值权实现的路径,将债权人、债务人、法院及地方政府等多方主体都纳入破产协商的框架之下,划定利益衡量的合理标准与谈判底线,从而既在重整程序中实现充分的团体自治,又为保障债权人的可期待利益提供制度供给。

第三,在破产清算程序中,别除权作为破产法规定的优先受偿权,其行使须受破产程序的约束。作者认为,别除权与担保债权的概念不能混同使用,前者着重强调以担保债权为主的一系列法定及约定优先权可不受担保程序的影响而获优先清偿,而后者只是别除权中基础权利的一种。

第四,担保债权人作为利益相关者,有权参与破产公司治理。公司在特殊时期的资本结构及破产法的清偿顺位共同塑造了重整公司的治理形态,当公司资不抵债,包括担保债权人在内的破产债权人是破产财产的剩余索取者,当然取得对公司的权益。

第五,提出了可行的立法改进建议,着眼于破产法的程序法特质,建议在《企业破产法》修改中确立对担保债权人的程序救济路径,以担保债权的充分保护为核心完善强制批准制度。

本书包含了对破产法上担保问题的全景式观察。当前,全国人大常委会于2023年发布的《十四届全国人大常委会立法规划》已经将企业破产法列入了"条件比较成熟、任期内拟提请审议的法律草案",希望本书的出版能够引发学界更大范围的讨论,期待本轮破产法修改能进一步完善担保债权的处理规则。

许德峰*

2024年10月

---

* 北京大学法学院教授、博士生导师。1976年出生于黑龙江五常。1993年至2004年于北京大学法学院学习,分别获得法学学士、硕士和博士学位;博士在读期间,获得"奔驰"奖学金资助(2001年),赴德国慕尼黑大学留学,分别于2002年获得法学硕士(Magister)学位,2008年获得法学博士学位。2006年至今任教于北京大学法学院,目前为教授、博士生导师,从事民商法、公司法与破产法的教学与研究工作。

序　三

党的二十大报告明确提出"营造市场化、法治化、国际化一流营商环境"。破产法律制度作为营商环境考察的核心制度之一，关系到"构建高水平社会主义市场经济体制"中的"充分发挥市场在资源配置中的决定性作用""优化民营企业发展环境""支持中小微企业发展""深化要素市场化改革""强化金融稳定保障体系""守住不发生系统性风险底线"等发展目标和任务要求的实现，是中国式现代化新征程中不可或缺的重要法律制度。

《中华人民共和国企业破产法》自2006年颁布至今已实施逾17载，为我国供给侧结构性改革和市场经济法治国家的建设作出了积极的贡献，但也遇到了因经济环境的变化以及法本身的不完备和配套制度的不健全带来的挑战。在中共十八届三中全会确立的"健全优胜劣汰市场化退出机制，完善企业破产制度"改革背景下，总结和反思企业破产法实施的经验与问题，完善相关立法和司法制度，已是当下中国之重要改革任务。其中，破产程序(包括破产清算、破产和解与重整程序)中的担保物权(尤其是抵押权和质押权)理当成为特别关注的对象,不仅是因为物权与债权相比具有优先性,更是因为担保物权人在破产程序中往往发挥着举足轻重的作用,司法实践也反复揭示在别除权等理论基础上重塑担保物权保护和限制之规则体系的重要性。

破产与担保均是源于罗马法的古老法律制度,当今世界各国有关破产和担保的立法均存在较大的差异。彼此在看似各自独立发展的演进过程中,实则在有形或无形中发生着重要的交互影响,或是担保制度的变化带来破产立法的跟进,或是破产制度的突破倒逼担保立法的修正,此种交互影响或直接反映在立法文本中,或间接体现在司法实践中,忠鲜博士的论著《破产法上的担保权问题研究》恰当地抓住了破产理论和实务上的难点问题,对破产法上担保权益的保护和限制问题进行了翔实的分析和论证,为我国破产制度中担保规则体系的完善提供了有益观点。

针对本书所述主题,我曾在《破产法视野中的担保物权问题》(发表于《中国人民大学学报》)一文中提出,破产法中的担保物权处理重点在于两个层面的问题:一是根据破产法的特性,在债务人与债权人权益之间进行平衡,在担保物权人与普通债权人之间进行平衡。为了使破产程序有效进行,破产法中对担保物权作出必要的限制已成各国破产立法的普遍现象,但破产清算与破产重整程序中的担保物权限制应有所区别,而且限制应建立在保障(充分保护和救济措施)的基础之上。二是破产程序中的担保物权处理涉及物权与债权、普通债权与优先债权等多方关系,由于我国既有物权与债权严格区分的理论,又有法定一般优先权规则,导致传统民法制度中出现了物权有时候要让位于一般优先权的情形。我们应坚持物权与债权的划分和严格遵循物权特定原则,坚守"物权优位于债权"的基本原理来处理担保物权与债权的关系;对于一般优先权的处理,则遵循优先权的法定原则且不得违背破产法确立的基本清偿顺位的规则,这既是对民商法原理的统一贯彻,也是对破产法清偿顺位规则的尊重。

忠鲜博士的专著通过六个章对我国破产制度中担保制度的改革进路作了全方位的梳理和回应。在方法论上,本书有如下创新:第一,在破产与担保的基础理论及渊源方面,系统考察了现有制度的立法背景意义以及其对经济运行成本的影响,细致分析了担保债权对破产程序可能存在的多种作用力。第二,区分破产清算和破产重整程序,分别讨论两类程序中担保权的保护范围之不同,并且着重在担保债权的受偿范围、自动停止与强制批准的制度构建上进行立法论的探讨。在学术观点上,本书系统阐释了担保制度对破产程序及经济运行的促进功能,并且在分析公司特殊时期代理成本的基础之上,对担保债权人可能存在的"程序参与激励不足""契约控制权的滥用"等问题进行剖析,其学术意义在于,在经过成本/收益的价值衡量之后,理应得出限制担保权的立法价值取向,本书即从这一角度为限制/保护机制提供正当性及合法性论证。除此之外,本书还从对债权人协商理论的批判性论述出发,指明了破产法不应当只为债权人的投资利益所驱动,由于破产法对国家经济整体运行具有间接影响力且承载了多元价值目标,进而在探讨是否对担保权进行限制及如何限制这一问题之时,对公共政策及社会价值的适度考察也应当成为破产法的应有之义。

本书采用了物权法、担保法、公司法等多个维度的分析视角,通过阅读本书,读者将会全面掌握破产法上担保问题这一重要主题,继而形成对既有规范的批判性思考。2023年《十四届全国人大常委会立法规划》发布以来,《企业破产法》的重大修改正在密切筹备中,期待当下的修法工作能够对破产法中的权利保护规则进行系统性地完善,助力国家优化营商环境和"发展新质生产力",为中国式现代化建设作出新的独特贡献。

是为序！

徐阳光[*]

2024 年 10 月

---

[*] 中国人民大学法学院教授、博士生导师，中国人民大学吴玉章青年学者，中国人民大学破产法研究中心副主任兼秘书长，兼任全国人大常委会财经委《企业破产法》修改工作组成员、中国国际贸易促进委员会联合国贸法会观察员专家团成员、北京市破产法学会会长，出版《英国个人破产与债务清理制度》《破产法与税法的理念融合及制度衔接》等著作，主编《破产重整法律制度研究》《破产法茶座》等，翻译出版《美国破产法精要》《个人破产法比较研究》。

目录

导 论 / 001

第一节 问题的缘起——担保与破产的冲突与融合 / 001

第二节 文献综述 / 003

一、国内文献综述 / 003

二、国外文献综述 / 015

第三节 研究范畴及主要问题梳理 / 018

一、民法思维的路径依赖,对破产法特定范畴未作考虑 / 018

二、对破产法再分配功能及私法定位未形成理论共识 / 019

三、对破产规则实施场所的根本性变化未予以及时关注 / 019

四、自动停止制度的缺漏:救济标准不明确 / 019

五、强裁批准制度的立法缺漏:强裁基本原则缺位 / 020

六、现有保全措施阻碍了担保物使用价值的发挥 / 021

七、对于担保价值减损的补偿范围研究不足 / 022

第四节　研究的独创性 / 022
　　一、研究视角的独特性 / 022
　　二、研究内容的创新性 / 023
第五节　研究的方法及结构 / 024
　　一、研究方法 / 024
　　二、本书结构 / 026

第一章　担保与破产的价值互动及法理 / 035

第一节　担保权在破产中的成本和效益 / 035
　　一、担保权的经济意义 / 035
　　二、限制担保权的立法价值取向 / 039
第二节　风险分摊与债权保障:破产法的应有之义 / 042
　　一、破产法中的风险分摊理论 / 042
　　二、破产法的多元目标与综合价值 / 044
　　三、担保债权的平行关系:零和博弈中的冲突与合作协调 / 047
第三节　破产法缘何而能:合理目标与应然定位 / 049
　　一、破产法的规范性目的与谦抑性 / 049
　　二、债权人协商平台的不完全自治机制 / 053
　　三、价值中立与我国利益调整规则的立法选择 / 056
第四节　本章小结 / 058

第二章　破产重整中的担保权:限制与保护 / 059

第一节　重整与清算的界分:重整特有的范畴及其当代意义 / 061
　　一、重整的范畴及功能:营业保留与价值创造 / 062
　　二、破产重整当代意义的嬗变及其对担保权的影响 / 066
第二节　担保权行使时机的限制:自动停止制度 / 070
　　一、自动停止的非实体性本质和行使条件 / 070
　　二、自动停止的解除及充分保护原则 / 071

三、延迟利益的有限保护：利息补偿与价值减损 / 074

　第三节　担保权实体权益的调整：重整计划的批准制度 / 076

　　一、重整计划的实体价值：不完全意思自治下的利益分配 / 076

　　二、强制批准的正当性和实施现状 / 079

　　三、强制批准中对担保债权的保护原则 / 080

　第四节　本章小结 / 082

第三章　破产清算中的担保权：受偿范围的厘定 / 083

　第一节　别除权在破产法中的体系解释和实现机制 / 083

　　一、别除权的理论内核 / 083

　　二、别除权的规范意义和理论幻相 / 084

　　三、别除权、担保物权及优先权的理论界分 / 087

　　四、我国破产清算程序中担保债权的受限机制 / 089

　第二节　担保财产的价值分配及清偿顺位 / 093

　　一、担保债权人的表决权限与实体权益的错配 / 094

　　二、税收债权与担保债权的顺位 / 097

　　三、劳动债权对担保债权的特殊限制 / 102

　第三节　物权公示在破产法上的承认及其优先效力 / 104

　　一、未公示担保物权的优先受偿效力 / 104

　　二、预告登记的破产保护效力 / 106

　　三、让与担保的优先受偿效力 / 109

　第四节　本章小结 / 111

第四章　作为动态博弈主体的担保权：权利配置与利益调整 / 112

　第一节　破产公司治理的变更理由及其基本形态 / 114

　　一、常态公司治理与破产公司治理的论域及其同源性 / 115

　　二、担保权人参与破产公司治理的必然性 / 117

　　三、公司治理在破产法中的失范及成因 / 120

第二节　状态依存与效率目标共同作用下的债权人优位 / 123
第三节　从担保契约走向公司治理：破产法对变革的回应 / 128
　　一、由个人迈向集体的债权人会议机制 / 128
　　二、管理人中心主义下的破产管理人与管理人中的债务人 / 130
　　三、司法权和社会本位之引导与介入 / 131
第四节　担保权人参与公司治理的基本范畴 / 133
　　一、代理链条之断裂与弥合——破产企业公司治理的利益导向 / 134
　　二、股债矛盾是破产公司治理的基本范畴 / 137
第五节　本章小结 / 143

第五章　作为静态民事权利的担保权：担保价值实现路径设计与构造 / 145

第一节　担保财产的评估 / 145
　　一、模拟机制：评估的程序时点和意义 / 145
　　二、破产程序中的估值偏差及其原因 / 149
　　三、正确估值行为的认定标准 / 151
第二节　担保权的价值实现 / 151
　　一、担保权实现的主要途径 / 151
　　二、清算中实现担保债权的域外经验及我国立法取舍 / 152
　　三、在破产程序外实现担保权之可能性 / 154
第三节　本章小结 / 156

第六章　基于我国法的解释论再造及建议 / 158

第一节　担保别除概念的再认识 / 158
第二节　担保权利限制机制的调整和改进 / 159
　　一、设置暂停行使规则的例外条款 / 160
　　二、重整中担保债权的损害补偿 / 161

第三节　担保债权人的程序救济 / 162

一、正当程序的总体要求 / 163

二、担保权人的表决资格 / 164

三、财产处分的信息披露 / 167

四、破产财产的处分变现程序 / 171

五、设置利害关系人的异议救济制度 / 175

第四节　强制批准三大原则的完善 / 176

一、最低限度接受原则 / 178

二、清算价值保障原则 / 180

三、公平公正原则 / 182

第五节　本章小结 / 185

结　语 / 186

参考文献 / 189

导 论

第一节 问题的缘起——担保与
破产的冲突与融合

我国民法体系所构建的财产担保类型丰富多样,尤其是在浮动抵押和应收账款抵押类型确立之后,公司不仅能以其所有的生产设备、产品和原材料作为抵押财产,还可以将企业在将来的确定收入设定担保。因此可以认为,在困境公司向法院申请破产时,担保债权往往占据了公司财产上债务负担的极大比重,相应地,其他无担保债权人可以获得收益极低。[1] 破产法作为一种从民事执行程序中分离而生的特殊执行法,在一定程度上也会对原有的实体法规则在权利实现方式、实现期限和实现主体等方面作出进一步的规范要求,这些规范要求继而决定了当事人之间的利益博弈。就担保物权制度而论,在民法体系中,在债务人违约不履行债务的时候,担保权人享有对特

---

[1] 韩长印、韩永强:《债权受偿顺位省思——基于破产法的考量》,载《中国社会科学》2010年第4期。

定财产的优先清偿权益,所以担保制度以优先清偿为根本;在破产法律体系中,所有的债权人停止清偿竞赛,以集体决议的方式统一进行有序的分配而获得比例受偿,不仅需要依照实体法的债权清偿顺序,有时还需要以社会利益为衡量因素,所以总的来说,破产法是以平等清偿为根据。如此一来,担保债权的优先性不得不受到破产程序的制约,大多时候,这种制约是暂时的、非实体性的,但由于破产程序往往耗时漫长,最终常常导致担保债权人的期限利益被损耗殆尽,但从集体有序清偿的破产法目标出发,对担保债权的限制是有其正当性的。所以,基于担保制度对商业繁荣的重要性及担保债权在破产财团中所占据之重要地位,担保与破产的冲突与融合始终是两个部门法中不可回避的关键问题。因此,本书拟就上述问题作出深入分析,以期能为我国破产法和民法典的完善提供有益的参考。

从立法本位的角度考察,破产法立法导向从单纯地强调债权人利益至上,发展到了多方利益均衡,并且将公共利益纳入考量。具有重建潜力的企业不再被强制要求清算,而是由债权人与债务人通过博弈协调双方利益进行重整,实现了社会效益最大化。在现代经济规则下,社会主体间的交易规则并不一定是传统的零和博弈,一方受损他方获益,而是可以通过多方合作实现互利共赢,促进社会福利的增长。在商业繁荣的多数国家,担保制度的完善和类型之丰富往往和经济发展水平是正相关的,所以企业申请破产时,其多数重要资产上都负有各种类型的担保权。一部完善的破产法必然兼顾了债权实现和社会价值实现这两大任务,它不仅需要为债权的高效实现提供表决机制并对交易安全作出保障,还需要兼顾公司雇员和所在社区的利益相关者。在这一背景下,如何科学解决多方主体的利益冲突就是破产法承担的主要任务,其中在债权处置的命题之下,清理和实现担保物权又是其中的重大子命题之一。这一任务涉及民法和破产法两个部门,技术性强、复杂度高,因而在理论层面的研究意义自不待言。

第二节 文献综述

破产法上的担保权是一个复杂的问题,对此问题进行文献综述,需要对其进行拆解。下文将依照"规制法理的正当性—破产中担保利益的分配与保护进路—公司治理与价值实现"这一思路,分五个部分展开综述,具体为:第一,担保制度与破产程序的价值冲突与规制逻辑;第二,破产重整中限制及保护担保权的限度;第三,破产清算中担保权的受偿及分配;第四,担保权与困境公司治理的互动关系;第五,担保权在破产中的价值实现程序。

一、国内文献综述

(一)担保制度与破产程序的价值冲突

传统民法理论认为担保权可以不受破产程序制约而直接别除,因而在破产中,担保权也常被称为别除权,然而就本书的研究对象——破产法上的担保权而言,李永军(2013)认为,在我国破产法中只有在清算程序中才有完整意义上的别除权,而重整程序中只存在担保物权而不存在别除权。就破产法对担保债权的约束范围而言,许士宦(2003)指出破产法上的理论通说是,担保债权人在破产清算和破产和解中都拥有别除权,所以能获得优先清偿而不受破产法的约束。

以上观点均认为只有在破产重整程序中需要对担保权进行限制,然而又有学者在最新著作中认为传统民法上的担保权别除理论早已过时。许德风(2015)指出对担保物权进行限制具有正当性。他认为担保物权在破产程序中可以直接"别除"而不受到破产程序约束的观念早已过时。在传统担保手段下,动产质押需要转移占有,因此企业仍然有相当一部分财产未附有担保物权。但动产担保制度的蓬勃发展使得在企业破产之时,绝大多数财产或财产权利上都附有各种担保物权。如果不对这些权利进行限制,债务人企业的其他少量未附有担保权的财产将更无价值。

关于破产立法目的与担保制度理念之间关系,学者认为两者必然存在一定的冲突及矛盾。付翠英(2008)认为在企业财产几乎用于担保的经济条件下,破产法对担保权的"宽容"必然阻碍破产立法目标的达成。在国外立法,不论是破产清算还是破产预防程序,也不论是破产重整还是债务整理程序,担保权都不能直接行使。除非担保物对企业再建失去价值或者担保权人有足够的需要保护的理由。美国"自动停止"、日本"担保权实行中止命令"及德国、英国等对担保权在破产法上的地位的规定都很明确且成熟,要实现破产债权分配最大化的立法目标,担保权的限制是首先要解决的问题。

然而,另有观点认为限制担保物权的正当性与破产程序本身无关,而与破产法所蕴含的内在价值相关。汪世虎(2006)阐释了限制担保物权人行使优先受偿权的根本原因并非为了确保破产程序的正常进行,而是破产立法价值嬗变的结果。自破产法产生以来,破产法的价值取向经历了由绝对保护债权人到重视债务人和社会利益的发展过程。早期破产法的正当目的是债权人利益的最大化,而随着经济整体化、社会化、规模化的发展,个人在行使权利的时候要考虑到公共利益和社会福祉,其在私法领域的集中表现就是"私权神圣"让位于"私权的行使要兼顾他人及社会利益"。

另外,从债权人保护与债务人救济的平衡角度上来说,冀宗儒(2006)也认为现代意义上的破产法,其内容不仅蕴涵着传统民商法律关系中对债权人的保护,同时也蕴涵着从社会经济发展的平衡出发而对财务发生困难的债务人给予的救济。另外,有学者试图从基本价值层面对正当性进行论述,许德风(2015)认为对担保物权的限制可以从两方面进行阐释:(1)以自由为基础的解释。因为债之关系中,除了自愿承担债务人责任财产变动风险的自愿债权人外,存在非自愿的债权人。(2)以福利或效率为基础对担保物权的限制进行解释。相似地,韩长印(2010)认为世界各国民商事法律无一例外地都肯定了担保之债的优先性,如若打破既定的优先规则,不仅会影响信贷市场的健康发展和企业之间的日常交易,还会给经济发展带来不可逆转的打击。

在对担保权限制的正当性以及破产法再分配功能的论述中,学者观点主要集中在对破产前利益尊重及破产后利益调整的关系方面,基本通说是破产法不得改变破产程序开始前已经存在的权利。因此,有学者从破产法的基本原则出发,阐释了优先顺位的价值基础,王佐发(2014)认为公平原则的理论基础在于破产法必须尊重申请破产之前公司的利益关系人对公司资产所形成的权利的优先顺序。也就是说,破产之前形成的担保债权、普通债权以及股权等权利之间参与分配破产财产或者重整剩余的优先顺序不能因为公司进入破产清算或重整程序而被违反。相似地,汪世虎(2006)也认为破产法并不创设实体法上的新权利而只能依照现有的实体法规则,对主体的行权方式予以认可并细化,因此总的来说破产法应当尊重实体上的、破产开始前的权利顺序。因此对担保债权人的限制是不合理的,他们应当完全不受任何限制地实现债权清偿。我国学者对于破产法的立法目标及社会调整作用的基本观点可见于王欣新(2011)的论述中,他认为我国现行破产法的立法宗旨明确了破产法的特定社会调整目标,破产法既有直接的调整作用又有间接的调整作用,其中直接调整的作用主要是指,破产法为市场经济的运行提供了债权实现的最后一道防线,破产法在其中发挥了公平维护经济秩序的功能,并且为社会公共利益的实现也贡献了一定的效能。

以上观点明确了破产法的目标之一在于公平实现债权,然而法律对利益冲突的调整难以达到绝对意义上的公平,法律调整无法实现各方主体利益的绝对平衡,基于整体利益的衡量,部分个别利益受损是不可避免的,是情理之中的。学者在破产法的立法定位上也产生了一定分歧,一种观点认为破产法对担保物权人优先权的限制也是法律调整利益冲突的结果,体现了法律的公平与正义。汪世虎(2006)认为在破产程序中,当债权人的利益与社会利益发生冲突时,牺牲债权人的利益以保护社会利益,符合一般正义的原则。然而,另一种观点指出破产法仅具有平台性质,即并不强调司法的利益调整功能而强调债权人的自治能动性,王佐发(2014)在论述重整剩余的分配问题时,阐释了破产程序只为破产重整的当事人提供了谈判的平台,多方主体在其中进行利益的博弈,以期实现自我利益最大化,而法院在其中更多的是以组织者和监督者的身份出现。

(二)破产重整中限制及保护担保权的限度

1. 就重整特有范畴及重整与清算之界分问题,学者进行了以下研究:

王卫国在《论重整制度》(1996)这一重要论文中,首次明确提出了破产重整制度的固有价值,即营运价值、利益与共和社会价值论。这一结论深刻影响了我国破产法学者对重整价值的认识,基本奠定了后进学者的理论研究进路。然而在我国《企业破产法》实施数年之后,通过观察重整的最新发展形态,李曙光(2013)却得出结论,他认为重整与清算并没有严格的界限。至此,也就提出了在新的《企业破产法》实施背景之下,如何准确界定重整特有范畴以及区分重整及清算的实益问题。

就公司法、民法典与破产法对债权人的保护机制而言,有学者认为只有破产重整程序能对债权人提供充分保护。就公司法保护机制而言,张民安(2004)指出保护债权人的利益是各国公司法的共识。一般而言,公司应当维持公司资本、保障运作的透明公开性,当发生破产清算时应该有完善的执行规则。然而,李震东(2015)认为无论是物权法还是公司法都无法完全地保障担保债权人,首先是因为公司债务人本身已经陷入了困境,其次是因为这两部法律本身所固有的局限性所导致的保护不周:(1)公司法上对法人人格制度和有限责任的存在限制了担保债权人对公司实际控制人和公司股东的做进一步追责,这也就存在公司实际控制人和恶意的股东将其自身的风险转嫁于担保债权人的潜在可能;(2)股东可能会谋取私利;(3)规避侵权行为责任;(4)与公司进行交易的债权人往往也会由于信息不对称而难以评估交易的风险。

营运价值理论是重整制度价值的核心,但在整体出售兴起的时代背景之下,其含义越不明晰,正如李曙光、王佐发(2011)指出的重整制度的首要立法预期是拯救营运价值,这是重整制度的基本价值目标。但是,不同利益关系人对营运价值的态度也可能不一样,如果把困境公司的命运绝对地交给任一方利益关系人而不附加任何制衡程序,可能由于某种营运价值对该利益关系人的个人利益并不重要,该利益关系人会选择放弃拯救该营运价值。

另外,也有学者从规则设计角度分析重整制度的独特优势,李震东(2015)认为破产重整制度比公司法等其他传统民商法在保护债权人这一目的上具有比较优势,他认为债权人愿意选择破产重整制度,并将其债权得到清偿寄托于破产重整之上的主要原因,还在于破产重整制度具有其他债务清理制度所不具备的优势,债权人能够对债务人的重整事务发表意见并投票决定,债务人的财务状况和运营情况有可能通过重整得到改善和恢复正常,避免因债务人破产清算而遭受重大的损失。

2. 就自动停止制度,学者进行了以下研究:

自动停止制度,在我国也被称为暂停行使、自动中止制度。王欣新(2015)认为在讨论自动停止制度时首先要理解企业破产法规定暂停担保权行使的立法本意与目的。他指出暂停担保权的行使是为了给企业重整创造良好的外部条件,避免因担保财产的执行而影响企业的挽救与生产经营,而不是为了阻止担保债权人行使权利、剥夺其担保权利。所以,担保权暂停行使的范围,必须根据企业重整是否需要使用该项担保财产确定,对没有使用需要的财产就不必暂停担保权的行使,而应当及时清偿担保债权人。

就自动停止的权利范围而言,存在两种观点。一种观点认为应当对追债行为进行全面停止,王卫国(2007)认为自动停止制度的范围针对与所有债权人的个别追讨行为,所有对债务人的诉讼或非诉讼的个别追债行为都必须无条件止息。相似地,王福强(2016)则认为自动停止制度的目的在于保值增值及继续营业,因此应当由法律实现直接规定,自动且即时生效。另一种观点则认为,应当根据担保权的性质以及破产程序的实际需要对停止范围进行划分,王欣新(2015)认为可从两个方面进行限制:第一,从重整需要的角度看,凡是移转担保财产占有的担保原则上不应停止权利行使;第二,从担保权保护的角度看,凡是担保财产因占有转移回债务人而将失去担保权的担保方式,均不应暂停担保权的行使,如留置担保、动产质押担保、转移权利凭证占有的权利质押担保。

就自动停止制度的实质而言,有一些学者认为对担保权的停止程序属于实体上的限制,汪世虎(2006)认为与破产清算、破产和解不同,破产重整程序对担保物权优先性的限制属实体上的限制。也就是说,在破产重整程序中,所有的债权无论其性质如何皆一律平等,有财产担保债权的行使和其他债权一样也告停止。相似地,王福强(2015)认为,自动停止制度虽然本身不消灭权利,但是在该延迟的时间里,破产法典的其他规定会对这些权利进行再次甄别,其结果可能会改变、削减甚至消灭某些权利,担保权甚至可能归于无效。然而,王欣新(2015)却持有相反的观点,他认为所谓"担保权暂停行使",只是在程序权利即权利行使的时间上加以限制,而不影响担保权的实体权利,即对债务人特定财产享有的物权担保与优先受偿权。

3. 就重整计划强制批准制度,学者进行了以下研究:

重整计划强制裁决制度的价值在于解决债权人自治的不效率以及协商环节的"钳制问题"。正如科斯定理所言,法律规范的作用是降低交易成本使社会资源归于最能有效利用它的人。破产重整制度中有关重整计划多数决的投票机制设计,也正是这一价值目标的最好体现。王文宇(2002)认为,在某些交易下,法律关系的一方当尊重人享有类似垄断的地位,因此可能采取各种策略行为使协商无法进行,出现"钳制问题"。虽然投资人全体能够同意较有效率的方法而获利,但是"钳制问题"能够阻止此种获利的实现,进而产生缺乏效率的现象。李震东(2015)认为多数决机制不仅有效地解决了"钳制问题",而且避免了债权人会议漫长谈判程序而导致的高昂交易成本。

以充分保护原则为论题,在界定担保债权的保护范围之上,学者也形成了不同的认识,理论分歧主要体现在对担保权人承担的价值减损以及延期利益补偿的问题之中。一种观点认为担保权人也应当在一定范围内承担重整程序带来的价值减损以及必要风险,正如许德风(2015)指出尽管在破产重整中应当根据主合同的约定,保护担保债权在重整中的利息,但是必要的风险或限制担保权人也应承受,如应承担重整期间担保物价值的减损。另有一种观点认为应当以充分保护原则,对担保债权进行更为全面的保护。关于对担保权人的充分保护原则,王之洲(2015)认为充分保护原则的本质就在于维持担保物价值,即要在重整程序中对担保债权人的这种"价值性"权利提供充分保护。因此在重整程序中,尽管担保债权人丧失变现担保物直接受偿的权利,但债务人要不断用经营所得来填补或补偿因担保物贬值而给担保债权人带来的损失。如果债务人在重整程序中无力提供这种充分保护——或者有充分证据显示这种能力即将丧失,那么法院就应当允许担保债权人立即变现担保物受偿。再如李永军(2013)、邹海林(1995)认为从破产宣告后到别除权行使时的利息应当在担保范围之内。

　　以绝对优先原则为论题,王佐发(2014)指出在强制批准中,司法裁判应以绝对优先权原则为基础,从三个方面确保重整谈判的公平。第一,确保重整符合帕累托改进原则。那么如何判断重整参与人的境遇是否变坏呢?其标准只能是清算价值。可见,清算价值标准仅仅是取得重整正当性的底线标准。法官在保证对重整计划持异议的利益关系人得到清算价值的基础上,还要进一步确保他们分配重整剩余的权利。第二,防止重整中出现价值转移。重整中出现价值转移的主要原因在于对重整营运价值的评估可能不准确。第三,尊重当事人意思自治。只要重整剩余足够大,重整对所有的利益关系人都有利。此时,重整对集体有利。所以,理性的参与人一般都会通过谈判彼此达成妥协,以便促成重整。这时候,当事人之间完全可能为了追求更大的利益而放弃自己的部分利益,以便求得谈判相对方的支持,迅速启动重整。所以,对于当事人基于意思自治达成的重整计划,法院没有必要审查是否违反绝对优先权原则。

另外,关于重整中的融资债权问题,王福强(2016)指出,需要强化对新担保权的保障。立法背后的政策考量是,如果没有新资金的进入,债权人利益最大化就无从实现。他总结了设定担保权与设定优先权两种融资模式。正如联合国国际贸易法委员会(2005)在《破产法立法指南》中指出的,可以为重整后融资提供未设抵押或者部分抵押资产上设定的担保,或者在没有此种选择的情况下确立优先权。就其债权性质而言,李永军(2013)认为为破产债务人的继续营业而与第三人的交易所负担的债务属于我国《企业破产法》第 42 条中的共益债务范围,且当破产债务人为第三人设立担保标的是,债权人的该担保物权也不受破产程序的限制,担保物权人可以执行担保物权。

(三)破产清算中担保权的受偿及分配

关于在破产清算中担保权的实现与受偿程序问题,我国学者亦在根本问题上有诸多分歧。主要存在三种观点:

第一种观点认为别除权行使需要管理人配合,李永军(2013)认为别除权的行使需要经破产管理人的承认,并且依一般民事程序为之。相似地,齐树杰(2004)反对别除权不受破产程序限制的主张。

第二种观点认为担保权在破产法上因其具有别除性质可不受破产程序的影响,陈本寒、陈英(2011)指出有担保债权是指享有担保物权的债权。在传统的破产清算与和解程序中,基于担保物权的直接支配力和优先受偿性,权利人可以不依照破产程序而径直实现其债权,因此,有担保债权又被称为"享有别除权的债权"。

第三种观点认为前两者的表述均不准确,王欣新(2011)认为担保债权人行使别除权无需经人民法院或管理人同意,所谓别除权不受破产程序限制,与"在破产程序之外行使权利""不依破产程序受偿"的表述是有一定区别的,它并非指别除权的行使、实现与破产程序完全无关,尤其是在管理人占有担保物的情况下。它是指别除权的行使不受破产程序中各种限制权利行使条款规定的约束,至于其他一般管理性规定仍可能对别除权的行使产生一定影响。因物权担保及法定特别优先权设立之目的,就是在债务人失去清偿能力时,仍能使债权人从其特定担保财产上得到优先清偿。如在债务人破产即丧失清偿能力最为严重的情况下,债权人的优先受偿权利反而受到限制,那就与立法之宗旨及当事人设立担保的本意相违背。

别除权人就可以依法对担保物行使权利,包括继续进行执行程序。但是,《企业破产法》对在清算程序中别除权人的权利规定不够明确,可能在实践中造成理解与执行不统一的问题。所以,在破产法司法解释中应当明确规定,在破产清算与和解申请受理后,物权担保债权人就担保物提起的民事执行程序,不受执行程序中止规定的限制。

就担保财产变价后的价值分配问题而言,学者提出了不同的观点:王欣新(2015)认为变现款项只能优先清偿担保债权,在担保债权获得全额清偿前,管理人不得将此款项用于任何其他支出或债权清偿,包括生产经营费用的支付、破产费用和共益费用的支付、职工债权的清偿等。王之洲(2015)对王欣新(2015)的论点提出的反驳,即在担保价值分配问题上得出相反结论,他认为这一主张以"担保债权获得全额清偿"作为例外的唯一前提,似乎太过严苛。如果有充分证据证明债务人能够持续维持生产、创造利润,并以之偿还担保物变现收益;担保物(尤其是可分割的担保物)价值远远超过其担保债务,部分变现担保物所得收益用于企业周转资金并不会影响担保债权人的完全受偿,或者债务人股东愿意另行为担保债权人提供充分担保时,就应当谨慎地允许管理人担保物变现款项的利用。

也有学者就担保之债与侵权之债的顺位问题,提出了不同于现行立法顺位安排的激进观点。韩长印(2010)认为现实中的破产法更多地突出了其作为程序法的特质,几乎不改变破产程序开始之前各种不同实体权利的性质,以及合同法、物权法、侵权责任法等实体法中既定的权利排序规则。在对待普通合同债权与侵权之债的分配顺位方面,破产法似乎并没有注意到现代社会频繁发生的人身伤害型侵权行为所造成后果的严重性及相关的破产救济问题,忽视了侵权之债的特殊属性及其内在的特殊救济需求。他进一步提出疑问,有财产担保的债权是否在任何情形下都应该具有绝对优先的效力。他认为侵权之债应当有条件地优先于担保债权的清偿顺位。

(四)担保权与困境公司治理的互动关系

有关破产企业的治理权,学者普遍认为破产管理人的信义义务的对象发生的转向。齐明(2013)认为破产企业中的公司控制人承担着不同于普通公司控制人的特殊信义义务,即拥有损益再分配的权利,和信义义务的对象从股东变成的债权人。他认为破产公司控制人对破产财产负有义务,那么就要求公司控制人对破产财产的整体价值有所提升;与其他受托人不同的是,公司控制人的职责不仅包括保护破产财产,而且包括导致损益再分配的权力。这使公司控制人不同于其他受托人。另外,他认为破产财产成为其受信义务的核心,公司丧失清偿能力的事实导致公司股东不应当再对公司实施以往的控制力,因此破产公司不再是公司股东的公司,而成为了公司债权人占上风的被争夺中的公司,因而导致了破产债务人从只对公司股东负责到受债权人利益群体直接影响的转变。

在控制力的来源及制度选择方面,贺丹(2010)指出经营控制权作为一种法律的集中授权,在选择上则包括外部人和内部人两种不同的制度选择。与这种制度选择相关的因素是:第一,经营控制权的配置应当有利于企业拯救。第二,经营控制权的分配应尽可能地削减重整中的交易成本。因为破产过程是一种产权的重新界定,所以交易成本在这个过程中是广泛存在的。具体而言,在重整中的交易成本主要存在于以下几个方面:其一,利益相关者的谈判成本;其二,重整过程中控制重整企业财产的成本;其三,对重整企业营业人的控制成本。因此,破产法律制度的设计目标为了减少这种交易成本,通过两个方面发挥作用,第一,在法庭外达成重整协议,法律规则通过为利益方谈判提供参照标准而降低谈判成本。第二,法律规制本身对谈判成本的降低和对产权界定规制。

齐明(2013)则指出了有担保债权人的控制力来源,他认为该控制力来源于担保物上承载的财产权利,尽管破产债务人可以在一般经营中经营并使用该财产,但是其使用权始终受制于债权人的担保利益。例如在破产重整计划需要保证有担保债权人不少于担保物价值的利益的权利,进而有担保债权人可以此实施对决策权的约束和制衡。

破产重整中公司治理的必要性取决于破产重整中公司商业决策权的存在。齐明(2013)指出破产法为进入破产程序中的公司设定了详细的破产程序,然而这些法律规定不足以解决公司经营中遇到的所有问题,所以尽管破产法为破产公司设定了不同于公司法为常态公司提供的经营框架,但是公司在此框架下进行商业经营时仍然需要实施一定的商业决策权。在商业决策权存在的前提之下,破产重整公司的控制权掌握在公司代理人手中,所以有必要对公司控制权进行监督和制衡。

(五)担保权在破产中的价值实现程序

我国学者已经关注到了担保财产的评估及价值实现问题,该问题是破产法上的规制重点及难点,许德风(2015)认为我国《企业破产法》尽管改变了传统上认为担保物不属于担保财产的观念,但是在担保物权实现的具体规则上,我国清算、重整和和解程序中都存在严重缺失。我国现行变现体质过于僵化,不利于债权人保护。应当赋予管理人更大的变现权限,允许更为灵活的变现规则,有助于实现担保价值的最大化,这是未来担保物变现规则的改进方向。

学者也对在破产财产变现的意义及财产分配与意思自治的联系进行了深刻阐释,李永军(2013)指出破产财产的变现是破产分配的前提,且破产清算程序的基本目的在于将破产人现有的财产最大限度地对破产债权人为公平的清偿。所以破产财产变现的基本原则应当是以最高的价格出售破产财产。他同时也认为破产财产的分配涉及债权人的利益,因此利益最大化也必须与债权人的自治相联系。由于我国现行破产法已经将担保物权的标的物包含在破产财产之中,故破产财产的变现应当包括对别除权标的物的变现。

以上明确了一个破产程序的基本事实,即担保债权的实现程序并非依照传统民法观念"不依破产程序而优先受偿",而是由管理人对担保财产进行清点并以拍卖或变卖价金优先分配给担保债权人。关于评估的意义,李震东(2015)阐述了估值的系统重要性。由于担保权人只能就其债权额从担保标的物的价款中受偿,对于有担保债权额中超过抵押物、质物或留置物有值的部分,应以无担保债权人的地位行使权利。由此可见,担保标的物价值的大小,直接影响担保权人权利的实现,如何评估担保标的物的价值,则直接决定担保标的物价值的大小,若估价较高,担保权人的债权受担保的范围就大,对其保护有利。若估价较低,则债务人的负担减轻,但不利于担保权人利益的保护。因此,确定估价的标准,既要保护担保权人的权利,也要兼顾困境企业重整的目的。

就抵押财产的处分权问题,王福强(2016)指出,非日常业务内的出售必须符合"业务正常性"的要求,并且这种出售必须是出于善意或者符合债权的"最大利益"。这三个标准的终极目的,就是保证财产出售时是最佳价格。且管理人有义务争取出售时的最佳价格。王利明(2014)认为在抵押权设定之后从所有权归属来看,抵押财产仍然归属于抵押人但抵押人对抵押财产的处分权应当受到一定的限制。原则上如果抵押权人同意转让抵押财产并主张就获得的价款优先受偿,按照私法自治原则,只要不损害其他人的利益,法律应当尊重当事人的意思,允许抵押财产的转让。确认抵押人仍然是抵押财产所有人的法律地位,确保其订立合同的自由,即允许其自由转让抵押财产,即便未经抵押权人同意也只是导致抵押财产所有权不能发生变动,但转让合同的效力不受影响,从而有利于充分保障抵押人的利益,有利于进一步发挥物的经济效用,实现效率最大化。允许第三人通过行使涤除权而消除抵押权状态,以保护交易安全。

在价值分配方面,有观点认为重整中的价值掠夺问题值得进一步关注,并且也重申了财产价值评估的系统重要性。王佐发(2013)认为好的制度应该创造价值而不是转移价值,转移价值是一种掠夺。重整中出现价值转移的主要原因在于对重整营运价值的评估可能不准确。重整中的公司的价值评估具有不确定性,这种不确定性容易产生价值转移和财富的掠夺。这也是损害重整公平的一个重要因素。

二、国外文献综述

Steven L. Harris 和 Charles W. Mooney Jr. 都是《美国统一商法典》第9章(担保制度)编纂委员会的报告人,两人极力反对将侵权债权置于担保债权之前受偿,他们使用实证的方式量化了将担保债权的优先性降低之后,会在多大程度上造成信贷紧缩。即使是以政治的眼光去考察这一问题,因为担保权的优先性降低会给企业家的创业精神带来不可挽回的损害,所以这一方案是不具有现实可能性的,而且在将来也不会得到市场参与者广泛的支持。

哈佛大学的 Mark J. Roe 和 Joo-Hee Chung 认为 2009 年克莱斯勒的重整引起了媒体的广泛关注和讨论,克莱斯勒在严重的金融和经济衰退期间被出售,当时整个美国汽车业陷入困境。Roe 观察到市场和政府对该案的态度截然相反,沃伦·巴菲特(Warren Buffet)认为这次对金融担保债权人优先性的损害严重违背了市场预期,但政府却把其树立为典型的破产重组成功的案例,因为其毕竟从某种程度上挽救了岌岌可危的汽车工业。

哈佛大学的 Lucian A. Bebchuk 和 Jesse M. Fried 认为尽管破产法的一个基本原则是担保债权人有权在普通债权人收到任何付款之前收到全额支付。法律学者和经济学家普遍认为,担保债权的绝对优先地位是可取的,因为它可以促进经济效率。但他们得出的结论是,绝对优先权实际上扭曲了商业借款人与其债权人之间协商的安排,产生了低效率的结果。那么如果削减担保权的部分优先权,则可以消除或降低这些效率成本,而且这种方法可能优于绝对优先的规则。他们的分析还表明,在现有破产法的框架内,可以有效地运用部分优先规则,而且这种方法也将与合同公平和合意自由保持一致性。

著名担保法学者 Charles W. Mooney, Jr(2015)曾经重点关注过破产法政策之于 secured party bankruptcies（那些由担保权人所主导的，或者案件唯一或者主要受益人是担保权人的破产案件）的意义。他探讨了在案件的唯一受益人或主要受益人是有担保债权人时，申请破产的合法性或非法性。此种情形下，基于通常的分配优先权规则，无担保债权人收到任何受偿。在典型案例中，债务人的几乎所有资产都将受到担保债权的限制。此外，他还探讨了有担保债权人破产中"赠送"的做法，根据有担保债权人的同意，可以将债权或利息赠与后顺位的债权人组。

Kenneth Ayotte 和 Edward R. Morrison(2006)认为估值偏差和破产参与者在估值问题上产生的争议是主导破产重整最终结果的关键因素，第三方估值机构都在某种程度上为其中一方当事人提供偏袒他们利益的评估报告，而法官通常很难发现这一现象。总的来说，破产法庭并不局限于一种评估方法，而倾向于综合运用多个数据，并且法官也开始减少对专家证言的依赖而越来越相信市场提供的信息。

2014年，Melissa B. Jacoby 和 Edward J. Janger 再一次在《耶鲁法律评论》中发文分析了在破产学者中所盛行的"冰块消融"理论。他们认为在克莱斯勒破产案中，债务人每天1亿美元损失的调查结果证明了公司向菲亚特的快速出售的正当性。这提出了一个政策问题：这种快速或过程的简化是一个错误吗？快速的售卖能否最大化破产财产的价值，还是便利了现任经理、高级债权人和潜在购买者之间的串通交易？答案是两者兼而有之。至关重要的是区分两种情况，一种情况下，法院和当事人完全掌握了与公司价值相关的信息和延迟售卖所可能造成的损失；另一种情况下，某些主体利用快速出卖财产的计划作为谈判的杠杆，以从信息不对称中榨取利益。为了减少交易中可能出现的机会主义，他们建议将可能增加的风险分配给出售计划的获益者，而不分配给破产财团本身。所以他们建议在销售时留出"冰块债券"以解决任何在破产财产出售后出现的对评估和优先顺位产生的争议。这种方法是在复杂资产中促进财产价值最大化的有用方式,同时保留了破产法规所设定的当事人自主协商谈判的自由和司法裁决的机会。

Charles J. Tabb(2013)认为《美国破产法》第11章是1978年作为《美国破产法》的一部分颁布时的一项重大成就。第11章和相关条款反映了时代的金融世界,在竞争利益相关者的权利和权力之间实现了精心校准的平衡。这种微妙平衡的核心组成部分是保护有担保债权人的权利,如果他们的抵押品被出售,无论是在案件未决期间还是在重组计划中,都需要被赋予"信贷投标"(credit bidding)的权利。一些备受瞩目的破产案件使有担保债权人无法根据紧急计划在出售中进行信贷投标,并得出结论认为可以通过援引"确定等价物"的条款来提供对担保债权的替代保护。他分析了自1978年《美国破产法》修订之后,金融世界已经发生了根本上的改变,原因就是担保债权人的崛起。这种变化破坏了权力的平衡,使得破产法的某些条款在这种情况下对于有担保债权人而言已经过时了。最终,他解决了这一"法条过时"的困境,他认为"忠实"的法院应该有义务维护有担保债权人的信贷投标权。

Jay Lawrence Westbrook分析了破产重整制度在美国的发展历程,传统观点认为大部分重整案件特别是超2000万美元债务的案件,往往由担保债权人主导企业重建。债权人的控制是如此完整,以至于它被称为"破产的终结"。这种控制替代了传统重组,因而大大增加了对《美国破产法》第363条的适用。通常认为,担保债权人正是第363条出售条款的主导者,在该规则之下,担保债权人往往能够获得较高的控制权和受偿率。通过数据的分析表明,有担保债权人的控制很重要。数据还表明,需要更多的研究来了解担保信贷对重整案件之结果的影响。

Gerard McCormack(2004)分析了美国与英国的担保债权之后指出,英国曾经在1982年的立法建议中就提出,将担保出售价格的1/10用来偿还无担保债权人,但当时并没有通过这一方案。但在20年之后,这一方案却被英国最新的《企业促进法》采纳,他认为该法的目标在于平衡担保债权人和普通债权人之间悬殊的受偿机会。

第三节 研究范畴及主要问题梳理

本节试图在文献综述和法条梳理的基础上,指出我国既有研究存在的问题以及现行立法的部分缺漏,以定义本书研究的主要对象。

一、民法思维的路径依赖,对破产法特定范畴未作考虑

遵循《民法典》规定,破产法首先在担保物权的优先效力问题上维持了传统民法的既定规则,然而随着破产法的事实背景变化,破产法更多地承担了以公共利益为主导的价值功能,因而反映到立法本位上,实现了法的本位由个人本位向社会本位的转化。

国内破产法文献对破产债权的研究进路基本遵循着传统民法的方法,既有研究认为保护担保权的理由在于物权优先于债权。因而,从其研究视角而言,理论通说仅从民法基本原理出发,而对破产法的理论范畴基本未作考虑。以破产费用的清偿为例,现有研究常以物权优先于债权为理论基础,认为破产费用及共益债务的债权清偿不得损害担保物权人的利益,尽管该理论有一定的适用性,但其实际上还是以传统民法思维对破产问题进行处理,即未能解释为何担保财产日益覆盖企业全部资产,而破产费用大多被用于服务担保物权人的利益之时(管理人负责清理并分配担保财产),担保债权人无须为此承担合理支出。尽管我国现行破产法上认为共益债务及破产费用由破产财产随时清偿,但是我国现行立法及国内研究没有规定在债务人的新设担保与原担保之间的关系,即原担保权的受偿是否无条件地优先于新设担保债权。与此形成鲜明对比的是,不仅《美国破产法》第364条已经为此设立了4个等级的担保优先权规制,而且在美国学者的相关论述中,对新设担保优先权的讨论已非常充分。

二、对破产法再分配功能及私法定位未形成理论共识

我国既有研究对破产法上公平正义的理解较为简单粗浅,在论述限制担保权的理由中多以公平正义为逻辑起点,然其实质却对破产法中公平正义的内涵未作考虑。对破产法的功能认识上,基本理论研究还停留在债权人协商理论及破产法不改变程序开始前设立的权利这两个基本原则之上,而对破产法缘何能改变实体权益和为何需要改变实体权益的理论渊源则欠缺基础性研究。

三、对破产规则实施场所的根本性变化未予以及时关注

出售式重整及担保债权控制力的崛起使得破产法的事实环境发生了根本性的改变。多数学者认为,在破产法的调整手段问题上,破产法用债权人代表机制和司法审查代替了破产外的契约控制和市场控制。但是契约控制并不能被替代,而是与债权人代表机制与司法审查共同作用于企业行为。在具体制度上,现有理论供给不足,对审判实践的指导作用甚微,如评估时点的选择、充分保护的认定等,需要在理论上进行深入研究。

四、自动停止制度的缺漏:救济标准不明确

我国《企业破产法》第75条规定"担保物有损坏或者价值明显减少的可能,足以危害担保权人权利的,担保权人可以向人民法院请求恢复行使担保权"。其立法缺漏主要体现在:

第一,恢复行使的条件不够明确。条文中并没有直接指出损害的原因或者是价值明显减少是否包含因延迟变现所受损害。毋庸置疑,破产法之所以限制担保权,其目的是挽救企业实现再建,如果说担保物有损害或价值明显减少可能的就允许请求恢复行使担保权,如果说该担保物对企业再建有价值,那么,恢复行使担保权便直接影响企业再建。

第二,救济标准和救济措施不完善。为了实现破产立法目标,对担

保权的救济除了考虑因限制担保权可能损害担保权人的权利这一标准外,必须衡量担保物对企业再建是否有价值,这应该是认定是否给予破产保全救济的首要标准。救济措施除了恢复行使担保权外,还可以用其他措施加以取代,比如用没有价值的破产财产替代担保物,或者采用定期支付金钱的方式。

显然,对担保物的使用通常都会造成其价值贬损,但是将我国的这一规定与其他国家的做法相比较就会发现差距之所在。在美国和德国,破产管理人对担保物价值减少的补偿,通常仅限于标的物的物理损害,对于担保物因市场原因发生的价值减损,权利人无权主张赔偿。同时,为了将担保物保留在重整经营中,《美国破产法》第361条为债权人提供了多项可供选择的保全措施,而我国仅仅由于前述原因就允许有担保债权人行使权利,却没有提供其他的措施来保障有担保债权人的权利,这将使中止执行制度成为摆设,为有担保债权人突破程序限制提供可乘之机。

五、强裁批准制度的立法缺漏:强裁基本原则缺位

强裁伴随着重整制度被引入我国后却成为一种经常适用的工具,立法上规定的限制条件似乎并不足以限制法院对强裁的适用冲动。该标准出自《企业破产法》第87条第2款第3项,即"按照重整计划草案,普通债权所获得的清偿比例,不低于其在重整计划草案被提请批准时依照破产清算程序所能获得的清偿比例"。"清算价值标准"看上去似乎对债权人是公平的,但实践中法院以此标准实施强裁却频遭债权人抵制。原因在于此标准并非强裁的充分标准,而只是强裁必须满足的最低标准,即底线。

根据《企业破产法》第12条、第13条,公司进入重整程序之后,法院指定管理人,管理人拥有对重整程序的控制权。在上市公司重整中,管理人一般由清算组担任,清算组的组成一般包括上市公司所在地政府官员、国资委官员和市场中介人员。我国现行《企业破产法》的规定加上当前上市公司重整所面临的政治经济环境导致债权人基本上没有机会参与重整计划的谈判。根据对上市公司重整案例的梳理,笔者发现债权人在上市公司重整中基本上处于被动的地位,对重整计划的制定几乎没有参与的机会。重整计划基本上是由政府或者债务人的控制股东所主导的清算组单方面起草,然后抛给债权人,让后者在很短的时间内表决。法院强裁一个单方面炮制的重整计划,而且被强裁的对象还是没有机会参与重整计划博弈的弱势利益群体,强裁的不公平性不言自明。因此,为了落实债权人在强裁中的公平原则,有必要从程序上修正《企业破产法》的制度设计。

我国破产重整中已经出现了对债权人强裁的随意化倾向,即只要出现债权人反对重整计划,法院就适用清算价值标准对债权人进行强裁。法院用清算价值标准贯彻其强裁权力,这种对强裁的随意使用使得强裁制度不仅不能保护异议债权人,反而成为压制异议债权人的工具。为了从根本上矫正这种对强裁的滥用,首先有必要从立法上明确强裁债权人所必须满足的实体条件,即明确规定强裁债权人必须满足的实体条件包括两个部分。第一,按照重整计划草案,担保债权所获得的清偿比例,不低于其在重整计划草案被提请批准时依照破产清算程序所能获得的清偿比例。第二,债权人充分参与了重整计划的谈判过程,并得到充分的参与重整营运价值分配的权利。

六、现有保全措施阻碍了担保物使用价值的发挥

为了维持企业的经营活动,绝大多数国家的重整立法都要适当限制有担保债权的行使,而我国《企业破产法》规定的限制条件却过于宽松。根据《企业破产法》第37条的规定,如果质物、留置物是企业经营所必须的财产,管理人在法院受理破产申请后,可以通过清偿债务或者提供为债权人接受的担保来取回这些财产。虽然清偿债务和另行提供担保是担保物权常见的保全手段,但是我国《企业破产法》所要求的替代担保必须是"为债权人接受的",也就是说,一项替代担保是否可行,不在于它是否能够提供相当的保障，而在于债权人是否接受，这实际上是以债权人的主观意愿取代客观的判断标准，为担保物的取回增加障碍。因而，建议将现行《企业破产法》第37条"为债权人接受的担保"修改为"价值相当的担保"，以相对客观的标准来代替有担保债权人的主观意愿，从而避免有担保债权人恶意要挟或阻碍债务企业取回已经移转占有的担保物。

七、对于担保价值减损的补偿范围研究不足

对担保债权的中止行使而使其延迟变现，将不可避免地对担保权造成一定的损害，然而立法对补偿范围的规定却不甚明晰。这反映在我国现行《企业破产法》中对于该价值补偿的规定仅出现在第87条，即法院裁定对重整计划进行强制批准时，必须考虑对担保债权组"因延期清偿所受的损失"已经进行了公平的补偿，并且其担保权未受到实质性损害。该条明确了应当对担保债权因重整所造成的损失进行补偿，而正是在该法第46条却规定"附利息的债权自破产申请受理时起停止计息"。结合体系解释和文义解释的方法，我们可以得出这样基本的结论，即"因延迟清偿"给担保债权造成的损失显然是指的利息损失，因为如果是因债务人的不当使用而造成的损害，则按照举轻以明重的逻辑推断，显然应当进行赔偿。

第四节　研究的独创性

一、研究视角的独特性

研究问题的新颖性。随着担保模式的不断创新，企业在破产之时，其财产几乎全部被担保权覆盖的情形已经屡见于破产审判实践之中。破产法的实施场景已经发生根本性变化，随着出售式重整的兴起，担保权人对破产程序控制力减弱，我国现行《企业破产法》的规制模式及债权人协议模型已经难以实现破产法所承载的再分配功能。从论题检索的情况来看,尽管我国破产法学界的专家前辈已经在论著中对破产法上的担保问题进行了激烈的讨论,但尚未出现系统的、全面的论著,而且目前国内还没有博士论文专门对破产法上的担保权规制问题进行研究,所以选题具有一定的新颖性。

第一,现有的破产法理论对于担保权的研究思路较为一致,主要从阐述担保权的传统民法规制路径。现有理论通说仅从民法基本原理出发,而对破产法的理论范畴基本未作考虑。

第二,我国既有研究对破产法上公平正义的理解较为简单粗浅,在论述限制担保权的理由中多以公平正义为逻辑起点,然其实质却对破产法中公平正义的内涵未作考虑。

第三,在对重整与清算的区分研究中,现有研究基本以现行法为基础作规范性研究,而未对破产法的实施背景之变化予以充分考虑。现行出售式重整的崛起使得原有的研究路径已经不能完全适用于规制担保权利,传统的研究方式无法解决实践中对担保权利的界定及保护问题。

第四,在债权人的控制权与破产程序中的治理问题之上,现有的研究基本上只关注了债权人会议的运作模式,并且几乎从破产管理人的管理权限入手,对破产公司的经营权进行类型化研究。然而这种研究模式忽视了破产程序之外,债权人作为契约签订方,对债务人企业行为的影响能力,并且忽视了破产程序中债权人的谈判能力对清偿结果可能造成的根本性的影响。

二、研究内容的创新性

研究内容方面的创新主要表现为三个方面:第一,在破产与担保的基础理论及渊源方面,系统考察了现有制度的立法背景意义以及其对经济运行成本的影响,细致分析了在担保债权对破产程序可能存在的多种作用力。第二,在破产清算与破产重整程序中,清晰划分了两个程序中担保权的保护范围之不同,并且着重在担保债权的受偿范围、自动停止与强制批准的制度构建上进行立法论的探讨。第三,在担保债权的实现环节,对担保财产的评估、使用以及出售程序的规制进行了进一步细化,并形成了体系化的操作规范。

第五节 研究的方法及结构

一、研究方法

第一,比较研究法。由于我国《企业破产法》对担保权的规制基本借鉴了英美法上的自动停止制度、重整计划强制批准等相关制度,因而比较法上的经验仍值得我们借鉴。本书吸收了美国、英国、德国、法国等国的比较法经验,并对美国法展开深入的比较法研究。应当认为,破产法上的债权实现及受偿问题是各国破产立法中的重中之重,而且就我国破产法的整体规制体系而言,对担保债权的规制方式都有一定的共通性,因此可从比较法上获得经验。我国《企业破产法》实施10余年来,我国现有研究对国外最新理论的发展及立法经验并未及时总结,通过观察比较法上的规制思路,了解不同国家对破产法定位及价值导向上的区别,同时分析将相关有益经验引入我国立法框架的可能性和现实性,为构建我国破产法上对担保权处理的具体规则提供有益的参考。

第二,案例分析法。法律的生命不在于逻辑而在于经验,特别是对于破产法常被定位为实体法与程序法的结合,则更离不开对破产审判实践的观察及分析。本书着重在第二章、第三章分别对重整程序、清算程序中我国及美国主要破产案例进行梳理,包括已经审结的 ST 丹化、ST 得亨、ST 北生、ST 夏新、ST 源发等上市公司的重整案件(担保债权都未能全额清偿),并介绍美国联邦最高法院在 2016 年 7 月就 Czyzewski v. Jevic 案中尝试化解联邦州巡回法院层面关于结构化撤回以及跨组赠与的分歧。国内已然出现的相似问题集中体现在 ST 超日重整案中,长城资管公司就以重整计划通过及批准为条件,使得担保债券持有人的本息得到全额清偿,而小组中的其他债权人则不享有相同待遇。这种做法的正当性显然有进一步检视的必要。

第三,文献分析法。通过对破产法上的担保权规制问题已有的国内外研究成果加以收集、整理与筛选,为整体研究打下文献基础,并通过与实践经验的比较,厘清现有的理论与实施经验的共性与差异之处,为进一步的理论探讨提供良好基础。其中,重点对担保债权的规制法理、在破产重整中的限制与在破产清算中的受偿等问题进行深入研究。本书试图通过对这些资料的梳理,找出其中主要争议点,结合我国的立法和司法实践提出自己的观点。

第四,价值分析法。价值分析方法是把研究对象纳入满足人们需要的关系加以考察,探究研究对象在与社会主体的相互关系中所表现出来的属性、意义和作用的法学方法。本书关注的主体与担保制度、破产制度两者的价值冲突紧密联系,通过分析担保制度的经济意义以及担保权在破产程序中日益增长的控制权所带来的破产成本问题,本书试图从价值层面厘清两种制度之间的冲突,并以利益平衡为出发点,从具体规则的细化入手,降低这一立法价值冲突带来的负外部性。

第五,实地调研法。任何基于具体行业的法律问题研究都离不开对行业本身特点的认识和理解,破产法研究也不例外。本书对国内外破产法学者、律师进行访谈,深入了解破产理论及实践的前沿问题。其中,重点对破产法中担保债权的发展历史和趋势、担保债权的主要规制方法、破产法对各类债权的受偿安排、债权人协商程序、债权人参与困境公司治理的方式及手段、破产债权评估程序等问题展开实地调研。

第六,经济学分析法。担保债权的实现率与经济运行状况密切联系,因此有必要对破产法的立法目的、担保债权的经济意义等基础问题,以及担保债权人的控制权、债权评估方法对破产受偿的影响、债权人的谈判能力及博弈过程等技术性问题进行法经济学研究。特别是破产程序作为一种债务清理程序,债权人作为理性经济人参与其中,在债权人之间的零和博弈中,担保债权人不可避免地在破产程序中保有个人利益最大化的动机,这又与破产法的集中受偿、公平受偿的立法目的有一定的冲突。在此背景之下,如何对债权人的集体协商过程进行经济学意义上的分析就显得尤为重要。具体来说,担保债权人通过债权人会议及间接掌握经营控制权等手段参与了困境公司的治理,那么有必要引入经济学的分析。行为经济学将行为分析理论与经济运行规律、心理学与经济科学有机结合起来,其有助于为研究债权人的博弈过程、债权人协商对破产程序的作用机制的分析提供新的思路。

第七,法解释学研究方法。法解释学研究方法是本书研究开展的主要研究方法之一。本书立足于对既有的《企业破产法》以及破产法司法解释的规范的法解释学分析,综合运用文义解释、体系解释、目的解释、历史解释、类推解释等多种法解释学方法,一方面深入剖析规则的内涵,另一方面也通过法律解释有意识地塑造相应的规范制度。法解释学研究方法所得出的结论,是本书研究开展所依赖的主要基础。

二、本书结构

本书研究对象是破产法上的"担保权"或称"有担保债权"。依据通常的理解和定义,意指在破产程序中,债权人于债务人的特定财产上享有担保权的债权,在本书中将其定义为:(1)此担保须在债务人自己特定的财产上创设,不包括由第三人的财产为债务人提供的担保;(2)此种债权所附载的担保属于建立在物或财产上的担保(如留置、质押、抵押等)。[1]

除导论和结语外,本书的主体部分由六章组成,各章的主要内容分述如下:

第一章对担保债权在破产法中的基础法理及限制实益进行全面分析,主要思路在于以担保权在破产法中的成本效益分析为论证前提,其目的在于探求担保与破产两项制度之本质的相互关系。该章从破产法上担保权利规制的发展渊源、制度类型、既有弊端等角度的考察,抽象出

---

[1] 王文宇:《公司法论》,中国政法大学出版社2004年版,第444页。

这一问题解决所应依附的内在价值体系，并由此构建这一问题的基本分析框架。该章分为三个部分：

首先，分析担保债权在破产中运行的成本及效益，为后文的规范分析提供理论依据，并厘清价值顺位。该章的论述前提在于阐释担保制度对破产程序及经济运行的促进功能，并且在分析公司特殊时期代理成本的基础之上，对担保债权可能存在程序参与激励不足、契约控制权的滥用等成本进行解读，其意义在于从成本及收益的价值衡量中，得出限制担保权的立法价值之取向，为限制及保护机制的存在意义提供正当性及合法性论证。

其次，深入探讨破产法的再分配功能的辩证意义，试图探寻破产法在价值分配这一功能之上的应有之义。从对债权人协商理论的批判性论述出发，指明破产法不应当只为债权人的投资利益所驱动，由于破产法对国家经济整体运行具有间接影响力且承载了多元价值目标，进而在探讨是否对担保权进行限制及如何限制这一问题之时，对公共政策及社会价值的适度考察即成了破产法的应有之义。

最后，论述破产法作为一种私法上的规制工具，其当然地具有利益调节之基础功能。对于破产法作为经济法之存在的讨论从未休止，其争论本质即破产法是否应当以其再分配功能重新划分各参与主体的利益格局。该章得出的结论之一，即是破产法的规范性目的在于建构利益协商平台以及保护难以避害之弱势方，其本质应当是谦抑性的而非能动性的。更进一步分析，破产法应当为债权人及债务人提供一种不完全的自治程序，即提供平台以对不同价值之间的顺位进行不完全的调整。所谓"不完全"是指，它既非物权关系的镜像映射，也非对意思自治直接认可，其价值中立性应当始终贯穿于破产法的基础理念，因其最终目的在于解决债权人的自治中的不效率及不公正。

第二章对破产重整中的担保权进行研究，其与第三章的清算程序形成了并列关系。就全书体系而言，之所以未能将和解程序中的担保权纳入本书的对象，是因为在我国破产法上的三大程序——清算、重整及和解之中,《企业破产法》明确了担保权可在和解程序之外实现,且在债权人会议中担保债权人对和解协议并无表决权。因此从解释论角度而言,在和解程序中探讨担保权显然不如在前两者中讨论的意义重大。第二章分为四个部分:

首先,以重整与清算的界分为论题,探讨传统破产重整理论中的特有范畴于担保制度之意义,即营业保留与价值创造对担保权之限制的直接影响力。第一节指出了当代破产实践中清算与重整之间的界限越发模糊,具体而言,出售式重整之兴起以及担保债权控制力之加强对破产重整的当代意义形成了有效补充,因此破产法实施背景的显著变化也更新了其对担保权的规制理念。

其次,在重整程序中担保权受到行使时机的限制。在自动停止制度中,对担保权的行使限制的实质意义在于只中止实现程序行使时机而非对担保权优先受偿权能之限制,其目的显然在于给予困境企业以喘息之机,并且为将来企业存续或整体出售提供物质性及财产性基础,如若重整程序存在损害担保债权之可能性,担保债权应被赋予重新行权的能力。基于此种考虑,第二节试图论证对自动停止制度的完善路径:从行使条件来看,并非每笔担保债权的行使都应当受到重整程序的延迟安排,因而对担保权的性质应当进行区分;从解除条件来看,我国既有的自动停止程序的行使以及解除条件并未能赋予担保权以充分保护,使其免受非必要的延迟损害,因而在解除原因上应当确立对担保权的充分保护原则,以为担保权的恢复行使提供更为完备的救济路径。

再次,在重整程序中担保权受到实体权益的调整。在强制批准制度中,对担保权的调整直接通过对债权人意思自治的有限干预而实现,其目的在于克服债权人在无干预状态下的无序行为所可能产生的"钳制问题"。第三节旨在论证重整计划的强制批准程序的作用机制以谈判为中心,以不完全自治为手段,从而形成对债权人利益分配格局的司法确认,此为重整计划批准制度的实体价值。该节着重论述了我国既有的权利配置格局并未解决担保债权的表决权问题:一方面,破产法的司法解释已经改变了《企业破产法(草案)》的规定而重新确立了担保财产属于破产财产的范围,即没有直接赋予担保债权人自力实现担保的权利,而是使得管理人对担保财产享有处分权力;另一方面,《企业破产法》又并未赋予担保债权人对财产变价和财产分配方案以表决权。因此,该节得出结论,担保债权人应当对财产变价及分配方案享有表决权。除此之外,在强制批准中的担保权规制还应当遵循债权人利益最大化原则以及公平受偿原则。

最后,研究重整融资中的新设担保权问题。第四节主分析新设担保权与原有担保权之间的优先规则的设置问题、债权人之间的互换协议的合理性问题以及新设担保权利人对债务人企业的作用力。具体而言,第四节通过分析破产前已存在的债权人、新债权人的贷款动机及其谈判能力,揭示了重整融资中新设担保债权人对债权人企业行为的控制力来源,同时为第四章论述担保债权人的契约控制及公司治理作铺垫。

第三章对破产清算中的担保权进行分析,以担保权的类型化为基础,分析破产法上担保债权作为别除权的行使、分配及顺位确认等问题,旨在对破产清算程序中担保权的保护范围进行厘定。该章分为三个部分:

首先,以别除权与担保债权的界分出发,并且结合传统民法与破产法相关理念,明确破产法中的担保权与别除权的内涵外延,意在以体系解释为方法,对既有的担保权别除方式及其在破产清算中的限制机制进行系统论述。别除权与担保债权的概念不能混同使用,前者着重强调以担保债权为主的一系列法定及约定优先权可不受担保程序的影响而获优先清偿,后者只是别除权中基础权利的一种。值得注意的是,在我国破产法的语境之下,担保权可不受破产程序的影响而优先受偿,但结合相关法条可知,在清算程序中实现担保权仍需经破产管理人的配合,尤其是在破产法明确了担保财产属于破产财产之后,担保权人不能将担保财产自行变现。

其次,研究担保财产变价后的价值分配问题。担保财产被管理人拍卖变卖之后的价值分配方案直接影响担保债权人的受偿数额。尽管在破产清算中担保权的实现范围以担保物价值为限,且担保物的价金优先分配给担保债权人是无可置疑的,但是这种简单的分配逻辑并不能解决破产审判实践中遇到的困难。在诸多案件中,不难发现我国破产实践中已然出现的"无产可破"的情形,在企业财产几乎全部被担保权利所覆盖的情形下,变价分配则需要考虑担保债权与破产费用及共益债权之间的优先关系。

最后,研究了别除权的认定及其顺位安排问题。以类型化分析为方法,并结合我国破产实践中的最新案例,试图解决动产抵押中的别除权认定、担保权利竞合时的顺位确认、最高额抵押权以及浮动抵押中的别除权范围确认、应收账款及股权质押等权利质押的别除方式,以及新型金融担保中安全港规则的适用范围等理论及实践难点,旨在对破产法及担保理论的最新发展作及时总结以对现有立法规则之不足进行有效补充。

第四章以契约控制权及公司治理权的角度切入,着重研究担保权在权利配置及利益调整这两个维度上对债务人企业行为的作用力,旨在从动态的公司治理视角观察并分析破产法中担保权的存在形态及与其他利益主体的博弈过程。与第五章形成呼应互补关系,具体而言,第四章以动态的担保权——治理主体博弈为研究角度,第五章以静态的担保权——财产权利处分为研究角度。该章分为四个部分,可以总结为以下两方面内容:

首先,从权利配置的角度分析担保债权人对债务人企业行为的作用机制。以控制权的来源为基础,以契约控制理论为模型,分析担保债权人的契约控制能力及谈判能力的增长趋势。破产公司的控制权决定了财产保值、升值和财产的分配,因而担保债权人对债务人企业的契约控制力及对公司治理结构的影响力可直接作用于破产财产分配结果。该章基本结论之一,担保债权人对其权利的控制形态在破产程序中发生了根本性的转化,由于担保债权人谈判地位的优势以及融资契约限制条款的作用力,由对担保财产的单一控制转化为对债务人企业行为的复合控制。该章基本结论之二,无论破产管理人或公司管理层的信义义务指向对象为何者,破产程序中控制权的实施目的应当明确为保护财产及公平受偿。另外,对担保权人控制权的成本收益问题进行研究,目的在于通过分析合同条款对债务人企业行为的调控,讨论担保权利人的控制权在破产程序中,特别是在融资环节中对债务人企业的意义及其成本。该合同的核心,是确立一系列行为和制裁规范,要求债务人在特定时间内分阶段地完成企业改制、重组等步骤,并规定在合同所设立的目标不能实现时,应当做出的处置。随后,该章的创新点在于初步解决了担保债权人与普通债权人之间的清偿竞赛问题,由此,使担保债权人的角色从财产权利的所有者及控制者转化为重整程序监督者及重整价值的剩余所有者。

其次,研究担保债权人对债务人公司治理结构的影响。担保债权的行使与担保债权人参与公司治理的方式实际上与民法、公司法或金融法等其他部门法都有不可分割的血肉联系。以重整中的公司治理的为核心,着重分析了破产中公司治理目标的变化以及公司管理层信义义务指向对象的变化。该章阐释了困境公司的治理方式的变更,即破产法改变了公司常态下的治理形态,通过债权人委员会及债权人会议的权利扩张,股东、董事等原有管理权被剥夺,包括担保权利人在内的破产债权人成为困境企业在特殊时期的剩余权索取人。破产法本身带有公司治理机制,破产程序中的司法控制替代了破产重整之外的契约和市场控制。在破产重整公司治理结构中,经营决策的制定包括三个层面:第一,许多决定需要获得破产法院的批准或者利害关系人投票通过,这赋予了这些利益相关方潜在的直接控制权;第二,治理结构运用了委员会形式的咨询结构,这些委员会的成员是他们所代表群体的代理人,作为重要的利益相关方代表影响案件的进行。例如,债权人委员会由主要债权人、顾问和专家组成,他们有所需的资金和积极性对经营层的行为进行监督,从而保证了债权人的利益能够通过破产法所赋予的特殊权利得以保障;

第三,部分体现在强化公司控制人的受信义务和其他义务。这一综合的治理结构用债权人代表和司法审查的方法代替了非破产公司中控制经营层的契约和市场控制,并体现了破产法针对公司控制人受信义务特殊性在公司治理结构上所进行的调整。

第五章研究担保权作为民事权利在破产程序中的价值评估与实现机制。企业的显著功能就是提供价格替代机制,究其实质而言,破产财产的评估及担保权利实现机制即体现了商品交易市场中的定价及变现功能。因而,第五章内容是将破产理论与实践结合最为紧密的部分。在该章中试图解决的问题即对担保价值的实现路径及其构造提出合理的解决方案,一方面落实担保制度所保护的价值权,另一方面为破产管理人对担保财产的使用及出售程序确立基础原则与具体规则。该章分为两个部分:

第一部分是对担保财产的评估问题进行研究。财产估值是价值分配的前提,它作为一种模拟价格确定机制,既是破产程序分配价值的技术性环节,也是理论研究的难点。在理论建构层面,财产评估的重要性常被忽视,然而它却是审判实践中担保债权人争议最大的环节,尽管近年我国破产法学者对担保财产评估的关注有所提升,但此种讨论并不充分且未成体系。评估问题重要性体现在以下两个方面:其一,担保财产评估程序作为破产债权人缩短财产货币化进程的手段,其在破产实践中的意义重大。在重整程序中,担保权人常因对价值评估的结果不满而投票否决重整计划;在清算程序中,对担保财产的价值评估直接影响到担保债权的受偿数额,因为依据我国《企业破产法》第110条的规定,不足额担保中超出担保物价值的部分归入普通债权组受偿。其二,担保财产评估程序作为司法程序中的技术性环节,在基础理论研究上存在诸多缺漏。因而该章将逐一填补理论缺漏,具体将对担保财产价值评估时点的选择、估值结果的影响因素及估值方法的选择等诸多问题进行研究。

第二部分是探讨在担保财产的使用、出售环节中,担保权的价值保护模式以及价值实现路径。对担保财产的变现在我国《企业破产法》上并未确立可适用的具体规制,因而现行依据主要是《最高人民法院关于人民法院民事执行中拍卖、变卖财产的规定》所确定的拍卖程序。[1] 其中公告时间极短(7—15日),公告范围有限(当事人协商的媒体或者特定媒体),由于公告时间及范围直接影响标的物的变现价格,该程序并不利于促成财产利益的最大化。另外,由于《企业破产法》第111条规定,破产管理人享有对破产财产的使用、变现权,而担保债权人对财产处分方案、变价方案不享有表决权,因而担保债权人对担保物的控制力受到了显著的限制。因此,笔者的基本结论是,就财产使用的条件而言,由于担保财产处于破产管理人的管控范围内,则应当确立基于商业判断的使用程序;就财产出售方式的选择而言,由于拍卖的竞价程序公开且利于破产财产的最大化,则应当明确以拍卖为主、变卖为辅的变价方式,并同时明确破产管理人争取出售价格最大化的义务。

第六章以我国法为规范分析对象,在解释论的基础上对破产法上的担保权规制问题提供框架性的解决方案,并试图在具体规则构建上作进一步的理论阐释。该章分为四个部分:

首先,在我国破产法的语境下对担保权的别除程序进行再定义,试图解决我国理论通说与立法缺漏之间的冲突。其次,该章明确担保物因为重整期间的经营使用而造成价值降低的,仅对物理损耗所造成的损失予以赔偿,因为市场因素导致的担保物价值贬损不在赔偿范围内。如果重整期间对担保财产的使用会给有担保债权人的权益造成危害,但是该项财产又为经营活动所必需的,《企业破产法》可以为有担保债权人提供其他的保全措施。比如,就价值减少的部分提前进行现金补偿、提供替代的担保、允许该减少部分享有优先受偿权。再次,对现行担保权益调整的两大制度——自动停止制度与重整计划强制批准制度进行立法论上的补漏。在担保财产价值实现的层面,保护担保债权人的权益不受破

---

[1] 许德风:《破产法论——解释与功能比较的视角》,北京大学出版社2015年版,第336页。

产程序的不当限制,主要从两个方面来建构:第一,若该担保标的物没有留存之必要,则应当直接适用解除冻结的条件;第二,若担保标的物确实存在被侵害的风险,那么立法者当进一步细化对担保债权补偿范围的认定。担保债权在现行立法中主要受到自动中止,或称自动冻结程序的限制,但如果符合特定条件,担保债权人即可向人民法院请求恢复行使担保权。由于该自动中止程序主要涵盖冻结与解冻两个阶段,那么只要将冻结与解冻的实质条件约束在一定范围内,担保债权人的权益即可得到周全的保护。重整计划强制批准程序中,应当明确对担保债权人的三大保护原则,即最佳利益原则、最低限度接受原则以及公平及公正原则。最后,对破产中担保物的使用、评估、出售及变价环节中价值权实现提供替代解决方案。以充分保护为原则,对担保权保护的方式提供具体的备选方案。

第一章 担保与破产的价值互动及法理

第一节 担保权在破产中的成本和效益

一、担保权的经济意义

私法的重要功能之一是发挥对理性人从事商业行为的指引作用,通过明确的规则让人们在交易之前了解其行为后果以趋利避害。恰如联合国国际贸易法委员会在《贸易法委员会破产法立法指南》中所述,确立一个明确和可预测的排序分配办法可有助于确保债权人在其与债务人订立商业安排时明确其拥有的权利,对于担保借款合约而言,如果债权人能够确知其权利,则可以增加他们与债务人签订契约的信心从而令信贷市场繁荣。[1] 担保制度正是发挥了明确清偿顺序的功能,它最重要的、积极的社会作用也已经不完全是保障债权的实现,而是被作为交易上融资的手段

---

[1] 联合国国际贸易法委员会:《贸易法委员会破产法立法指南》2006年,第76页。

与筹码因而对促进社会经济繁荣起着支柱性的作用。[1] 担保的经济意义体现在运行方式之中,它既为债权人节约了谈判成本,又为债务人发挥了信贷补充功能。一方面,当债权人对债务人的守约能力产生疑问,担保制度节省了债权人作履约能力调查的成本,从而也加速了契约谈判的进展,因为债权人得以将担保标的物变价以实现债权。此外,又因为实现担保物权的程序设计往往倾向于采纳比传统民事诉讼更为简易的程序,[2] 所以在债权实现的环节,担保债权更是有着无担保债权难以企及的优势。另一方面,债务人通过牺牲或者限制自身对担保财产享有的部分权利,换取信贷提供者的资金支持以进一步扩大生产规模,从宏观上看,担保制度的繁荣大幅度地促进了社会财富的增长。

然而,担保权的经济意义并非完全没有代价,或者更确切地来说,不可能完全不产生负外部性。尽管担保制度充分发挥了信用补充的功能,从而给设定物权的权利人、债务人及社会整体都带来了极大的收益,[3] 而一旦企业进入破产程序,企业可用作清偿的财产和企业的未来收益对全体债权人而言成了一个恒定的财产集合,[4] 所以客观而言,普通债权人(无担保债权人)和担保债权人的受偿机会相互排斥,也就是说,一方

---

[1] 王文宇:《民商法理论与经济分析(二)》,中国政法大学出版社 2003 年版,第 55 页。转引自程啸:《担保物权研究》,中国人民大学出版社 2017 年版,第 9 页。

[2] 例如我国的担保物权实现程序,学者倾向于认定它是一种非讼程序。

[3] 有学者将担保对债权人的收益概括为以下四个方面:第一,降低贷款前调查债务人资信状况的成本;第二,降低贷款后监督债务人合理利用贷款和维持资信的成本;第三,降低贷款本身的风险,确保款项按期如数归还;第四,节省债权实现的成本。许德风:《论担保物权的经济意义及我国破产法的缺失》,载《清华法学》2007 年第 3 期。

[4] 这种集合,在破产法理论中常常被称为"公共池塘",对此学界有不同的理解。一种观点认为,如果没有对担保物权限制,债权人会在债务人(濒临)破产时竭力抢夺和瓜分其现存财产而忽略债务人企业的继续经营价值,产生所谓的"公共池塘"问题。参见程顺增:《论破产清算中担保物权实现的限制——以民法体系下实现之不同为视角》,载王欣新、郑志斌主编:《破产法论坛》(第 10 辑),法律出版社 2015 年版,第 217—218 页。而另一种观点认为"公共池塘"在破产受理后,均由破产管理人统一管理,因此这个理论本身是存在缺陷的,学者指出"债务人财产已经处于管理人管理下,并为法院在司法程序中所监管,更不存在所谓'公共池塘'问题。所以想以此理由说明暂停担保权行使的必要性,是不能成立的。不限制担保权行使会使债务人企业的继续经营价值被忽略的说法是一个伪命题"。参见王欣新:《论破产程序中担保债权的行使与保障》,载《中国政法大学学报》2017 年第 3 期。

主体受偿额的提升则必然意味着另一主体受偿额的减少。那么由此可以观察到的一个现象是,物权制度的存在为处在合同关系之中的担保权利人和债务人企业这两方主体带来了收益,但是其实际结果却直接降低了无担保债权人在破产中的可获偿性。[1] 不仅如此,由于担保权普遍地设立于公司的重要资产之上,上述现象所引致的一个结果就是,只要担保标的物还存在,那么担保权人就有机会根据其合同获得较大额度的清偿,而无担保债权人则只能在破产分配计划中拿到"象征性"的清偿。

尽管从表面上看,不同债权人的最后收益相差悬殊,但是这种分配结果的悬殊并不违背合同双方对结果的可预期性,[2] 因为在商事关系中,与债务人企业签订了无担保合同的债权人应当预见到在企业持续经营期间,理所当然地会在企业财产上设定各种形态的物权以增强自身信用,由此获得融资,这是双方进行合同磋商时的信息基础。除此之外,无担保债权人进一步考察债务人的履约能力及风险水平,最终与债务人签订不设担保的债权合同,可见在此过程中,与债务人有商业往来的普通债权人是具有"能动性"的,这种能动性使得他们自行挑选合同对象,也自然地应当承受该合同带来的收益及风险。更确切来说,上述无担保债权人所承担的风险就是在破产时,若无额外设置的小额债权组且不存在其他特殊情形,[3] 无担保债权应当劣后于担保债权获得清偿。

值得注意的是,上述逻辑存在着一个前提,即无担保债权处于劣后清偿地位的合理性不仅是出于合同自由,更是来源于无担保债权人与债

---

[1] 我国学者认为,"在破产程序中,担保债权人的优先受偿权常常意味着非担保债权人利益的损失",参见许德风:《论担保物权的经济意义及我国破产法的缺失》,载《清华法学》2007年第3期。

[2] 主体准确限定在拥有"合同自由"的合同双方,所以应当将侵权债权人排除在外。

[3] 《企业破产法》第82条第2款规定,"人民法院在必要时可以决定在普通债权组中设小额债权组对重整计划草案进行表决",而且在破产实践中,小额债权组通常都能得到全额受偿。比如,近年最高人民法院发布的多个破产审判典型案例中,上海超日太阳能科技股份有限公司破产重整案中20万元以下部分的债权全额受偿,无锡尚德太阳能电力有限公司破产重整案中10万元以下部分的债权全额受偿。参见《最高法发布十起破产审判典型案例》,载《法制日报》2016年6月15日。对小额债权的详细分析,见本书第1章第2节。

务人之间相对平等的谈判能力和调节能力。从根本上说,在债务关系发生之时,双方对债权之设立的意志是真正"自由"的,然而现实的情况是,存在着大量非自愿与债务人企业发生债务关系债权人,[1]或者谈判地位悬殊的弱势债权人。[2] 所以从现实情况中不难发现,除了以银行为代表的融资机构能够同债务人企业针对合同条款,尤其是利息、担保物等核心条款进行平等自主的谈判,其他享有职工债权、侵权债权的公司债权人都处于十分弱势的谈判地位。对公司雇员而言,企业资不抵债时常常会拖欠职工薪资,对侵权债权人而言(例如三鹿奶粉事件中的被害人),他们与破产企业之间存在的损害赔偿关系更加不符合他们的意愿。所以,一旦企业进入破产程序,尤其是进入破产重整后,这些非自愿债权人对企业享有的债权或许也是破产分配时不得不优先考虑的诉求。当担保债权数额巨大,而这些非自愿债权数额较小时,法官不得不做出衡平的考虑。然而,在担保几乎全部覆盖于企业财产之上时,对非自愿债权人的清偿又必然反过来导致担保债权人的诉求不能完全地满足。以上所分析的担保债权与非担保债权的相互关系可谓错综复杂,因此重新审定破产与担保的经济价值与相互关联就自然地成了题中之意。

  对担保债权的规制理念贯穿破产财产分配以及破产公司治理之始终,它与破产程序的公平及效率休戚相关,但其限度却常常游移不定、模糊难辨。究其原因,这从来就不是一个非此即彼的问题。[3] 对破产程序的规则设计,不仅关乎债权人整体权益的实现,更与社会公共利益密切相关,法律的规制当尽其所能地以科学的秉性,让利益相关者能各得其

---

[1] 有学者指出了破产案件中不可调整型债权人的普遍性。参见 Elizabeth Warren,"Jay Lawrence Westbrook, Contracting out of Bankruptcy: An EmpiricalIntervention", *Harvard Law Review*, vol.118, no.4, 2005, p.1197.

[2] 典型的弱势债权人即是公司雇员持有的劳动债权。

[3] "非此即彼"是传统逻辑学和旧的形而上学的思维方式,它表现为两个相互矛盾的命题不可能同时为真,而只能肯定其一必真、另一必假。但是在思辨哲学看来,这种"非此即彼"的思维方式是片面的,因而也是独断的,它遭到了黑格尔的批判。在辩证思维方式之下,世界既是有限的、又是无限的,我们不必在这两种判断之间做出唯一的选择。[德]黑格尔:《小逻辑》,贺麟译,商务印书馆1980年版,第101—102页。

所,实现最大程度上公平分配。破产清算中担保债权的受偿和破产重整中担保债权人参与公司治理的方式实际上与民法、公司法或金融法等其他部门法都有不可分割的血肉联系。正是因为破产法是处理债务关系、重塑公司治理的综合性调整规范,它与其他部门法之间呈现着相互衔接而又相对独立的交错样态。相关部门法的基本理念汇集到破产的语境,又如发生化学反应,有了全新的解读,这也是这一部门法的魅力所在。[1] 最为独特的是,当事人以破产程序为契机,通过这一平台进行协商谈判的结果已经不完全是破产法的程序规则所能够预期的,它往往凝结着多元化的价值取向,也将债权人与债务人之间的妥协让渡内化于其中。从本质上说法律对私权秩序的强制干预需要对社会公共利益予以考虑,但如果司法权力越位指引,则难免增加破产参与各方可得利益的不确定性。从一定程度上说,这还可能造成对重整参与人反向激励,因而强制干预的尺度应当严格限制在必要范围之内。

二、限制担保权的立法价值取向

破产法对担保权实施限制的立法价值取向可以通过分析担保权人的权利配置及债权实现机制获得结论,而且从具体规则上明确限制担保权的立法价值取向对于担保债权人在签订信贷合同之前准确地评估债务清偿风险具有决定性的影响。[2] 具体而言,对担保债权立法规则的描述应当明确区分清算和重整两种情况分别作出讨论,此处的区分实益有两点:第一,从程序价值来看,即使不考虑对担保债权的影响,清算与重整的价值取向本身就存在根本差异。清算更强调对债权的及时、公平的清偿而不再需要考量公司本身的利益,与此相反,在重整中,由于对公司

---

[1] 高丝敏:《美国破产法二百年流变:立法、司法和学术》,载《清华法律评论》(第 7 卷第 2 辑),清华大学出版社 2014 年版,第 23 页。

[2] "破产法应载有明确的规则,说明破产程序对有担保债权人的权利的影响,以使有担保债权人能够量化与破产有关的风险,并在评估是否提供信贷和按什么条件提供信贷时将这些风险考虑在内。"联合国国际贸易法委员会:《贸易法委员会破产法立法指南》2006 年,第 425 页。

将来盈利能力及清偿能力的初步认可,债权人常常不可避免地为了公司存续而作出一定的牺牲,尤其是与债务人已经建立了稳定商业关系的供应商债权人此时更加愿意作出暂时的牺牲以巩固与债务人之间长期合作关系。第二,从债权人与债务人、破产管理人等破产参与人之间的协商和博弈情况来看,程序本身对破产参与者的激励及参与者的谈判动机随着公司的最终命运而有所不同。

在破产重整中,限制担保债权的立法取向反映了实现担保权与实现公司复兴之间的立法衡量,换言之,也是财产保留与价值实现之间的矛盾。在上市公司的重整实践中,根据债务人营业情况的差异,可以选择营业保留或者借壳上市两种模式,[1]也称存续型重整与出售型重整,这两种类型的重整都存在着对担保债权的不完全保护。由于破产法的债权处理模式替代了担保债权人在非破产法中的救济手段,因而在担保财产的保留与担保物价值的实现之间存在着激烈的矛盾。

第一,在出售型重整中,担保物面临被不当处置的风险。以上市公司的重整实践为例,在借壳上市模式中,战略投资者往往为其上市创造条件而要求尽快对原企业的债务进行清理,出售企业财产能够迅速消除债务负担以使担保权人获得清偿以弥补损失,[2]从而产生终局性的效果[3]。出售型重整在破产实践中展现了较高的便利性及效率性,[4]但一些重整实践却也揭示了出售型重整模式亦存在着无法为担保债权提

---

[1] 李成文:《中国上市公司重整的内在逻辑与制度选择》,中国法制出版社2012年版,第181页。

[2] 我国重整实践中,两类重整企业耗时相距甚远。存续型重整,例如ST沧化、ST宝硕,重整耗时长达3年;出售型重整,例如S*ST海纳、S*ST兰宝、ST北生,重整耗时仅1个月。

[3] [美]哈维·米勒:《破产重整五十年(1960—2010)回溯》,张钦昱译,载李曙光、郑志斌主编:《公司重整法律评论》(第1卷),法律出版社2011年版,第409—411页。

[4] 支持出售型重整的学者提出了更加激进的建议,他们认为在公司申请破产之后,应当立即对公司进行拍卖出售。因为出售之后,收购者以及收购融资的提供方就会像其他的企业所有人一样,积极有效地管理资产,而且拍卖所得价款即刻成为公司资产,由此也缓和了债权人与股东之间因重整的价值分配产生的激烈矛盾。Lynn M. LoPucki, William C. Whitford, "Corporate Governance in the Bankruptcy Reorganization of Large, Publicly Held Companies", University of Pennsylvania Law Review, Vol. 141, No. 3 (Jan. 1993), P. 767

供周全保护的风险。在美国克莱斯勒重整案中,根据协议规定,新设公司仅承担原公司的部分债务,这直接给担保债权的优先规则带来了冲击。其中,对于被移转到新公司的债务,他们承诺从原公司转移到新公司的价值中进行支付;对于被留在原公司的69亿元担保债务,只能从公司的剩余财产中进行支付,最终导致担保债权组的受偿比例仅为29%,远低于无担保债权46%的受偿比例。[1] 如果说,传统的债权调整方案可以直接比较债权受偿比例来衡量分配是否公平合理,那么这种新型的债务承担模式对担保债权的侵害却是难以察觉的。[2] 相类似地,我国的重整管理人对破产财产也享有处分权,而且有权对破产企业进行"全部库存或者营业的转让"。[3] 这说明在我国出售型重整的制度障碍已经消除,此时担保财产完全置于管理人的处置之下而不受《民法典》规则的调整,这为侵害担保债权提供了可能性。

第二,在存续型重整中,难以实现担保物交换价值。由于我国《企业破产法》中并未对债权调整方案的具体内容进行规范,而一个齐备的债权调整方案应当包含债权数额的削减比例、债权的具体处置方式、担保债权评估方案等具体事项。实际上,对担保债权的保护方式并非只局限于即时清偿这一模式,在破产实践中出现的替代担保、定期支付现金等方式都能灵活规避担保债权受损之风险,其中的原理在于担保物本身就具有使用价值与交换价值并存的属性,这本身就为解决担保债权的困境提供了出路。

第三,重整中对担保财产的价格评估的时点及方法直接影响受偿数额。由于重整无须对所有财产进行变价,而且根据《企业破产法》第110条,超出担保财产范围的未受偿债权降格为普通债权。此时,担保债权人在破产法上享有的"担保权益"与其在担保物的价值(value of

---

[1] 汽车工人联合会100亿美元无担保债权得到46亿美元的清偿,清偿率46%;担保债权人持有的69亿美元债权得到了20亿美元的清偿,清偿率为29%。

[2] 程顺增:《论破产清算中担保物权实现的限制——以民法体系下实现之不同为视角》,载王欣新、郑志斌主编:《破产法论坛》(第10辑),法律出版社2015年版,第217—218页。

[3] 具体参见我国《企业破产法》第25条、第69条。

collateral)上应得的数额相等,[1]因而担保债权人的利益直接受到评估程序公允性的牵制,评估结果与其获偿数额密切相关,这也成了重整实践的争议焦点。具体而言,争议的焦点在于评估方法及评估时间选择之上。另外,在认定担保债权是否受到侵害之时,如果仅因物价变动而影响评估价值,则不能视为对担保权的侵害,[2]担保债权人不得以此为由要求恢复行使担保权。[3] 总之,无论是出售型重整还是存续型重整,担保财产的保留与其价值实现之间的矛盾始终存在。

从理论上而言,在破产清算中对担保的限制应该少于破产重整中对担保的限制,因为破产清算程序更加强调对债权的及时清偿,所以对担保债权的调减更多的是出于对其他债权利益的综合衡量,而与公司本身的利益无关,至多是以债务人财产最大化为理由,只在必要时才在破产清算中对担保债权加以限制。[4] 所以,下一节将论述破产法在债权人之间分配利益的法理基础,分析重点在于担保债权与其他破产债权人之间协商谈判的动态关系及合作协调机制。

第二节 风险分摊与债权保障:破产法的应有之义

一、破产法中的风险分摊理论

破产法最首要的功能就是保障债权的有序清偿,除此之外,破产法本质上是一个有别于个别执行程序的集合清偿程序,在公平原则之下,所有性质相同的债权无论成立先后都将依照相同的受偿比例清偿,所以

---

[1] Lucian Arye Bebchuk & Jesse M. Fried,"A New Approach to Valuing Secured Claims in Bankruptcy",*Harvard Law Review*,Vol. 114,No. 8(June 2001),p. 2391。

[2] [日]我妻荣:《我妻荣民法讲义Ⅲ:新订担保物权法》,中国法制出版社2008年版,第354页。

[3] 现行法对恢复行使担保权的条件设置并不合理,后文将详述。

[4] 参见王欣新:《论破产程序中担保债权的行使与保障》,载《中国政法大学学报》2017年第3期。

破产法又呈现着一种在程序参与者之间分摊风险的功能。作为债权人协商理论（creditors' bargain theory）重要的补充，风险分摊理论为破产法在债权人之间重新分配利益作出了正当性的证成。[1] 根据这一理论，破产法最核心的目标是实现破产财产的最大化，次要目标是迫使所有的利益相关者分担一定的商业风险，这种风险主要是区别于特别风险（particular risks）的常规风险（common risks），前者主要来自企业的内部，例如管理层的不当行为和投资偏好所带来的风险；而后者主要是企业控制权之外的风险，例如整体经济运行的不景气或者行业的衰落等来自外部的风险。这种分摊风险的功能弥补了市场的缺陷，而且在此过程中，法庭对债权人协商程度的干预获得了一定的正当性，尤其当这种风险分摊更有利于破产法的目标与功能实现的时候。从市场与司法权的关系而言，由于法官并不适合对商业行为作出合理性的判断，但一旦司法机关获得了干预权，无论是以审判者的身份对最终谈判结果予以认可，还是以居中协调者的身份协助各个组别的债权人达成合意，抑或以外部观察者的身份去发现参与者的不当行为，[2] 司法权所能发挥的社会功效都远远大于市场的力量。

破产法的风险分摊功能在程序可以被灵活运用，以实现那些看似与破产利益相关者的价值趋向相偏离，但却与社会公共利益紧密联系的诸多目标。例如在发生社会影响重大的侵权事件时，[3] 破产法有时会将侵权债权人赋予较为优先的受偿顺位以保护弱者，又比如在与环境保护相关的案件，[4] 又或者在我国20世纪90年代末期的国有企业政策性破产案件中，也显现出了破产法的风险分摊功能，当时国务院颁行的政策

---

[1] Thomas H. Jackson and Scott Robert E., "On the Nature of Bankruptcy: An Essay on Bankruptcy Sharing and the Creditors' Bargain", *Virginia Law Review*, Vol. 75, No. 2, 1989, p. 155.

[2] See David A. Skeel, Jr., "Markets. Courts, and the Brave New World of Bankruptcy Theory," *Wisconsin Law Review* 465 (1993), p. 505.

[3] David A. Skeel, Jr., *Debt's Dominion: A History of Bankruptcy Law in America*, Princeton University Press, Princeton, 2001, pp. 217–221.

[4] 以《美国破产法》为例，企业处理环保问题的费用被赋予了较高的优先顺位。

性破产的规则在特殊时期对劳动者利益进行了完善的保护,妥善缓解了可能出现的社会问题。总之,破产制度在对这些特殊案件的处理之中,显现了风险分摊的重大意义。[1] 因此,根据最新的资料显示,越来越多的债务人公司之所以进入正式破产程序,就是为了寻求一种带有更多综合管理和利益平衡性质的更加行政性的解决方案,而避免非黑即白的司法裁决对公司造成过度的影响。

债权人选择破产程序而非其他诉讼程序,通常是因为破产法庭处理案件更像一个行政程序而非司法程序。破产法系统与其他的法律系统在功能上有许多交互的地方,但它可以用更平和的方式解决在其他系统中只能用诉讼方法解决的法律问题,即使这种替代作用十分微妙。[2] 如果没有对个别清偿行为的冻结和阻止,债权人可以肆无忌惮地申请执行已到期的债务。越来越多的大型重整案件显示单纯依靠私上协议根本无法解决债权人之间的复杂问题。[3] 如果没有法庭的干预,试图对债权人进行合理分类并选出合适的代表几乎是难以想象的。破产法庭评估各种财产,但更重要的,它们评估争议,而市场却没有后一种功能。[4]

二、破产法的多元目标与综合价值

从立法目的和功效的区别上来说,破产法与担保制度是存在矛

---

[1] William C. Whitford, "What's Right About Chapter 11", 72 *Wash. U. L. Q.* 1379(1994), p.1395.

[2] E. Warren, "Vanishing Trials: The New Age of American Law", *Am. Bankr. L. J.*, No.79, 2005, p.942. "Bankruptcy is essentially the non-litigation approach to the resolution of unmet legal obligations. Perhaps the most significant way in which bankruptcy cases differ from typical lawsuits is that themajority of such bankruptcy cases are largely administrative events." See p.918.

[3] Harvey R. Miller & Shai Y. Waisman, "Does Chapter 11 Reorganization Remain a Viable Option for Distressed Businesses for the Twenty-First Century?" 78 *AM. BANKR. L. J.* 153, 181 (2004), p.196.

[4] Frank H. Easterbrook, "Is Corporate Bankruptcy Efficient?", 27 *Journal of Financial Economics* (1990), p.416.

盾的。[1] 尤其是在担保权类型不断扩张、担保体系不断完善的大趋势之下,企业极有可能在其最具价值的财产上设定各种物权以获得融资。那么,法院受理破产申请之后,破产管理人的重要任务之一就是处理担保财产以偿还相关债权人,更因为普通债权人在破产中的受偿率极低,此时可以说,破产的最后分配结果只与担保债权人的受偿最为相关。但从另一方面看,破产法与担保制度的立法价值又存在一定的契合性,如果考虑到这两个体系的法律在债权实现这一任务上所共同发挥的功能,那么这两者又应该发挥着相互补充、相互支持的作用:一方面,在破产法中,债权清偿始终是各国破产立法的主要目标,债权保障更是破产法的生命力之来源;[2]另一方面,从担保制度的功能而言,其债权保障的首要目标更是不言而喻的,[3]因此若从上述角度出发,破产法与担保法的目标与价值又是具有一致性的。

若更进一步观察破产法上存在的诸多参与主体则不难得出破产法实际上承载了多元而复杂的目标,正如最高人民法院于2009年颁发的《关于正确审理企业破产案件为维护市场经济秩序提供司法保障若干问题的意见》所述:"破产重整和和解制度,为尚有挽救希望的危困企业提供了避免破产清算死亡、获得再生的机会,有利于债务人及其债权人、出资人、职工、关联企业等各方主体实现共赢,有利于社会资源的充分利用。努力推动企业重整和和解成功,促进就业、优化资源配置、减少企业破产给社会带来的不利影响,是人民法院审理企业破产案件的重要目标之一,也是人民法院商事审判工作服务于保增长、保民生、保稳定大局的必然要求。"尽管重整的确具备促成多方共赢的制度优势,但是也应该强

---

[1] 参见王欣新:《论破产程序中担保债权的行使与保障》,载《中国政法大学学报》2017年第3期。

[2] 汤维建:《破产程序与破产立法研究》,人民法院出版社2001年版,第47页。

[3] 物权担保制度对于债权的保护具有至关重要的作用,不仅可以促进信贷发展,提高债务人的信用和履约能力,在降低交易成本与风险、保障交易履行与维护市场秩序方面也有促进作用。要实现担保立法目标的关键,是必须辅以一套尊重担保交易法律所产生的权利的破产法。联合国国际贸易法委员会编:《贸易法委员会担保交易立法指南》,第1页。

调破产重整的首要目的并不是实现社会总体效益的提升,而且实现对债权人的公平清偿的目标还是应当比社会效益之提升更具有合理性,毕竟重整制度的出发点原本就是为了拯救债务人,所以更不能以牺牲债权人合法利益作为社会效益的提升的代价。[1] 尤其是在破产重整中,人民法院审查重整计划合法性的时候,更需要以保护债权人为首要前提,最高院法官亦认为,即使是在破产重整中也不能以牺牲债权人利益为代价挽救债务人。[2]

破产程序和市场所解决的问题是不一致的,在定分止争及缓解社会整体矛盾的领域,破产程序有着无可比拟的优势,不仅可以充分运用破产管理人制度的中立地位对财产作出分配,还可在司法权的引导下促成债权人形成合意,进而最后对价值分配作出实质性的积极影响。所以,从这个意义而言,如果仅仅考虑担保债权在未进入破产时能够获得更好的受偿,那么毫无疑问,这种观点的价值趋向是片面化的,毕竟财产处置效率或单组债权受偿比例之高低绝非破产程序(尤其是破产重整程序)的唯一追求;但同时也应当避免走向另一个极端,即过分强调"社会公共利益"。而一个现实的例子是,为了表决的便利和"公平对待"普通债权人,法院在必要时可以在普通债权人表决组中设立小额债权人表决组。[3] 司法实践中,对小额债权组的债权分类具有极大的随意性,从我国上市公司的公开数据看,很多企业在重整时都设立了小额债权组,但其对小额债权的划分却不一致,从几万元到十几万元不等都被归为小额债权,[4] 而且通常小额债权组都能得到全额受偿,那么除了稀释小额债权人以其数量优势所取得的表决权之外,对其全额受偿的正当性是非常

---

〔1〕 刘敏、池伟宏:《法院批准重整计划实务问题研究》,载《法律适用》2011年第10期。

〔2〕 宋晓明、张勇健、刘敏:《解读〈最高人民法院关于正确审理企业破产案件为维护市场经济秩序提供司法保障若干问题的意见〉》,载《商事审判指导》2009 年第 4 辑(总第 19 辑),人民法院出版社 2010 年版,第 31 页。

〔3〕 《企业破产法》第 82 条第 2 款。

〔4〕 ST 贤成小额债权组为 5000 元以下,ST 夏新小额债权组为 1 元以下,ST 沧化小额债权组为 50 万元以下,ST 广夏小额债权组为 100 万元以下。

值得推敲的。

一旦公司进入破产重整,附着于公司之上的那些看似与企业运营并不直接相关的利益均有可能被作为社会利益,[1]进而被视为人民法院运用司法权介入破产谈判并最终影响谈判结果的考量因素。在公司重整可能涉及的社会利益之中,最典型的有雇员利益、当地财税收入等,所以相较于上述与国家政策及社会稳定密切相关的诸多利益,任何其他债权组的合理诉求都会相形见绌。因此我国学者指出,如果任由这种概念模糊的社会利益介入,人民法院运用强制力调整当事人利益的正当性基础就会被瓦解,对该权力的滥用也就在所难免了。[2]因此,应当明确无论重整还是清算,以公共利益为理由而对某类债权予以无规则的限制,看似满足了弱势组别的利益,但是从长远来看,损害了担保交易中债权人的可预期性,长此以往难免损害担保债权人的放贷意愿,并且造成信贷紧缩的消极后果,所以就此意义而言,债权保障应当是破产法发挥分摊风险和分配价值之功能时的首要目标。

三、担保债权的平行关系:零和博弈中的冲突与合作协调

从价值层面的考量,担保债权与普通债权、税收债权、劳动债权、侵权债权等其他破产债权之间的关系体现着公共政策性与适法科学性的矛盾。[3]立法采用某种规制方法,既蕴含从学理逻辑角度观察的结果,也不乏现实政策的考量。[4]历史的经验向我们展示了,过度限制担保债权具有负外部性。因此,对此种限制手段的适用比例做出进一步框定是不可回避的环节,这无不拷问着学界与立法者的智慧。前文所述主要着眼于担保债权人与债务人的关系,若从担保债权与无担保债权的关系来

---

〔1〕 邹海林:《法院强制批准重整计划的不确定性》,载《法律适用》2012 年第 11 期。
〔2〕 邹海林:《法院强制批准重整计划的不确定性》,载《法律适用》2012 年第 11 期。
〔3〕 此处对债权的分类并不完全符合立法上的分类方法,也与破产实践中的债权组的分类方式不一致,所以严格来说并不严谨。但由于对劳动债权、侵权债权的特殊对待从某种意义上来说也是一种"实质正义"的实现,所以它始终与担保债权的清偿是息息相关的。
〔4〕 陈甦:《体系前研究到体系后研究的范式转型》,载《法学研究》2011 年第 5 期。

看,不难发现尽管公司重整中对担保债权的规制常常暗含着难以把握的公共政策性,但基于对重整价值目标与担保信用功能的共识,仍然存在相对有效且合理的科学性安排。

一个实例是,《企业破产法(草案)》中引起激烈讨论的劳动债权与担保债权的优先顺位之争,足以体现立法者对破产法所承担的价值调整功能的殷切期待,更进一步反映了它与公共政策之间的兼容特质。近年来,对担保债权优先地位的质疑并未消逝,担保债权与侵权之债的矛盾关系也获得了充分的讨论。有学者认为侵权之债的清偿顺序应当优先于担保债权及其他普通债权,他们认为,作为贷款方的担保债权人通常可以依靠合同救济来降低其受到侵害的可能性,[1]相反,侵权之债的债权人无法通过自己的意思或他与债务人之间的合意对债权进行相应调整,[2]因而侵权债权人对侵权之债的发生及确定是非自愿的,其地位相较于担保债权人而言极为弱势。[3] 不可否认,现实中的确存在大规模侵权案例中的弱势受害者,这种认为侵权之债应享有"超级优先"地位的观点也充分考虑了这些弱势群体的可获偿性。[4] 但是此种强调实质正义与社会责任的观点混淆了破产法与社会保障之间的界限,他们将再分配时注重公平的社会调节任务赋予破产法,这不可不说是破产法不能承受之重。

再看担保债权与普通债权的关系,两者都是可以通过意思自治对债权内容及数额进行调节、支配的可调整性债权。尽管立法明确将担保债

---

[1] [加]布莱恩·R. 柴芬斯:《公司法:理论、结构和运作》,林华伟、魏旻译,法律出版社2001年版,第264页。

[2] See Reinier H. Kraakman, *Concluding Remarks on Creditor Protection*, *European Business Organization Law Review*, Vol.7(2006), p.465.

[3] 韩长印、韩永强:《债权受偿顺位省思——基于破产法的考量》,载《中国社会科学》2010年第4期。

[4] 也有观点认为,即使论证所有侵权债权享有超级优先权一定程度上能成立的话,试图论证人身侵权受害人优先于担保债权人进而优先于财产侵权受害人也是很难的。毕竟财产也是人生存的基础,在价值上与身体、生命没有本质差异。一般性地规定侵权债权优先缺乏充分理由。许德风:《论破产债权的顺序》,载《当代法学》2013年第2期。

权优于普通债权进行保护,但在我国的重整实践中,担保债权也并不能毫发无损、全身而退。[1] 实际上,担保债权取得比普通债权更优先的地位是无可非议的。因为在债权成立之时,担保债权人、普通债权人对债务人设定的交易条件与利率水平是不一致的,担保债权人并不是无代价地取得其优势,相反,担保债权人往往以低于无担保债权的利率水平换取较高的受偿概率。[2] 私法主体之间的平等地位是不言自明的,债权人非自愿、债权不可调整或者地位弱势都不是优先规则被扰乱的正当性基础。一些观点认为将侵权之债嵌入基于合意而形成的合同之债的分配框架下,是对侵权受害人的不公平对待,这无疑曲解了公平的内涵。公平的衡量并非结果导向性地以是否得到优先顺位来判断,恰恰相反,这种以合意为前提的分配框架,不仅蕴含着对当事人事先谈判利益的充分尊重,是对市场参与者可预期性的正确回应。正是因为重整中各方债权人具体利益始终处于交错冲突的状态而且彼此难分伯仲,我们更应当承认自治主体通过谈判和让步所获得的利益。

第三节 破产法缘何而能:合理目标与应然定位

一、破产法的规范性目的与谦抑性

在论述破产法的合理目标时,不可回避的一个问题就是破产法是否是一部能够创设权利的法律?进言之,破产法的规范目的究竟是致力于维持本国既有的民商法律体系所创设的法律秩序,还是为那些与破产受理结果密切相关的参与者提供再次谈判并且变更原有权利的机会?

事实上,联合国国际贸易法委员会的立法指南中已经对这一问题作

---

[1] 在ST丹化、ST得亨、ST北生、ST夏新、ST源发等上市公司的重整中,担保债权都未能全额清偿。

[2] Christopher M. E. Painter, "Tort Creditor Priority in the Secured Credit System: Asbestos Times, the Worst of Times", *Stanford Law Review*, Vol. 36, No. 4 (April 1984), pp. 1050-1051.

出了回应,委员会认为在债权效力这一问题上,破产法的基本立场应当是尊重除了破产法之外的国内实体法,也就是说,债权人在进入破产程序之前依照该国的国内法可以获得的权益不应该在破产程序中被改变或损害。但是这一规则也存在例外,在某些情形中,如果为了达致破产程序中的集体目标,那么债权人的行权就需要受到限制。[1] 从上述立法逻辑中可以推导出两项结论,第一,破产法必须尊重实体法上的权利而不创造权利;第二,破产参与人的权利受限及变更必须是以集体的福祉为依据。在各国破产法的具体立法中,绝对优先原则与尊重实体法原则作为破产法的两大基本原则,卓有成效地保障了物权在破产程序中的优先性基础,或者说这是物权优先原则在破产法中得以贯彻的法理依据。

1. 物权优先的基础之一:绝对优先原则

在论及企业破产法的规范目的之时不难发现,无论是在我国《企业破产法》开篇陈述中所描述的立法精神,[2] 还是在司法机关负责人的公开表述中,[3] 公平有序地清偿债权都被列为破产法的首要目标。纵观破产法的法律原则,与债权顺位密切相关的原则是绝对优先原则,它设定了破产法上债务人清偿各组债权的基本顺位,[4] 体现了破产法应当尊重实体法的基本要求,因此学者认为,这一不变的原则(fixed principle)是

---

[1] 联合国国际贸易法委员会:《贸易法委员会破产法立法指南》2006 年,第 63 页。

[2] 《企业破产法》第 1 条规定,为规范企业破产程序,公平清理债权债务,保护债权人和债务人的合法权益,维护社会主义市场经济秩序,制定本法。

[3] 最高人民法院民二庭负责人的讲话指出,《企业破产法》是企业在丧失清偿能力这一紧急状态下所适用的法律,是我国市场经济主体的救治制度和退出机制,其实施的主要目的在于保障债权公平有序受偿、完善优胜劣汰竞争机制、优化社会资源配置、调整社会产业结构、拯救危困企业。参见《积极追收债务人财产充分保障债权人利益——最高人民法院民二庭负责人答记者问》,载《人民法院报》2013 年 9 月 13 日。

[4] The absolute priority rule describes the basic order of payment incorporate bankruptcy. Mark J. Roe, "Bankruptcy and Debt: A New Model for Corporate Reorganization", 83 *Colum. L. Rev.* 527, 537 (1983).

近数十年来公司重整法律的基石,[1]是企业破产理论的核心。[2] 从含义上看,绝对优先原则(absolute priority)最关注的是不同债权组之间的受偿顺位及受偿比例的问题,是指在破产法中规定的债权顺位体系之下,如果顺位在先的债权组未得到全额受偿,那么顺位在后的债权组则不可获得任何受偿。具体而言,担保债权人应当最先得到清偿,其次是无担保债权人(也称普通债权人),最后才能清偿公司的股东。[3] 所以在这个意义之上,"绝对优先"就是指顺位在先的债权人相较于顺位在后的债权人,在破产清偿时具有绝对优先的地位。从功能上看,绝对优先原则所坚持的顺位固定的价值取向正好契合本论题中物权优先的法律规则,进一步而言,绝对优先原则所主导的公平分配的方式保障了债权人与债务人在未破产时所达成的谈判结果得以延续,正因为如此,诸多学者对绝对优先原则都予以盛赞,著名经济学家菲利普·阿吉翁(Philippe Aghion)还特别指出一部好的破产法就应当坚持绝对优先原则。[4]

绝对优先原则之所以能作为物权优先的法理基础,是因为它完整地描述了在理想状态下,当事人之间的谈判所形成的权利分配得以继续有效,这不仅体现了风险自担的商业理念,还保证了所有与企业相关的债权人进入重整都是出于实现债权的正当动机,正因为有绝对优先原则对清偿顺位的固定,债权人才不会为了挑战其他债权组的顺位而恶意地开启债务人的破产程序。总而言之,在绝对优先原则之下,除非获得担保债权人的同意,否则应当坚持以变价款优先清偿担保债权组,而不得以

---

〔1〕 Douglas G. Baird, Donald S. Bernstein, "Absolute Priority, Valuation Uncertainty, and the Reorganization Bargain", 115 *Yale L. J.* 1930 (2006), p.1932.

〔2〕 许德风:《表面的道理与背后的道理》,载北大法律信息网,http://article.chinalawinfo.com:81/article_print.asp?articleid=37765,最后访问日期:2019年1月29日。

〔3〕 Norwest Bank Worthington v. Ahlers, 485 U.S. 197, 202 (1988).

〔4〕 Philippe Aghion et al., "Improving Bankruptcy Procedure", 72 *Wash. U. L. Q.* 849, 852 (1994).

风险分摊及社会公共利益等理由将款项分配给小额债权组,[1]税收债权等似乎与社会公共利益更为相关的债权组,从而损害担保债权人对破产财产的优先受偿权。[2] 更确切地说,在此中所要防范的风险正是对"社会公共利益"的过分强调以及由此产生的破产法律适用上的不可预期性,尽管《企业破产法》起草小组所撰写的立法释义中阐述了人民法院在强制批准重整计划时,应当更多地将社会公共利益纳入价值衡量范围的立法倾向,[3]但同时也应当认识到,利益衡量或价值分析应当只在法律没有明确规定和运用法律解释的方法也难以填补漏洞的场景中才得以适用。

2. 物权优先的基础之二:尊重实体法原则

物权优先在破产法上的另一个理论基础是尊重实体法原则,实际上在论述绝对优先原则时已经从侧面提到了这一原则的基本内涵,而且从本质而论,这两项原则更是相互关联的,因为绝对优先原则和尊重实体法原则都指向一个破产法上的核心原理,即破产分配应该遵循既有的立法和合同中的优先顺位。[4] 但即使如此,尊重实体法规则也有它的独特范畴,因为它对厘清破产法与非破产法之间的关系有着重大意义,它明

---

[1] 为了表决的便利和"公平对待"普通债权人,法院在必要时可以在普通债权人表决组中设立小额债权人表决组。参见《企业破产法》第82条第2款。司法实践中,对小额债权组的债权分类具有极大的随意性,从我国上市公司的公开数据看,很多企业在重整时都设立了小额债权组,但其对"小额债权"的划分却不一致,从几万元到十几万元不等都被归为小额债权,而且通常小额债权组都能得到全额受偿,那么除了稀释小额债权人以其数量优势所取得的表决权之外,对其全额受偿的正当性是非常值得推敲的。

[2] 在我国,当一个企业进入重整程序时,因为重整失败而可能发生的劳动者失业产生的就业压力、社会救济不充分引起的社会不稳定、防止国有资产流失的忧虑、以及产业结构调整的社会需求等,都可能被当作社会利益。基于社会利益的保护而构建的重整程序,若在强制批准的场合仍然引入社会利益作为考量因素,重整计划的任何表决组的利益,若与社会利益相比较,都会显得微不足道,强制批准的制度性基础就会彻底丧失,则滥用强制批准就难以避免。邹海林:《法院强制批准重整计划的不确定性》,载《法律适用》2012年第11期。

[3] 《中华人民共和国企业破产法》起草组编:《中华人民共和国企业破产法释义》,人民出版社2006年版,第271页。

[4] Bankruptcy Code's core principle is that distribution conforms to predetermined statutory and contractual priorities. Mark J. Roe & Frederick Tung, "Breaking Bankruptcy Priority: How Rent-Seeking Upends the Creditors' Bargain", 99 *Va. L Rev.* 1235, 1243 (2013).

确了实体法规则应当是其在破产程序中获得清偿的根本依据,所以这又再一次强调了破产法的强制执行属性。从长远来看,因为企业在正常经营活动中所依据的法律仍然是那些非破产法的实体性规则,所以除非基于极其特殊的考虑,破产法理所应当地要与实体性规则保持高度一致,否则,不仅将损害交易双方的合理预期,还会促使那些在实体性规则之下受偿顺位靠后的利益相关者更有动力向法院提出对债务人启动破产程序以博得潜存的利益。

有观点认为《企业破产法》的第109条中对物权优先性的认可就恰好体现了这一原则。[1] 进言之,与本论题最为相关的一个实体法规则是物权绝对原则,此处所强调的"绝对性"与破产法上的绝对优先原则的"绝对性"并不相同。前者所言的绝对性是一种对世的绝对性,主要是指物权人行使权利时只需依照自己的意思,而不存在特定的义务人,拉伦茨将其称为"物权人单方面的意思强力"[2];而后者所言的绝对性只是强调一种债权人之间相互关系的绝对性。那么,如果依照尊重实体法规则的要求,在破产中实现债权也应当尽可能地维持物权人行权的绝对性。

二、债权人协商平台的不完全自治机制

破产法建立了以债权人会议为核心的协商机制,这种协商机制体现为一种不完全的自治模式,而将其归类为"不完全自治"的原因在于破产立法对该自治的结果设定了边界。应当明确,立法管制必须在团体自治与强制约束之间选择一个较为合理的区间,既能促成破产参与者对协议结果达成基本的共识,又能在债权人自治呈现僵局时以司法上的裁判力定纷止争。在我国的破产实践中,司法、行政力量的介入给推进破产进度、整合公共资源、协调各方利益都带来了积极意义。但由于破产法的

---

[1] 许德风:《破产法基本原则再认识》,载《法学》2009年第8期。
[2] Karl Larenz, Allgemeiner Teil des Deutschen Buergerliechen Recht, Verlag C. H. Beck, 1994, Seite 216. 转引自孙宪忠:《中国物权法总论》,法律出版社2014年版,第88页。

调整规则不尽完善、利益判断标准的可操作性不强,司法机关在引导程序的过程中缺乏可参考的指引规范,法律赋予了其较大的自由裁量权。在行政力量与司法力量的双重指引下,破产参与方对利益分配结果的利益诉求难以表达,那么该结果必然缺乏可预期性。

首先,担保债权人参与自治自始不能。依照我国《企业破产法》规定,只有债务人、管理人有重整计划草案的制定权,债权人、其他利害关系人均没有制定权。而且如果未能在指定期限内提出重整计划草案的,[1]人民法院即裁定程序终止并宣告破产。在我国,担保债权人不仅没有草案制定权,甚至在制定过程中也不享有建议权、质询权及参与权,仅在召开债权人会议进行分组表决之时,才由债务人计划草案"作出说明并回答询问"。[2] 担保债权人在重整计划中的参与度直接影响他们对计划的认可度,因此即使规定管理人及债务人专享制定权,也应当给予债权人参与、咨询与建议的权利,这对提高表决通过率的意义更是显而易见的,这是重整计划顺利通过与实施的必要前提。各国立法几乎都明确了担保债权人参与程序的权利,《德国支付不能法》第 218 条规定,在管理人制定计划草案的模式下,债权人委员会应当共同参与咨询;[3]《美国破产法》第 1121 条规定,在债务人享有的 120 天重整计划专属制定权期限过后,债权人、债权人委员会、股东等主体都有计划制定权;[4]《法国商法典》第 621 条规定,由司法管理人制定重整方案,且在法典中强调了财务顾问、法律顾问的专家援助。[5] 对计划制定权、参与权的剥夺直接导致了担保债权人失去了利益诉求渠道,立法对其程序利益的保障应当予以加强。

其次,我国现行立法中有关担保债权的相关裁判规则不明,强制约束难当其责。从某种意义上来说,重整计划的内容是重整程序的核心,

---

[1] 期限为 6 个月,经申请可延长 3 个月。参见《企业破产法》第 79 条、第 80 条。
[2] 参见《企业破产法》第 84 条。
[3] 《德国支付不能法》,杜景林、卢谌译,法律出版社 2002 年版,第 114 页。
[4] 《美国破产法》11 U.S.C. §1121。
[5] 李飞:《当代外国破产法》,中国法制出版社 2006 年版,第 376 页。

它的通过有正常批准和强制批准两种形式,裁判规则不明主要体现为:

第一,在正常批准的情形下,重整计划草案的审批标准不明。[1]《企业破产法》第 86 条中对正常批准的要求仅为"人民法院经审查认为符合本法规定",然而"符合本法规定"判断的标准不禁让人困惑,对表决程序的合法性、经营计划的可行性及权益调整方案公正性是否要进行核查? 此处立法并没有给出回应。这无疑给司法裁量权的行使带来了阻力,也对债权人的利益没有做出最低限度的保障。

第二,在强制批准的条件中,《企业破产法》第 87 条对担保债权的保护条件是其"未受到实质性损害"或者"该表决组已经通过重整计划草案"。首先,"未受到实质性损害"的含义不明,例如变更偿债方式,将一次性付款改为分期付款是否造成实质性损害? 又或者债务人已为担保债权人提供了替代担保,这是否可以作为"未受到实质性"损害的条件之一? 再者,如果表决组已经通过草案,那么对担保债权组中的异议债权人是否应当予以救济?

上述这一系列问题反映了现行法中对强制批准条件的设置并不能达到逻辑自治。究其本质而言,该条规定之根本谬误在于将"担保债权未受损害"与"表决组通过重整计划草案"两项条件规定为并列的选择关系,这意味着只要表决组通过计划,强制批准条件即可满足,至于表决组内异议担保债权人的诉求是否得到回应则在所不问。然而,债权人会议作为破产债权人的自治形式,同其他团体性自治一样都存在着非理性因素。在债权人有限理性的推动下,其结果必然不可能达到最高效率,而此处强制批准条件却直接认可了表决结果,既没有为自治结果设置任何

---

[1] 学界对重整计划正常批准下的审查原则已有较为成熟的探讨。可见以下结论:有学者将其总结为十项原则,即合法原则、公正原则、不歧视原则、最大利益原则、公开原则、诚信原则、最低限度接受原则、可行性原则、民主原则、一次重整一个计划原则。参见汤维建:《破产重整程序研究》,载梁慧星主编:《民商法论丛》(第 5 卷),法律出版社 1996 年版,第 196—198 页。另有学者提出三方面审查原则,即程序和内容是否符合法律规定,提出重整计划是否出于善意,是否符合债权人最大利益原则,是否具有可行性。参见汪世虎:《公司重整中的债权人利益保护研究》,中国检察出版社 2006 年版,第 168—169 页。

实质性约束条件,也没有为异议担保债权人提供替代性解决方案及救济程序。在这一问题上,《企业破产法》无疑对债权人自治给予了过大自由,团体自治与强制干预的限度是值得推敲的。

三、价值中立与我国利益调整规则的立法选择

从上文分析中可以得出结论,我国破产法应当秉持一种有限自治的基本立场,即在面对平等的私主体时,始终坚持规制目的中立性的私法定位。对此存在一个疑问:既然破产规则承载着公共利益与债权清理的双重任务,那么其作为自治性的私法,它对平等主体的规制为何应当保持目的性中立性的品格?为了回答这一问题,应当着重考虑私法主体利益的自我实现、规制目的中立性与社会多元价值平衡这三者的关系。首先,解决这一问题的基本前提,在于承认"理性的人是自身利益的最佳安排者"[1]。破产法实质是通过债务清理,对债权人存在于债务人财产之上的财产权益进行再分配的过程,该过程是凝聚多方主体并进行多次博弈、动态博弈的一系列复杂行为的集合体。然而,我国破产实践中,多方主体谈判协商的博弈结果却不尽如人意,我国法院运用强制批准方式通过重整计划的较高比例[2]也暗示着,各方利益诉求在破产法平台并未得到充分表达、充分交汇,更未得到合理安排。

基于对破产程序中多元化价值诉求的回应,由法院及政府引导的财产分配方案也部分偏离了优先规则的法定顺位,[3]给金融行业的信用恢复带来了负面影响。这种颇具强制性的静态保护范式遮掩了"理性经济人"拥有自我决策力的基本论断,更忽视了私法的合作面向和私法主体

---

[1] 郑晓剑:《比例原则在民法上的适用及展开》,载《中国法学》2016年第2期。

[2] 在2007年6月至2013年12月间,我国共有43家上市公司进入破产重整程序,其中有12个案例运用了法院的强制批准程序,这一程序的适用比例高达29%。参见丁燕:《上市公司破产重整计划法律问题研究:理念、规则与实证》,法律出版社2014年版,第140—141页。

[3] 根据我国法官的论述,政府往往主动介入房地产开发企业破产,政府更多是关注并尽可能满足与社会稳定密切相关群体的利益诉求,因此逾越法律规定和市场规律的不规范行为并不鲜见。参见夏正芳、李荐:《房地产开发企业破产债权的清偿顺序》,载《人民司法》2016年第7期。

之间协同创造的过程,即私有权利的动态生成机制。[1] 不仅如此,在保护社会公共利益的过程中,更应认识到只有具体的个人才是社会福利的最终归属者,将普遍利益大而化之而对个别主体进行强制必须存在某种更强的理由,以证成约束担保债权的正当性。破产规制应当保持相对中立性意味着,它需要为私主体的意思自治设置合理的边界与底线,以下仍然将清算和重整两类情况分而述之:

一方面,在破产重整中,破产参与方的利益矛盾是始终存在的,平衡性制度安排的合理立场是让债权人实现团体自治,只要这种多方博弈有序而公平,法律就应当赋予实现其意志的权力手段(Machtmittel)。[2] 特别是重整措施推陈出新的当代破产实践中,债权人往往与企业休戚与共,他们之间并非矛盾互斥关系,而是互利共赢关系;即使就债权人内部关系而言,担保债权人参与重整治理的直接目的也是实现破产财产的最大化。在此之上,担保债权人与无担保债权人的利益是始终契合的。总而言之,即使存在限制一方主体的理由,但其对社会经济的负面效应也是不容忽视的,且基于对当事人多元诉求的回应和对其理性决策力的判断,破产法应当也必须保持相对的中立性,其定位应当是提供团体意思自治的协议平台。

另一方面,在破产清算中,价值中立则表现为债权清偿计划应当更加尊重非破产法的实体规则,因为破产清算程序从广义上而言仍然是一种债权的强制执行程序,如果债务人企业之实体不复存在,在公司名义之下所集合的财产更加应当被加速清理以及时清偿债权人、税务机关、职工以及其他利益相关者。所以在此意义之上,破产清算程序之于担保机制而言更是一部价值中立的法律,不仅破产法不能独立地创设新的担保债权,破产法也不应当更改实体法上所特定的优先顺位,无论是担保

---

〔1〕 熊丙万:《私法的基础:从个人主义走向合作主义》,载《中国法学》2014年第3期。
〔2〕 私法自治的重要意义在于,其提供了一种受法律保护的自由,使自己决定成为可能。Vgl. Dieter Medicus, a. a. O. (Fn.45), S. 79. 转引自郑晓剑:《比例原则在民法上的适用及展开》,载《中国法学》2016第2期。

债权与各种法定优先权的优先顺位,[1]还是根据债务人及债权人在进入破产法前所意定的各类担保权在担保权体系下的相互关系,都应当在破产清算中得到继承及延续。就此意义而言,破产清算中的普通债权人(无担保债权人)理应被纳入依据物权之公示而产生的物权公信力和对抗力之第三人的范围之内,以保障商事主体对商业关系的可预期性。

第四节 本章小结

从对债权人协商理论的批判性论述角度出发,破产法不应当只为债权人的投资利益所驱动,由于破产法对国家经济整体运行具有间接影响力且承载了多元价值目标,进而在探讨是否对担保权进行限制及如何限制这一问题之时,对公共政策及社会价值的适度考察即成了破产法的应有之义。破产法作为一种私法上的规制工具,其当然地具有利益调节之基础功能,破产法的规范性目的在于建构利益协商平台以及保护难以避害之弱势方,其本质应当是谦抑性的而非能动性的,价值中立性应当始终贯穿于破产法的基础理念,因其最终目的在于解决债权人的自治中的不效率及不公正。

---

〔1〕 关于担保债权与各种法定优先权的相互关系,详见本书第三章第一节内容。

第二章 破产重整中的担保权：限制与保护

为了实现困境企业的复兴目标,破产重整制度对担保债权的规制并不遵循传统民法上优先受偿之路径,担保债权行使的时机及方式都受到一定的限制。该限制的意义在于暂停行使担保债权可使困境企业得以维系其经营以期重获新生,然而随着重整程序的进一步推进,对担保财产的处分及使用也不可避免地为担保债权带来了价值贬损的风险。因而,各国立法实践无一例外地在对其进行严格限制的同时,也设计了针对担保债权人权利保护与救济的规则,然而我国破产法对担保实现这一问题的规制却存在着限制有余而保护不周之嫌。

由此观之,我国现行立法所蕴含的逻辑可能会导致一种倾向,即过分强调破产制度所背负的调整型价值功能而忽视其蕴含的私法精神,[1]另

---

[1] 关于破产法的性质,学者普遍认同的观点是,破产程序是在公力监督下的债权人自治程序。参见李永军:《重申破产法的私法精神》,载《政法论坛》2002年第3期。

外,在破产实践中也的确存在着对担保债权人滥用优势地位的担忧,〔1〕这让传统的担保优先受偿规则仍备受质疑,〔2〕因此,担保债权的优先地位已经岌岌可危。尽管理论界已不乏关于担保债权实现路径的探讨,〔3〕但都一定程度上忽视了对担保债权受限的原理及其限度问题的探索,亦即对其理论渊源的现代内涵、担保财产交换价值的实现和债权人自治规制等诸多问题并没有进行规范及价值层面的系统考察。随着中央供给侧结构性改革的进一步推进,对"僵尸企业"的整合出清是我国产业结构调整的关键环节。在此背景下,破产重整因其优化配置的制度功效而在经济结构调整中彰显其能,这亟待我们重新审视破产重整的价值目标、担保债权的规制逻辑及其二者的内在联系。本章拟就担保债权在重整

---

〔1〕 担保权人可通过循环信贷协议(revolving credit facility)对破产企业进行全面控制,不仅有权决定企业财产的使用方式,而且在发生违约事件时可以出卖担保财产。此时,决定企业命运既非破产法典,也非破产法官,而是担保权人。因而学者将这一现象称为破产重整实践近20年来最惊人的变化之一。Douglas G. Baird & Robert K. Rasmussen, "The End of Bankruptcy", *Stanford Law Review* (2002 - 2003), Vol. 55. pp. 784 - 785. 担保债权人滥用优势地位还表现为其在重整融资阶段的谈判能力之中,在多数情况下,破产债权人愿意为困境企业的重整提供再融资,其融资条件之一就是为其申请前已经存在破产债权争取优先受偿地位。David A. Skeel, Jr., "Creditors' Ball: The 'New' New Corporate Governance in Chapter 11", *University of Pennsylvania Law Review*, Vol. 152, No. 2 (December 2003) p. 919. 由此,可以认为担保债权人对破产程序的控制力,使得债务人管理模式(Debtor in Possession)转变成了担保债权人管理模式(Secured Party in Possession)。Elisabeth Warren & Jay Lawrence Westbrook, "Secured Party in Possession", *American Bankruptcy Institute Journal*, September 2003. p1;更有学者断言,担保权人权力的增强已经终结了美国的重整制度。Charles J. Tabb, "Credit Bidding, Security, and the Obsolescence of Chapter 11", *University of Illinois Law Review*, vol. 2013, 103 - 104.

〔2〕 对担保债权优先受偿地位的质疑似乎从未间断。一个典型的质疑是,我国《企业破产法(草案)》曾将劳动债权的受偿顺位置于担保债权之前,从而引发了学界争议。参见王利明:《破产立法中的若干疑难问题探讨》,载《法学》2005年第3期。另一个典型的质疑是,近年来有观点认为侵权之债应当优先于担保之债受偿,后文将详述。参见韩长印、韩永ağa:《债权受偿顺位省思——基于破产法的考量》,载《中国社会科学》2010年第4期,第108页;许德风:《论破产债权的顺序》,载《当代法学》2013年第2期。

〔3〕 参见王欣新:《论破产程序中担保权的行使与保障》,载《中国政法大学学报》2017年第3期;徐阳光:《破产法视野中的担保物权问题》,载《中国人民大学学报》2017年第2期;许德风:《论担保物权在破产程序中的实现》,载《环球法律评论》2011年第3期;冯果:《公司重整制度与债权人的法律保护》,载《武汉大学学报(哲学社会科学版)》1997年第5期。

之中的限制问题进行深入分析,进一步梳理其法理及应然内涵,并结合我国现有规范作解释论上的系统探讨及立法论上的初步摸索。

第一节 重整与清算的界分:重整特有的范畴及其当代意义

一般而言,担保债权在破产清算及破产和解中享有别除权而得以优先受偿。然而在破产重整中,各国破产法都对担保债权的行使时机和方式进行了限制。[1] 这一限制的影响体现在两个方面:首先,就实现重整复兴目标的积极意义而言,其核心在于拯救陷入债务危机而难以为继的破产企业。尤其在担保市场日趋繁荣、担保之债几乎完全覆盖公司财产的情形下,[2] 不加限制地实现担保债权将使其复兴成为空中楼阁,而且就毫无调节能力的普通债权人而言,如果不加限制地实现担保之债,他们只能空手而归。其次,就其消极影响而言,担保债权不仅面临被不当处置却难得救济的风险[3],而且承担了重整期间担保物价值贬损、机会

---

[1] 破产法的基本原则之一是,破产程序是一种集体程序,要求保护所有债权人的权益不因其中任何一方的单独行动而受影响。联合国国际贸易法委员会:《贸易法委员会破产法立法指南》2006年,第76页。

[2] 有学者调研了2006年在美国申请破产重整的424家公司的数据,高达4成的公司为其75%以上的资产设立了担保债权,这其中29%的公司担保债权覆盖了其所有资产。仅17%的公司没有设定任何担保。See Jay Lawrence Westbrook, "Secured Creditor Control and Bankruptcy Sales——An Empirical View", *University of Illinois Law Review*, 2015, vol. 2. p. 840. 与此相似,德国企业在破产之际,其90%的资产已经成为银行债权人抵押物。刘小林:《联邦德国经济法规选》,中国展望出版社1986年版,第144页。英美的破产实践也表明,众多的破产案件其破产财产大多甚或完全负担了担保物权,因而破产程序开始后,对于破产财产的分配基本上就在有担保权人之间进行。汤维建:《破产程序与破产立法研究》,人民法院出版社2001年版,第316页。许德风:《论破产中尚未履行完毕的合同》,载《法学家》2009年第6期。

[3] 在美国通用和克莱斯勒破产重整案中,由于在出售型重整中制定了不利于担保债权的债权调整协议,担保债权不仅未得到全额受偿,其受偿比例甚至远低于普通债权及其他劣后债权。Mark J. Roe, Joo-Hee Chung, "How the Chrysler Reorganization Differed from Prior Practice", *Journal of Legal Analysis*, Vol. 5, No. 2 (Winter 2013), p. 412.

成本丧失的必然后果。[1] 就此而言,担保债权极易受到重整程序的不当侵害,因此需要对限制担保债权的理论渊源及该制度运行的实效和背景进行系统考察。

一、重整的范畴及功能:营业保留与价值创造

毫无疑问,清算与重整总有相似之处,因为从某种意义上来说,几乎所有重整案件的破产财产处置都包含一部分对企业价值的"清算",[2]所以企业被清算的比例成为了重整与清算的重大界分,或者更确切地说,企业的资产是否被零散地、无策略地出售是重整与清算的重大区别。同时也应当意识到,因为价值保留与价值创造仍然是破产重整的特有范畴,在这个意义层面而言,重整比清算更有助于债权人获得更高的收益。就本论题而言,破产重整对担保债权的规制核心在于化解担保制度与破产程序之间所固有的、内生性的价值冲突。究其两项制度所内蕴的价值功能而言,担保制度强调债权人在债务人不能履行到期债务时得以特定财产为限而获优先受偿、及时受偿;而破产重整制度则强调企业拯救所以要求债权人对债务人清偿作一定宽限甚或免除,其侧重于集体受偿、同时受偿。因而,其二者天然地存在着矛盾,且集中体现于对担保债权的受偿方式、受偿时点与受偿范围的调整之中。

由于担保财产的变价为重整企业提供了可支配财产,因而也由此产生了变价款项的分配问题。在我国现行法的层面,《企业破产法》第109条与第113条分别规定了担保债权的优先受偿性与破产财产的清偿顺序,明确了担保债权优先于劳动债权、税收债权及普通债权受偿。尽管

---

〔1〕 即便如此,解除中止也需要"机遇正当理由"(for cause)。[美]大卫·G. 爱泼斯坦、史蒂夫·H. 尼克勒斯、詹姆斯·J. 怀特:《美国破产法》,韩长印等译,中国政法大学出版社2003年版,第129页。

〔2〕 真正有意义的区分不是破产重整还是清算之间的区别,而是在多大程度上进行清算的区别。William C. Whitford, "What's Right About Chapter 11", 72 *Wash. U. L. Q.* 1379 (1994), p.1392 and L. M. LoPucki & W. C. Whitford, "Patterns in the Reorganization of Large, Publicly Held Companies", *Cornell L. Rev.*, No.78, 1993, pp.605 – 606.

该法定清偿顺序确立了"在担保债权获得全额清偿前,未经担保权人同意,管理人不得将此款项(担保物变现款)用于任何其他支出或债权清偿"[1]的规则,然而其实施效果却与立法理念不相契合,在 ST 夏新、ST 丹化和 ST 源发等上市公司的破产重整中,都出现了担保权未获全额受偿而普通债权等其他劣后债权得到部分清偿的情形。由此引出了法理层面的思考:破产法是否只是物权与债权关系在程序法上的镜像?担保权优先于其他债权的结论能否直接平移至破产法的语境之下?

从其表象观察,担保债权与其他债权之间的零和博弈是客观存在的,其一方受益则另一方必受损的利益格局直接导致了债务清偿上的无序性;而从其本质观察,此种债务清偿上的无序性根植于法官与债权人对破产法价值分配功能的期待,因为作为一门需要对社会公共利益作一定考量与回应的"非典型私法",[2]破产法的确背负着对私权等级作适度微调甚或重新排序的重任。尤其在破产重整中,不仅需要规范债权人之间清偿竞赛,而且重整素以企业拯救为其目标,也即任何实现担保的行为都需以企业利益最大化为前提,如此便加深了这一问题的复杂程度。

以我国法为分析对象,《企业破产法》及其司法解释未能准确定位破产法在风险分摊与价值再分配这一功能上的立场,其中担保债权在破产重整中的受限机制体现为以下两方面:

一方面,在以财产处分为核心的强制性规则中,不仅限制了担保债权的行使时机,而且改变了处分担保财产的主体及程序,体现为三项内容:第一,改变了实现担保权的时点。《企业破产法》第 75 条确立了我国法上的自动中止规则(automatic stay),即担保债权人不得在重整期间行使担保权。第二,改变了处分担保物的主体。该法第 73 条和第 111 条

---

[1] 参见王欣新:《论破产程序中担保债权的行使与保障》,载《中国政法大学学报》2017 年第 3 期。

[2] 我国学者对破产法性质的认识基本形成了"私法说""民事特别法说""兼具民商法和经济法双重性质"等学说。详见邹海林、周泽新:《破产法学的新发展》,中国社会科学出版社 2013 年版,第 15—18 页。

赋予了债务人(或管理人)自行管理和出售破产财产的权限,[1]改变了民法上"未经抵押权人同意,抵押人不得转让抵押财产"的规定,无需抵押权人同意,债务人即可对担保物进行处分。第三,改变了担保权的优先受偿范围。依《民法典》关于担保债权范围的规定,担保权优先受偿范围及于其利息,而《企业破产法》第46条第2款规定附利息的债权自破产申请受理时起停止计息,[2]从而将重整申请受理之后产生的利息债权排除在优先受偿的范围之外。对担保债权在重整中是否停止计息的问题,裁判实践中也形成了分歧,部分判决根据《企业破产法》第46条之规定确定担保债权在重整中停止计息,[3]但是在另一部分重整案件中,担保债权因重整而延迟受偿的利息却得到了补偿。[4]

另一方面,在以重整计划为核心的自治性规则中,破产分配并不一定按照法定分配顺位进行,[5]即债权人会议决议及法院批准程序可在法定顺位之外,对担保债权的受偿范围及方式作实质性调整。《企业破产法》第87条确立了重整计划的强制批准规则,若担保债权"因延期清偿

---

[1] 破产财产包含已设立担保的财产。另外,在《企业破产法》第61条、第65条和第111条中,规定了财产变价方案、财产管理方案应当经过债权人会议通过,若债权人会议表决未通过的,法院可以裁定通过。

[2] 有学者认为《企业破产法》第46条第2款规定的"附利息的债权"不包括担保债权,其理由是,"破产程序作为集体清偿程序为保障公平与秩序而对债权个别清偿的各种限制,除法律规定的特别情况外,原则上是不应适用于担保债权的。但是,当担保债权的个别优先受偿影响到破产法的立法目标或者普通破产债权集体受偿权利的公平实现时,也需要加以适当限制"。参见王欣新:《论破产程序中担保债权的行使与保障》,载《中国政法大学学报》2017年第3期。但若暂且不对该条的正当性进行探讨,而仅对法条作文义解释,该债权应当理解为包含担保债权在内的所有破产债权。

[3] 参见最高法(2016)民终268号,安岳县欣通建设投资有限公司、重庆进出口信用担保有限公司追偿权纠纷二审案。法院认为根据《企业破产法》第46条第2款之规定,附利息的债权自破产申请受理时起停止计息。因此,资金占用费应计算至华通柠檬公司破产重整申请受理时,即2015年3月23日。依据双方约定,该资金占用费(也即利息)属于担保债权的范围之内。

[4] 参见吴中区人民法院(2008)吴民破字第1号,该案为《企业破产法》实施后第一个成功的非上市公司重整案。在该案中担保债权因重整计划的受偿安排而延期受偿的部分,按照中国人民银行颁布的浮动利率支付利息,使其得到对利息部分的补偿。参见李曙光、郑志斌主编:《公司重整法律评论》(第2卷),法律出版社2011年版,第46页。

[5] 韩长印主编:《破产法学》,中国政法大学出版社2016年版,第234页。

所受的损失将得到公平补偿"且"未受到实质性损害",则法院可强制批准计划。另外,《企业破产法》第59条规定,未放弃优先受偿权的担保债权人对破产财产的分配方案不享有表决权,担保债权人除了可以请求法院撤销决议之外,在表决程序之前和管理方案的形成过程中并无其他利益诉求渠道。现有规则之下,担保债权人所享有的由《民法典》确立的强势控制地位转而滑向对财产处分方案毫无诉求渠道的极端弱势境地。就此而言,破产法已经完全改变了担保债权在物权法律体系中的行使规则,基本形成了以财产处分为核心的强制性规则与以重整计划为核心的自治性规则相结合的规范体系。

就限制担保的功能而言,该规范体系旨在实现企业复兴与重建,为重整企业恢复生产经营能力提供物质保障,而对清算程序与和解程序中的担保债权不予调整。若从破产保全的效果出发,仅在重整这一特定领域限制担保债权是有其必然性的,其所意欲达到的规制效果有二:其一,该必然性源自重整制度最初的理论根据——运营价值论(going-concern value)中关于运营价值高于清算价值的推论,该推论的前提是运营价值不仅包含着资本组合的成本、无形资产及利益,而且有效避免了因资产清算造成的价值损耗。[1] 倘若上述对限制之必然性的讨论背景为传统的营业保留型重整,那么暂停担保行权确实有其积极意义。然而随着出售型重整的广泛应用,实现运营价值并不见得保留法律实体,[2]出售财产为企业提供了流动资金,而且只要未来支付的现值等于或大于立即清算的价值,债权人就受益。[3] 因而运营价值理论在当代破产法实施背景之下已经逐步展现了其作为重整理论渊源的局限性。其二,该必然性还体现在重整程序除了实现债务清偿这一任务之外,还需要为恢复生产经营作必要的准备。然而,《企业破产法》第75条的原则性规定不仅对适

---

〔1〕 王卫国:《论重整制度》,载《法学研究》1996年第1期。

〔2〕 王佐发:《公司重整制度的契约分析》,中国政法大学出版社2013年版,第10页。

〔3〕 Charles J. Tabb, Ralph Brubaker, *Bankruptcy Law: Principles, Policies, and Practice*, Anderson Publishing Co. ,2003, p.595.

用自动中止的债权种类及性质未加区分,而且学界对自动中止是否为对实体权(或优先受偿权)的限制亦存在根本分歧[1]。由此观之,我国《企业破产法》对担保债权的相关规定较为原则,且其实施效果也未能达致原初的立法本意,从而导致了法律解释和适用上的困难。

我们无不疑问:既然重整规制的对象均为通过意思自治安排自我利益的私主体,那么牺牲一方而拯救另一方的正当性基础究竟是什么?或者更进一步说,私法对平等主体的规制是否应当保持目的中立性的品格?

二、破产重整当代意义的嬗变及其对担保权的影响

日新月异的破产重整实践使得"重整"的概念更为丰富,其当代意义的变革对担保债权清偿及保护之影响是直观而深刻的。从法理看,对担保债权受限原理的阐释,一个可能的路径是公共利益理论。如哈耶克所言,"只有在实现普遍利益或公益所必需的时候,才能允许对个人施以强制"[2]。若法律的目的在于解决外部性问题——减少交易行为的负面影响从而实现整体效率,则可以设定强制性规范[3]。这表明,如若对个人实施强制,都必须完成对强制手段正当性的证成,若进而将公共利益理论涵摄于破产重整语境之下,就应当明确利益保护的对象以及强制干预的成本。针对这一问题,可从以下三个层次进行分析:破产重整中的

---

[1] 关于暂停行使担保债权是否为限制实体权的争论,有学者认为"与破产清算、破产和解不同,破产重整程序对担保物权优先性的限制属实体上的限制"。汪世虎:《论破产程序对担保物权优先性的限制》,载《河北法学》2006年第8期。另有学者认为,自动停止制度间接促成了对担保债权优先受偿权能的限制,他认为"自动停止制度虽然本身不消灭权利,但是在该延迟的时间里,破产法典的其他规定会对这些权利进行再次甄别,其结果可能会改变、削减甚至消灭某些权利,担保权甚至可能归于无效"。王福强:《破产重整中的营业保护机制研究》,法律出版社2015年版,第135页。王欣新却持有相反的观点,他认为所谓"担保权暂停行使",只是在程序权利即权利行使的时间上加以限制,而不影响担保权的实体权利,即对债务人特定财产享有的物权担保与优先受偿权。参见王欣新:《论破产程序中担保债权的行使与保障》,载《中国政法大学学报》2017年第3期。

[2] [英]哈耶克:《法律、立法与自由》,中国大百科全书出版社2000年版,第2页。

[3] 蒋大兴:《公司法的观念与解释Ⅱ》,法律出版社2009年版,第60页。

普遍利益是什么？对担保债权人实施的强制是否能达到实现普遍利益的目的，即方法（强制手段）与目的（重整价值）之间是否存在必然性？即使可以实现普遍利益，此种强制手段的负外部性又如何？

第一个层次，破产重整中的普遍利益现代内涵之嬗变。破产重整中的普遍利益根植于其制度价值之中，传统破产法理论认为重整的核心价值在于挽救深陷债务困境的公司。如前所述，重整价值内涵已经随着其实施场景的更新和扩张而悄然变化。有研究者从会计理论角度出发，通过比较重整收益与清算收益，将重整价值定义为两者之差额，且更进一步指出重整收益的计量呈现着动态性特征。[1] 这反映了学者从破产价值计算的角度对重整价值的认识，然而无不遗憾的是法学理论对破产实践中出现的新型重整方式对重整理论本身的影响并未及时总结、更新。毫无疑问，新兴重整模式[2]的出现对于现代重整制度价值带来的冲击是根本性的，因为它承认了即使以原公司"不复存在"为代价，只要公司能以新的形式留存，那么重整即达成其制度目的。至此，以拯救"原公司"为核心的重整理论已不再符合重整实践的现代化要求。

第二个层次，对强制手段实效性之质疑。对强制手段实效性的讨论，必须建立在有充分理由的基础之上。当前立法的强制干预手段仍存在以下两种谬误：

谬误之一在于认为担保物是破产企业经营的物质基础，因此担保债权在程序开始时无条件暂停行使，而对担保债权性质在所不问。我国《企业破产法》第75条对担保权性质不加区分地暂停行使，这是不必要且不合理的。在比较法上，德国破产法要求不动产担保权的暂停行使需

---

[1] 栾甫贵：《企业破产重整价值评估探讨——兼与程虹、袁国栋商榷》，载《审计与经济研究》2009年第4期。

[2] 现代重整措施极为丰富，除债权人的减免或延展偿付期限外，还可以将企业整体或部分转让，租赁经营等。正如宫川知法所说的那样："公司更生是以大股份有限公司为对象的再建型程序……是一个对公司业的继续和再建具有强有力的手段且手段丰富的制度。"[日]宫川知法：《日本倒产法制的现状与课题》，载《外国法译评》1995年第2期，转引自李永军：《破产法的程序结构与利益平衡机制》，载《政法论坛》2007年第1期。

依债务人申请,并证明其对防止债务人经营恶化的不可或缺性。《美国破产法》也设立了自动中止的必要性标准,债务人需要证明该担保财产对一个有拯救希望的重整企业是必要的,因此不难发现比较法上诸多设计都针对担保暂停的行使条件进行了严格区分。

谬误之二在于认为担保债权人的行动将促使破产企业冒险经营,债务人的经营质量与担保债权人的干预程度成反比。[1] 这种观点的理由为以下两点:第一,担保之债的存在限制了困境企业再经营能力。担保债权人与困境企业签订的限制性协议(restrictive covenant)常常限制债务人企业的进一步举债行为,而且债务人为企业财产设立担保的间接代价就是限制了债务企业未来处分担保物的能力。[2] 其二,担保之债会诱发企业经营中的道德风险。对于负债率较高的企业而言,他们更倾向于做出损害债权人而有利于自己的打赌行为。[3] 基于上述理由,似乎限制担保债权人的控制权获得了其正当性,然而这种观点忽视了一个基本的经济学前提,即在不同的风险策略之下,经营活动对出资人与债权人权益的影响存在着"分配效应"。[4] 在此效应之下,担保债权人通过债务人经营活动可获得的收益与其承担风险之间呈现着一种非对称性。也即,如果债务人选择高风险经营策略,投资失败的风险主要由优先等级的债权人承担,而投资收益将更多地归属劣后债权。既然投资收益并不归属担保债权人,那么担保债权人在其权益既已得到保护的情形下,更加不存在损害劣后债权人的经济动因,而且美国和德国的实证研究也确

---

[1] 郁光华:《论物的担保之债的经济意义》,载《比较法研究》1997年第1期。有学者认为担保债权人影响力之减少有利于企业重整,Régis Blazy & Bertrand Chopard, "(Un)secured debt and the likelihood of court-supervised reorganization", European Journal of Law and Economics, Vol. 34. Issue 1 (Aug. 2012), p.45.

[2] George G. Triantis, "Secured Debt Under Conditions of Imperfect Information", Journal of Legal Studies, Vol. 225 (1992). p.241

[3] Michael C. Jensen William H. Meckling, "Theory of The Firm: Managerial Behaviour, Agency Costs and Ownership Structure", Vol.3, Issue 4(October 1976), pp.334-337.

[4] Lynn M. LoPucki and William C. Whitford, "Corporate Governance In The Bankruptcy Reorganization of Large, Publicly Held Companies", University of Pennsylvania Law Review, Vol. 141, No.3(1993), p.748.

证了担保债权损害非担保债权的情形并不多。[1] 因此,应当在一定范围内赋予担保债权人在重整中的参与权。

第三个层次,强制手段存在负外部性。即使限制担保债权的意义重大,其负外部性仍不容忽视。担保制度所依存的秩序对交易安全及信用文化起着积极作用,实际上,担保制度产生的经济利益由债权人和债务人共享。担保权人通过优先清偿的便捷性,使得其对债务回收不需要进行更多成本投入,担保债务人通过提供担保物以降低融资代价。反之,如果不存在担保物之保障,债权人必然需要对债务人的高风险经营甚至是非法转移财产的行为进行有效的监督。如果担保制度整体受挫,借贷合同中的限制性条款必然增加,贷款人也必然愈发谨慎,其代价是显而易见的。

综上可以得出结论,无论是在法理层面衡量限制担保的整体效果,还是以解释论为基础对《企业破产法》的具体适用作系统考察,既有规范对担保债权人实施的强制手段并不能达致重整中普遍利益之实现,而且对债权的严格限制更不合乎我国破产实践中债权人利益保护不足的现状。判断担保债权对破产重整或者公司治理的影响也不再是非黑即白的简单命题,[2] 在重整实践的创新发展之中,既有法律调节方法及学说理念也受到冲击。不仅法律实施环境日新月异,而且债权人内部协调关系也面临利益分配不公的质疑,担保债权之境地可谓内外交困。担保债权之困境主要体现在以下三方面,下文将逐个描述担保债权在重整中的困境及其解决方案。

---

〔1〕 许德风:《破产法论——解释与功能比较的视角》,北京大学出版社2015年版,第304页。

〔2〕 有研究者通过对424家重整公司的数据进行分析,得出的结论是:尽管担保债权是极为关键的因素,但其在重整中的影响其实并不清晰,因此建议学界进行进步研究。See Jay Lawrence Westbrook, Secured Creditor Control and Bankruptcy Sales—An Empirical View, *University of Illinois Law Review*, Vol.2 (2015), p.845.

第二节　担保权行使时机的限制：自动停止制度

一、自动停止的非实体性本质和行使条件

自法院受理破产申请之后，破产财产就形成了一个隐形的集合体，即破产法学者热爱使用的一个专有名词——"公共鱼塘"。在公共财产集合体形成之后，不仅债务人对个别债权人的清偿是无效的，而且任何损害债权人集体利益的行为都应当被破产法所禁止，其中最重要的一个机制就是自动停止制度。自动停止机制，就是为了阻止债权人针对破产财产采取的收回其债权或实现其担保权的一系列行为。[1] 在自动停止制度中，不仅个别清偿被划为无效，而且即使是正在进行中的财产执行行为和诉讼行为也应当一并停止，交由受理破产的案件的法院一并作出处分。这一制度之所以在世界各国的破产法中都有所体现，是因为破产程序从根本上禁止债权人之间展开的"清偿竞赛"，为破产管理人或债务人的后续工作提供了喘息之机，保障了清偿的基本秩序。

关于暂停行使担保债权是否为限制实体权的争论，有学者认为破产重整中的自动停止是一种实体上的限制[2]；另有学者认为，自动停止制度间接促成了对担保债权优先受偿权能的限制，他认为"自动停止制度虽然本身不消灭权利，但是在该延迟的时间里，破产法典的其他规定会对这些权利进行再次甄别，其结果可能会改变、削减甚至消灭某些权利，担保权甚至可能归于无效"[3]；第三种观点认为自动停止只是一种不影响实体权益的暂停行权，并不影响担保权人依据实体法享有优先受偿的

---

[1] [美]大卫·G. 爱泼斯坦、史蒂夫·H. 尼克勒斯、詹姆斯·J. 怀特:《美国破产法》，韩长印等译，中国政法大学出版社2003年版，第149页。

[2] 汪世虎:《论破产程序对担保物权优先性的限制》，载《河北法学》2006年第8期。

[3] 王福强:《破产重整中的营业保护机制研究》，法律出版社2015年版，第135页。

顺位。[1] 基于对破产法之外的实体权益的尊重以及充分发挥破产保全功能的考量,应当认为后一种观点更为可取。

二、自动停止的解除及充分保护原则

在自动停止之后,担保债权人仍然可以请求重整恢复行使担保权,请求行权的基本条件是暂停行使将损害担保权人的利益。在这一阶段,担保债权人的请求经审查之后可产生即时清偿的法律效果,因而其核心在于对请求恢复的行权条件进行判断,也即判断担保物留存于企业的必要性。出于维持企业经营的考量,不论担保权利的价值形态如何,只要该财产是企业维系正常运转的必需品,[2] 都应当阻止担保债权的行使。反之,如果担保物并非企业重整之必需,若将其不加区分地限制,必然不利于担保财产的保值。在准确区分担保财产性质的前提下,对担保债权进行有条件的暂停行使,一方面为困境企业留存其复兴所需的物质基础,另一方面也不会对担保债权人造成本可避免的损失,如此安排也更符合重整的价值目标。需要特别强调的是,在对担保权的留存进行判断时,应当以保障物质基础不丧失为衡量标准,而不应考虑其是否"给企业以喘息之机",尽管在重整期间债务人(或破产管理人)的确事务繁多,但重整的目标并不仅是促使企业复兴,它也涵盖了债务清理这一任务。唯此,才能在兼顾社会公共利益的同时,也尽量不损害债权人的整体利益,以实现破产制度的最基本功能——债务执行或债务清理。[3] 更进一步说,若债权人能在程序中获得利益激励,则更能促进破产程序的顺利推进。

具体而言,担保债权人即可向人民法院请求恢复行使担保权需要符合特定的条件,比较法上存在依申请中止和自动中止两种立法模式。与

---

[1] 参见王欣新:《论破产程序中担保债权的行使与保障》,载《中国政法大学学报》2017年第3期。
[2] 许德风:《论担保物权在破产程序中的实现》,载《环球法律评论》2011年第3期。
[3] 丁文联:《破产程序中的政策目标与利益平衡》,法律出版社2008年版,第150页。

德国法上由债务人(或破产管理人)逐一申请暂停行使担保权的规则不同,美国法、日本法与我国《企业破产法》都采用了自动中止模式,也就是说一旦进入重整程序,这种中止行使是无条件的。相应地,既然自动冻结并未附加任何条件,那么对解除条件的设置应当更为详尽,然而无不遗憾的是《企业破产法》第75条中恢复行使担保权的原则性规定却难以满足现实需求。尽管"有损坏或者价值明显减少的可能,足以危害担保权人权利"具有一定的指导性意义,但该条并未要求担保物对于公司的持续经营具有不可或缺性,而且为证明"价值明显减少"需要对担保财产的价值进行评估,"足以危害"这一标准更是为法官自由裁量预留了较大空间而使其在司法实践层面上并不具有可操作性,这些立法上的缺憾无疑不利于担保债权人举证。因此,对恢复行使条件进行构建应当包含以下两点:

1. 以充分保护原则为核心对损害补偿的充分性进行判断

充分保护原则是指在担保债权由于受到自动冻结而被不合理地削弱,担保债权人即可要求法院采取措施保护其债权。其规范意旨在于,当重整计划无法通过而使重整程序陷入僵局之时,法院得以该原则衡量担保债权人的利益是否被不当削弱,因而就其功能而言,充分保护原则以其精神内涵为价值权的实现及保护程度的判断提供了量化标准。充分保护原则的内涵源于《美国破产法》第362条关于解除冻结条件的规定,尽管在其法典中并未对充分保护本身进行定义,但已经在美国破产法的判例中形成了诸多保护方式。如前所述,充分保护原则为担保债权是否受损提供了可量化的标准,确保了重整中担保物的使用价值得以有效发挥,并将担保债权人的风险与损失控制于有限范围之内。[1] 该原则在债权冻结期间代替了担保债权人在破产法之外的救济手段,并且直接

---

[1] 陈英:《破产重整中的利益分析与制度构造——以利益主体为视角》,山东大学出版社2013年版,第100页。

决定了担保债权人以何种方式保障其间的担保利益。[1] 对充分保护原则的认定步骤主要包括三步:第一,确立担保债权人利益的价值;第二,确定上述价值的风险;第三,判断债务人提议的对上述价值的充分保护是否可以近似地抵消这种风险。[2]

2. 以担保物性质作区分对中止之必要性进行考察

实际上,冻结条件应当着重从必要性入手,对担保物的性质进行考察,暂停行使的范围必须根据企业重整是否需要使用该项担保财产来确定。[3] 如此,既能将企业所必须的财产留存于重整程序中,又能为非重整所必须的财产提供实现的出路。

第一,应当强调受限制的担保财产是重整所必要的。如上文所述,既然担保权所指向的标的物并非都属于重整所必须,那么理应对担保物进行性质上的区分。美国法上的做法是,在自动中止的同时,规定债权的延迟期限或者冻结期间,在一定期限以内由管理人或法院判断该担保财产对于重整程序的重要性,并判断是否需要延长期间或者赎回担保物,如果该冻结期限届满即可执行担保。[4] 另外也值得关注的是,担保债权人还可以在该申请程序中质疑重整的现实可行性,以此作为恢复行权的理由。[5] 也就是说,即使担保物确有留存之必要,但如果重整从根本上不具有成功的可能性,那么担保债权人解除自动中止的诉求也可得到法院支持。这对我国的立法实践的启示在于以下两点:首先,在指定期限内对担保债权进行必要性的考察,该担保财产是企业持续经营所必要的物品,如若无直接关联则不宜认定为"必须"。其次,适当赋予担保债权人对经营方案可行性的挑战权限,若担保债权人能证明该重整计划

---

[1] Charles J. Tabb, *Law of Bankruptcy*, West Academic Publishing, 2016, Fourth Edition, p.289.

[2] [美]大卫·G.爱泼斯坦、史蒂夫·H.尼克勒斯、詹姆斯·J.怀特:《美国破产法》,韩长印等译,中国政法大学出版社2003年版,第62页。

[3] 徐阳光:《破产法视野中的担保物权问题》,载《中国人民大学学报》2017年第2期。

[4] 丁文联:《破产程序中的政策目标与利益平衡》,法律出版社2008年版,第119页。

[5] 《美国破产法》11 U.S.C. §362(d)(2)(b)。

不可行则可不受其中止。

第二,应当对担保物进行不动产与动产的区分。不动产的永久性和不可替代性使得不动产始终是人类生存的基础和取得收益的源泉,[1]且在通常情况下,为了挽救困境企业,不动产对其持续经营的意义更是显而易见的,例如企业的自有厂房、办公楼等构成了企业的物质基础。因而,在审查必要性的同时,以不动产及动产对担保物作出区分也是必要而可行的环节。德国法规定当担保物是不动产时,如果该担保物对企业的作用上不明确、或者已经明确对企业不可或缺,亦或变卖该担保物将对企业有不利影响时,法院即可依据管理人的申请停止对其强制拍卖。[2] 担保物本身的性质应当作为人民法院判断是否对担保物进行赎回、变现或留存的最核心因素,而担保物价值的变化仅能作为参考依据。

三、延迟利益的有限保护:利息补偿与价值减损

从上文对自动停止程序的非实体性定义中可以推倒出这样一个结论,即对担保债权人因破产程序的中止及拖延而产生的利益减损应当予以赔偿,因为如果"中止"被定义为"暂停行权"那么就不应当损害被中止一方的实体权益,尤其是重整程序耗时漫长[3],其间的担保债权人被减损的商业利益应当予以补偿。

对担保债权的中止行使而使其延迟变现,将不可避免地对担保权造成一定的损害,然而立法对补偿范围的规定却不甚明晰。立法对担保债权人因破产重整而产生的延迟利益的减损问题缺乏妥善的处理规则,对利息补偿和价值减损两大补偿机制的缺失是《企业破产法》的一大缺憾,这直接造成了对担保债权延迟利益的保护无据可依的局面。具体而言,

---

[1] 马俊驹、梅夏英:《不动产制度与物权法的理论和立法构造》,载《中国法学》1999 年第 4 期。

[2] 杜景林、卢谌译:《德国支付不能法》,法律出版社 2002 年版,第 88 页。

[3] 从我国重整实践来看,从申请重整到通过重整计划通常需要半年甚至几年时间不等。

这反映在我国现行《企业破产法》中对于该价值补偿的规定仅出现在第87条,即法院裁定对重整计划进行强制批准时,必须考虑对担保债权组"因延期清偿所受的损失"已经进行了公平的补偿,并且其担保权未受到实质性损害。该条明确了应当对担保债权因重整所造成的损失进行补偿,而正是在《企业破产法》第46条却规定"附利息的债权破产申请受理时起停止计息"。结合体系解释和文义解释的方法,我们可以得出这样基本的结论,即"因延迟清偿"给担保债权造成的损失显然是指的利息损失,因为如果是因债务人的不当使用而造成的损害,则按照举轻以明重的逻辑推断,显然应当进行赔偿。那么问题在于,既然已经在申请受理之时停止计息,为何在强制批准时却要求对延迟利息进行赔偿?此处的矛盾也从侧面反映了立法者对于担保债权保护限度的思量过程。

在对利息损失进行补偿时,应当明确的是,担保债权人也应当为重整的承担必要的风险与损失,也就是说,在企业资产本就不足以满足所有债权人受偿要求的情形下,担保债权人的适度让步是企业生存及谈判程序得以为继的基本要求。因此,对担保权的利息进行附期限的保护能适度平衡个体利益与整体利益的矛盾。具体而言,无论是日本法上只保护程序开始之后1年内的利息,[1]还是德国法上让担保债权人自行承担3个月利息损失,[2]两种模式之精神内核都在于使担保债权人成为经济运行过程中共同承担风险的一方主体,[3]这种风险分担的现实基础就在于,担保债权人与其他债权人及其股东同属重整程序的利益共同体,如果企业的持续经营都难以为继,每一个参与主体的利益都必然受损。

---

[1] 《日本更生法》第123条第1款。
[2] 《德国破产法》第169条。
[3] T. Jackson and Scott, "On the Nature of Bankruptcy: An Essay on Bankruptcy Sharing and the Creditor's Bargain", *Virginia Law Review*, Vol. 75, No. 2(1989), p.157.

第三节　担保权实体权益的调整:重整计划的批准制度

除了自动停止程序,破产重整中对担保债权施加影响的另一种方式是通过重整计划的债权调整方案,对债权的偿付时间进行延长或者直接改变受偿数额。究其本质而言,破产法庭对重整计划的批准是司法权对破产参与者之间关于重整价值分配所达成之合意的最终认可,对重整计划的审查应当是一种实质审查,尤其因为重整计划远不止是债权人与债务人之间达成的协议,它最终的实施结果将影响所有与重整企业有关联的利益相关者(stakeholder),所以重整计划的批准不仅需要考虑社会公共利益,还要考虑债权人之间的分配矛盾,更要在债权人与破产企业无法达成合意时,以强制性的规则将重整的利益调整结果巩固下来。

一、重整计划的实体价值:不完全意思自治下的利益分配

我国现行破产法中鲜有关于强制干预债权人自治的裁决规则,使得其难以发挥应有的调整法律关系的功能,其症结在于其没有债权人会议决议结果的公允性进行有效的判断。从性质上看,债权人会议中对重整计划的投票表决集中体现了债权人的意志,这同时也是债权人作为自治团体形成决议的重要环节。该表决无论是否一致,都需通过法院认可才生效,分正常批准和强制批准两种情形。正常批准程序的意义在于防范多数决之滥用,由法院以超然立场对重整计划再次审核,以保证其能符合公正合理的要求。[1] 强制批准则是在债权人会议无法就重整计划达成一致意见时,只要符合法定条件,法院即可强行批准重整计划。然而,从上文论述中可知,我国现行《企业破产法》中重整计划批准条件的规定尚待完善。

---

[1] 柯芳芝:《公司法要义》,台北,三民书局 2005 年版,第 295 页。

实际上，批准条件的设置问题就是强制干预与团体自治之比重的问题，即法律需在多大程度上干预并调控私益之间的冲突。从破产重整的组织形态来看，债权人的自治关系与马克斯·韦伯所言之"联合体"（Vergesellschaftung）的关系尤其近似，联合体的社会行动取向是基于理性动机下的利益平衡，或者与动机相类似的同意，这种理性既可以是价值理性的也可能是工具理性的。[1] 依此观点，在破产程序中的债权人就正是一种区别于"群体"的自治性联合体（或曰团体），在重整过程中，权利的分配与调整都在该团体中进行，形成了以债权人会议为核心的封闭的社会关系。由于团体既有能力以其集体行动的约束力抑制其成员的行为，又能产生比零散成员的简单组合更强大的力量，因此团体常可以达到以个人之力无法达到的目的，[2] 并且发挥着个人无法达到的社会性作用。[3] 在破产法之中，团体的力量尤为凸显在其困境企业的一致行动之中，债权人可以通过破产程序这一协商平台调整权利关系。

以美国破产实践中出现的馈赠现象（gifting）为例，[4] 这是债权人通过让与部分权益以实现整体效率的最佳例证。近年来，美国申请重整的企业资产几乎完全被担保所覆盖，担保价值已经等值于甚至超过了企业资产的价值。此时，无担保债权人肯定只能空手而归，他们几乎不加选择地反对资产出售计划，为重整的推进带来了极大阻力。为了走出困境，担保债权人通常会在企业出售程序中将一部分权益无偿赠与给无担保债权人，以换取他们对集体决议的同意。[5] 例如，如果顺位在先的债

---

〔1〕 [德]马克斯·韦伯：《经济与社会（第一卷）》，阎克文译，上海世纪出版集团2010年版，第132—133页，第141页。按照马克斯·韦伯的论述，团体有三个特征：第一，团体是有边界的，是一种相对封闭的社会关系；第二，存在能够施加于个人的团体制度；第三，团体有领导人和行政管理班子负责实施该制度。

〔2〕 刘凯湘、张海峡：《论商法中的人合性》，载王保树主编：《商事法论集》（2009年第2卷），法律出版社2010年版，第32—33页。

〔3〕 [日]我妻荣：《我妻荣民法讲义Ⅰ》，中国法制出版社2008年版，第108页。

〔4〕 参见 In re DBSD NORTH AMERICA, Incorporated, 634 F.3d 79 (2d Cir. 2011). In re Armstrong World Indus., 432 F.3d 507 (3d Cir. 2005).

〔5〕 Melissa B. Jacoby & Edward J. Janger, "Ice Cube Bonds: Allocating the Price of Process in Chapter 11 Bankruptcy," *Yale Law Journal*, Vol.123, no.4 (January 2014), p.2389.

权人可获偿 100 万美元,[1] 他们愿意付出 10 万美元给顺位在后的债权人。在大多数案件中,这种馈赠是很奏效的,及时地推进了重整进度。[2] 在巡回法院的审判实践中,既有支持馈赠的适用的判例,也有因馈赠能买通合作者而判决其无效。[3] 反对者认为这种馈赠违反了绝对优先原则(absolute priority rule),[4] 即顺位在先的债权人若未得充分清偿,则不得清偿后位债权人。但也有支持者认为,尽管在优先顺位的债权人将 10 万美元赠予顺位在后的债权人,但中间顺位的债权人并未受损,因为 100 万美元归属于优先的担保债权人,中间顺位债权人本就不能得到任何偿付,即使优先的担保债权人决定馈赠给顺位最后的债权人也没有改变这一事实,因而只要认定该馈赠来源于债权人的财产而非破产财产,那么就不违反绝对优先规则。[5]

以上案例的争议集中表现在团体自治的有效性问题上,即法院是否认可债权人对自己的权益做出的让步。可以看出,正是由于担保债权人的自愿让步,解决了企业全部资产都已抵押的情况之下,无财产可分配,以致普通债权人反对重整计划的窘境。就我国重整计划批准的条件而言,无论是正常批准中"符合法律规定"这一模糊表述,还是强制批准中只要表决组通过即不予再次审查的程序,都给予了债权人自治比较宽泛的自由,实际上奉行了类似利润分配中约定优先的规则。即使债权人的

---

[1] 需要指出的是,这里的偿付并非破产清算中的偿付,而是《美国破产法》中第 363 条中出售破产财产的相关内容。雷曼兄弟、克莱斯勒和通用的破产都根据第 363 条款出售了大量资产。

[2] David A. Skeel Jr., From Chrysler and General Motors to Detroit, *Widener Law Journal*, vol.24(2015), p.130.

[3] 对比如下三个案例可知:In re SPM Mfg. Corp., 984 F. 2d 1305, 1307, 1313 – 14 (1st Cir. 1993)(支持案例), In re Armstrong World Indus., Inc., 432 F.3d 507, 509, 513 – 15, 517 (3d Cir. 2005)(反对案例), In re DBSD N. Am., 634 F.3d 79, 85 (2d Cir. 2011)(反对案例)。

[4] 美国的绝对优先规则规定,参见 11 U.S.C. § 1129(b)。

[5] Leah M. Eisenberg, "Gifting and Asset Reallocation in Chapter 11 Proceedings: A Synthesized Approach", *American Bankruptcy Institute Journal*, Vol. 29, Iss. 7 (September 2010), p.51.

通力合作确实显现出了无可替代的效用,如何分配该合作产生的剩余仍然困扰着全体债权人。此时问题简化为,在个人理性与自由主义交织的私法自治理念下,是否应当赋予债权人的团体自治以绝对的自由?对这一问题的回答关涉强制批准行使之正当性问题,而且该机制在我国破产法实践中的实施效果也需要进行细致的考察。

二、强制批准的正当性和实施现状

团体自治的理想建立在理性人能自负其责的基础之上,如果能在平等自由的程序中进行协商,则可能达到最优配置,进而实现整体利益的最大化。然而这种理想却时刻受到威胁:首先,它受到来自国家公权力的影响,在破产程序中,行政权的不当介入与司法裁量权过大时常受到诟病,此外,这种威胁其实更多地来自团体内部广泛存在的、具有绝对优势地位的债权人。这两者都会对弱势债权人形成不利影响,从而损害债权人团体自治的整体效果,甚至有时与其说某些债权人达成了合作意志,不如说他们只是做出了无奈的选择。然而,这并不能当然地推导出团体自治的不效率,从而有意放大商事裁判规则的强制性特征。相反地,我们不仅需要抛弃"法律干预等于强制"的误解,[1]而且更需要将思考聚焦在如何通过程序性的保障促成更为公允的合作机制,因为私法自治概念不应被误解为有一个不受国家法律影响的领域,相反,法律行为自由系存在于一个由国家法律所给定的范围之内。[2]

重整计划的强制批准的积极意义在于其解决了谈判主体之间的"钳制"问题,给重整程序的推进带来了效率,尤其是在各表决组的实体权益被重整计划所调整,各组的谈判又陷入僵局的时候,强制批准的正当性就显现了出来。首先,强制批准制度通过最佳利益原则设定了对各个债权人利益的保护底线,明确了债权人必须获得不少与清算的利益。其

---

[1] 蒋大兴:《论公司治理的公共性———从私人契约向公共干预的进化》,载《吉林大学社会科学学报》2013 年第 6 期。

[2] [德]迪特尔·施瓦布:《民法导论》,郑冲译,法律出版社 2007 年版,第 298 页。

次,强制批准制度通过最低限度接受原则排除了法院判决的恣意性,从本质上认可了债权人的集体自治。最后,强制批准制度通过公平公正原则明确了持少数意见的债权人可以获得的法律保障。综上,一个理想的重整计划的强制批准制度不仅能够保护对各组债权人及组内异议债权人的谈判利益和期待利益,还能解决破产程序常有的拖延问题,使得企业尽快协调债权人之间的分配格局,以加速投入生产,走出资不抵债的特殊阶段。

但是也应当认识到,尽管强制批准具有立法政策上的正当性,但在其实施过程中极易受到不合理的滥用,尤其是在我国强制批准计划规则不尽完善的现实条件之下,[1]这种被滥用之风险更加需要防范。具体而言,法院如果滥用重整程序中的强制批准权将给债权人带来极大的风险,因为重整程序原本就具有极大的不确定性,尤其还存在一些明显不具备长期的盈利能力和不善于经营管理的债务人企业,如果法院错误地认为这部分债务人企业的重整计划具有可行性,或者是出于对当地经济及社会稳定的考虑,最终同意批准了该计划的实施,那么如果事后债务人无法完成清偿计划,重整又会被再一次转入清算。如此将极大地浪费社会资源和司法资源,更何况程序上的拖延给那些原本可以获得清算利益的债权人带来了难以预见的损失。此外,强制批准权的应用也不该走到另一个极端,如果法院保守运用规则,则无法发挥强裁对重整效率之提升的功能。[2] 总而言之,强制批准对担保债权人利益的调整具有其正当性,但结合强制批准制度之建构在我国的缺漏和在破产实践中多被滥用的情况,应该确保人民法院在运用权力时保持相对谨慎的态度,并且在充分理解公平公正原则的基础上促进债权实现的高效。[3]

三、强制批准中对担保债权的保护原则

法院审查债权人会议的表决结果时,不可避免地会对债权人的谈判

---

[1] 关于强制批准计划的详尽改进建议,详见本书第六章。
[2] 高丝敏:《重整计划强裁规则的误读与重释》,载《中外法学》2018 年第 1 期。
[3] 关于公平公正原则的详尽描述,可参见张钦昱:《论公平原则在重整计划强制批准中的适用》,载《法商研究》2018 年第 6 期。

结果进行价值判断处无论是重整计划在每个债权组都被通过,还是法院作出强制批准的决定,都预示着重整程序告一段落从而对破产当事人将产生终局性的影响。在通过重整计划时,为了排除来自反对方的阻力,强制批准制度为担保债权人提供了最后一道防御的底线,《企业破产法》第87条确立的强制批准的条件,为人民法院破除重整的僵局提供了制度依据。然而,我国的强制批准制度却能够以表决组通过重组计划为条件进行强制批准,这一自由度的宽泛使得担保债权人难以通过法院的再次审查得到实质救济。如若考虑债权人表决程序中的异议债权人的权益,则应当将法院审查标准大致等同于正常批准的程序,再辅之以对担保债权充分保护的认定标准,即可在法院实质审查的层面完成对担保债权人的权利救济。

从破产实践来看,无论破产重整的债权调整方案种类何其繁多,其实质不外乎为填补担保债权因延期受偿所受的损失,即为担保债权提供至少与其交换价值等值的保护。德国民法学者柯拉将物权分为实体权与价值权两种,[1]实体权是指以物的实体为客体的物权,其所追求的是物的使用价值;而价值权则是以物的潜在货币价值或资本价值为客体的物权,其所追求的是物的交换价值。担保债权即是以物的交换价值为核心的一种典型的价值权,[2]债权人所期待的并非债权标的物本身而是其交换价值。因此,这为破产重整的语境之下担保权利的实现提供了一种思路,即通过为债权人提供与担保物的交换价值相等替代方案,即可视为对担保债权进行了充分且等值的保护。

上文所述的充分保护原则为担保债权提供的等值保护之认定对法院进一步推进重整进度有一定的借鉴意义,该等值保护的精神内核是,即使担保债权人反对重整计划,只要法院通过审查债权处置方案之时能够有充分理由确信该方案已经对担保权提供了充分保护,则可以径直裁

---

[1] 陈本寒:《担保物权法比较研究》,武汉大学出版社2003年版,第33页。
[2] 程啸:《物权法·担保物权》,中国法制出版社2005年版,第46页。

判重整计划对其生效。具体而言,可设置几种可供选择的判断标准:首先,如果担保标的物的价值大于担保价值时,则可认定担保债权人得到了充分保护;其次,如果将担保物出售于第三方,则担保债权不能被保留,同时确保担保债权人获得对出售款项的追及力;再次,如果担保物必须留存在企业中继续使用,则应当在重整计划中明确将对担保债权人支付至少与担保债权相等的数额,[1]而且担保债权组内每一个担保债权人都必须得到延期支付;最后,对担保权人作其他符合等值条件的清偿,即可认定对担保权进行了充分保护。

第四节 本章小结

在利益裁量规则缺位的现状之下,难以对担保债权进行周全保护,即使债权人之间进行充分的多次博弈也无法达到最低限度的分配公平。解决问题的思路在于以担保债权的充分保护为基本原则,拓宽价值权实现之路径,以厘定保护担保债权的限度,将债权人、债务人、法院及地方政府等多方主体都纳入破产法的语境之下,划定利益衡量的合理标准与谈判底线,既能在重整程序中实现充分的团体自治,又为保障债权人的可期待利益提供制度供给。总之,一方面,对于重整程序中的非必要财产,应当通过出卖或变价实现其价值权,为企业债务解决减轻负担,也让非必要财产的所有人不为重整所累;另一方面,对于必要财产,在存续型重整中应当确保评估公允性,在出售型重整中应当确保债权人可参与性,即可从最大程度上缓解重整对担保债权的侵害。

---

[1]《美国破产法》11 U.S.C. § 1129(b),另外的保护方法详见本书第五章,提出了在强裁中对担保债权处分之改进意见。

第三章 破产清算中的担保权：受偿范围的厘定

第一节 别除权在破产法中的体系解释和实现机制

别除权作为大陆法系中的一个特殊的概念，通常被当作破产中的担保权的同义语，但是在破产申请之后为了债权人整体利益而设立的担保权则属于可在破产财产中随时清偿的共益债务，因此为论述之聚焦，本节研究对象仅为在破产申请前成立的担保权。

一、别除权的理论内核

基于担保制度保障债权实现的一般功能，作为一般法的民法对待担保的基本理念是保障债权安全高效地实现。近年来，我国在担保领域进行的现代化改革进一步强化了这一价值取向，《民法典》及其司法解释通过缓和物权法定原则、建立动产和权利担保统一登记制度、放宽禁止流质条款等多项内容逐步完善担保制度,[1]鼓励意思自治,便利当事人运用多种救济方式处理债务违约。[2] 在传统大陆法系的物权理念中,有担保的债权应当彻底在破产程序之外单独受偿,这被破产学界称为别除权制度。[3] "别除"来源于日本,原意是指不依破产程序行使的除外性质,别除权在性质上虽为债权,但表现出一定的物权性。[4] 在原理上,担保权除外优先受偿的正当性不仅来自担保制度保障债权实现本质功能,还源于大陆法上物权优先于债权的一般结论。[5] 虽然在债务人正常经营时,担保债权与普通债权(无担保债权)的清偿不会产生冲突,前者的行权对象是特定的担保财产,后者对象是债务人的一般财产,但是在破产条件下,债务人出现资不抵债的财务状况,当他的财产不足以清偿其所有债务之时,担保债权与普通债权的清偿也就呈现出了竞争关系。

二、别除权的规范意义和理论幻相

别除权是缘起于大陆法系的特殊概念,是指权利人可以从破产企业的特定财产中获得清偿,而可以不依照破产程序的统一程序接受清偿。从文义分析,这一概念原本就是指向一种特殊的除外权利,正是根据担保债权清偿方式的特殊性而命名的,它主要包含了符合破产法规定而成立的担保权和一些特殊的优先权。在别除权初次出现在德国破产法之中时,它原本是为了解决未公示担保与已公示担保的效力问题,根据当

---

[1] 参见《最高人民法院关于适用〈中华人民共和国民法典〉有关担保制度的解释》第45条。

[2] 担保物权成长的表现之一就是动产担保权的私实行程序逐步兴起,私实行程序通常采由担保权人公开拍卖或自行变卖担保物的方式。参见谢在全:《担保物权制度的成长与蜕变》,载《法学家》2019年第1期。

[3] 参见[日]石川明:《日本破产法》,中国法制出版社2000年版,第80—81页。参见汤维建主编:《企业破产法新旧专题比较与案例应用》,中国法制出版社2006年版,第328页。我国台湾地区"破产法"第108条规定,有别除权之债权人,不依破产程序而行使其权利。

[4] 参见邹海林:《破产法——程序理念与制度结构解析》,中国社会科学出版社2017年版,第347页。

[5] 参加汪世虎:《担保物权的优先受偿性在破产程序中的限制》,载《河北法学》2006年第8期。

时的德国法,未经公示的担保被视为无担保债权,因而无法获得优先清偿,然而结合当时登记困难实际情况,立法者发现如果一概否认未登记担保的效力将对信贷市场造成不可挽回的损失。所以在 1877 年之后,对于以特定财产设立了担保的债权人,不论登记与否都可以进行"别除"清偿,此后,日本所使用的别除权概念也与此近似。同样的,我国《企业破产法》第 109 条和《民法典》尽管没有直接使用别除权的概念,但所传达的基本理念是与大陆法系上别除权的理念相一致的。

事实上,尽管大陆法系对别除权的优先受偿性早已达成共识,但在我国理论界对别除权概念中的所谓"不依破产程序"的表述仍旧经历了认识上的变化。在适用上,自 20 世纪 80 年代我国允许政策性破产时,就开始使用别除权的表述,[1] 近 30 年来,别除概念出现了语义混乱的现象,在不同使用者的笔下演变出多种语义:一些实务著作直接将别除权等同于担保权,把两者不加区分地使用;[2] 大部分学术著作将担保权视为别除权众多基础权利之一,因为别除权基础权利还包括建设工程价款优先权、船舶优先权、民用航空器优先权等法定特别优先权;[3] 另外还有法院裁判认为,别除并不是允许在破产程序单独变价,它只具有优先受偿的含义。[4] 类似地,相关理解分歧还出现在对"担保权不依破产程序而行使"的理解之中。[5] 此种语义混用现象尤其值得关注,伽达默尔在论述语言和理解的关系时提出,语言是理解本身得以实现的普遍媒介,

---

[1] 参见曹思源:《起草企业破产法需要研究的若干问题》,载《法学杂志》1985 年第 3 期。

[2] 参见徐根才:《破产法实践指南》,法律出版社 2016 年版,第 16 页。

[3] 参见贺小电:《破产法原理与适用(上)》(第二版),人民法院出版社 2020 年版,第 469 页。刘子平:《破产别除权的认定标准及其行使》,载《法律适用》2007 年第 11 期;王欣新:《破产法学》(第四版),中国人民大学出版社 2019 年版,第 300 页。韩长印:《破产法学》(第二版),中国政法大学出版社 2016 年版,第 154 页。

[4] 参见吉林省高级人民法院(2020)吉民终 190 号民事判决书。

[5] 参见邹海林:《破产法学的新发展》,中国社会科学出版社 2013 年版。例如,有观点认为"不依破产程序而行使"与"完全在破产程序之外行使"还是有所不同。参见韩长印:《破产法学》(第二版),中国政法大学出版社 2016 年版,第 159 页。

世界在语言中得到表述,[1]而当语言与客体存在多个映射关系时,分歧和误解在所难免。对实现担保的不同理解最后展现为关于"别除"机制的理论幻相,彻底的除外受偿完全是基于民法基础理论推演的假象,而根据现象学的解释,当出现假象时,往往是现象"在要求"被人当作与它自身实际不相符的东西。[2] 具言之,这种不相符合性主要体现在语言和实在的对应关系之中:一方面,"别除"和"不依破产程序而清偿"的文字表述容易被人理解为单独个别的清偿,权利人可以不参与破产法的集体清偿程序;另一方面,破产法的众多规则却又否定了权利人单独个别清偿的可能性。

导致语义混乱之假象的根源还是在于不同司法主体对待担保权的不同方式,而这种分歧又来源于破产法的除外清偿机制并不完整。[3] 无论是破产财产的处分方式,还是担保债权组别的表决资格,都指向一个结论:破产法已经实质地降低了担保债权的物权性,在各类破产程序规则的制约之下,"别除"作为专有名词的指涉范围已被限缩,它成为了大陆法系上的理论幻相。事实上,上述别除概念的演变过程并非偶然,正如卢曼所言,法律概念内涵的充实和具体化不可能通过巧合来解释,这是与社会结构、社会达到的复杂性程度以及立法标准的程式类型保持一致的。[4]

就本论题而言,别除概念在演变时所表征的非偶然性与破产法的规范构造密切相关,因为从担保债权人的行权方式来看,担保权人无权以特别程序的方式提出清偿请求,债权的认可不仅需要通过债权申报程序,还需通过债权人会议的表决确认,更勿论实现债权需要借助破产管理人组织财产拍卖或引进战略投资人以清偿债权。不仅如此,担保物变

---

[1] 参见[德]汉斯-格奥尔格·加达默尔:《真理与方法》,洪汉鼎译,上海译文出版社1999年版,第556页。
[2] 参见[德]马克思·舍勒:《哲学与现象学》,北京师范大学出版社2013年版,第150页。
[3] 参见李忠鲜:《论担保权在破产中的别除机制》,载《河北法学》2019年第6期。
[4] 参见[德]尼克拉斯·卢曼:《法社会学》,上海世纪出版集团2013年版,第233页。

价所得的现金还常常难以及时交还担保权人,被破产管理人以重整需要的名义扣留或者挪作他用。[1] 依据担保法原理,担保最根本功能就是在债务人不能支付债务时,债权人得以不受阻碍地实现债权,然而只要对破产法及其实施效果加以分析,即可发现担保权的实现方式在破产法律体系和民法法律体系存在显著差异。

三、别除权、担保物权及优先权的理论界分

从概念出发,别除权、优先权及担保权三者之关系及各自的概念在破产法上殊值探讨。整体而言,别除权的范围大于担保物权的范围,因为别除权之基础权利除了抵押权、质权、留置权等《民法典》中所规定的法定物权类型之外,还包含优先权中的特别优先权。具体而言,别除权与担保物权、优先权两者的区别与联系可被总结为以下三点:

其一,别除权只包含一部分符合破产法规范的担保物权,而非所有的担保物权。学界通说认为别除权是担保物权和法定特别优先权在破产程序上的延续,[2] 但无论在实体法上对该物权的认定如何,它都必须经过破产规则的再次检验,只有不存在无效和撤销事由的一部分担保权才符合破产法上的对破产债权的要求。[3] 具体来说,除了债权申报之外,担保权的成立还需要符合破产法设定的时间限制,如果属于破产受理前1年之内成立的担保权就有被破产管理人请求撤销的潜在可能。破产法的撤销权制度主要是为了防范债务人与部分债权人之间的恶意串通,并且也阻断了债务人企业转移或隐匿财产权益的可能性。另一方面,别除权与担保物权之间也存在联系,主要原因是享有别除权的通常都是担保债权,而且由于破产法并不直接创造实体法上的权利,所以别除权在一些情况下就自然成为了担保权在破产法上的同义语。

---

[1] 参见乔博娟:《论破产重整中担保权暂停与恢复行使的适用规则》,载《法律适用》2020年第20期。实践中,一些破产管理人变价处置担保财产后,扣留甚至挪用变现款项,不及时向担保权人进行分配,或者以重整程序需要为由,优先支付企业生产经营费用等。

[2] 韩长印主编:《破产法学》,中国政法大学出版社2016年版,第153页。

[3] 徐晓:《论破产别除权的行使》,载《当代法学》2008年第4期。

其二,别除权只包含特别优先权,而不包含一般优先权。以权利行使方式的差别划分,可以将优先权分为以债务人不特定财产受偿的一般优先权和以债务人特定财产受偿的特别优先权,作为前者典型的破产债权是破产费用,[1]后者包括船舶优先权、民用航空器优先权及建设工程价款优先权[2]。特殊优先权与一般优先权的区别在于,以破产费用为典型的一般优先权通常是为了债权人的集体利益而产生的,对其受偿并不受到时间限制,可以在破产财产中随时清偿,但是特殊优先权则必须通过破产管理人的变价处分工作,才得以就特定的财产优先受偿。石明川认为,正因为一般优先权没有设立于特定财产之上,所以从本质上讲,一般优先权就不是破产法上的别除权。[3]

其三,优先权与别除权的立法政策考虑不同。前者主要是为了实现实质公平、社会公共利益等价值而在法律上作出特别的顺位规定,[4]它是一种法定权利,所以不能由民事主体自由设定。而作为别除权基础权利的担保债权则是基于双方的合同约定,只要分别符合民法典和破产法上的构成要件,即可优先于普通债权人获得清偿。

上述三个概念具有相似性,但其使用的场景不一、内涵与外延也不一。总体来说,尽管最易被混淆的别除权与担保物权的概念的确存在紧密联系,但应当认识到破产法上的别除权的范围远小于担保物权的范围,因为享有别除权的担保权还必须符合破产法的相关规定。

---

[1] 为破产人全部财产利益而发生的破产费用具有保护一般优先权人利益的性质,故此种优先权应当优先于其他一般优先权受偿。王欣新:《破产别除权理论与实务研究》,载《政法论坛》2007年第1期。

[2] 关于建设工程价款优先权的性质,学界存在不同的看法。有的学者认为属于法定抵押权,也有的学者认为属于留置权。但无论如何定义,该优先权均得以就特别财产优先受偿,所以也属于破产法上的别除权的基础权利之一。

[3] [日]石川明:《日本破产法》,何勤华、周桂秋译,中国法制出版社2000年版,第84页。

[4] 郭明瑞:《优先权制度研究》,北京大学出版社2004年版,第9—10页。

四、我国破产清算程序中担保债权的受限机制

从体系上来说,《企业破产法》主要分为三大程序,即破产清算、破产重整与破产和解,后两者均对担保债权是否暂停行使作出了明确的规定,然而唯独在破产清算中,对这一问题的规定难寻踪迹,由此导致了人民法院和学术研究中对如何理解法律的规定产生了分歧,[1]对这一问题应当采取一个明确的立场,即一般化地承认在破产清算中担保债权应当予以限制,[2]相关理由可以从分析现有学术观点中得出结论。

从目前学者的论述来分析,主要存在两种观点:一方面,反对担保权暂停行使的观点认为,既然已经进入破产清算阶段,那么对担保权的限制应当与破产重整有所区别。因为此时担保权的继续留存已经对破产企业毫无意义,所以基于对相关实体法律的尊重,破产管理人应当毫不延迟地让担保权人实现债权。另一方面,赞成担保权暂停行使的观点认为,担保财产极有可能与破产企业的其他无担保财产之间存在着牵连关系,或者是从经济价值实现的因素考虑,将担保财产与无担保的财产打包拍卖将在市场上获得更高的竞价。那么此时对担保债权的暂停行使就是极具效益的做法,不但可以避免发生债权人"抢夺公共池塘"的行为,[3]还能提供足够的现金流用以清偿各个组别的债务,[4]所以若将债权人的整体利益进行考量,对担保权的暂停行使无疑将有助于破产财产的最大化。

---

[1] 参见王欣新:《论破产程序中担保债权的行使与保障》,载《中国政法大学学报》2017年第3期。

[2] 徐阳光:《破产法视野中的担保物权问题》,载《中国人民大学学报》2017年第2期。我国《企业破产法》同样借鉴了中止(暂停)理论,在重整程序中明规定担保权暂停行使,但在破产清算中则语焉不详,由此导致理论与实务中存在较大分歧。

[3] 许德风:《论担保物权在破产程序中的实现》,载《环球法律评论》2011年第3期;程顺增:《论破产清算中担保物权实现的限制——以民法体系下实现之不同为视角》,载王欣新、郑志斌主编:《破法法论坛》(第10辑),法律出版社2015年版,第217—218页。

[4] 因为破产财产变价所得分配给担保债权人之后,所剩的余额归于破产财团之中。

事实上,暂停担保权的行使是更切合实际的选择,[1]而且从破产法目标分析,也可以得出相同的结论。如果不加限制地允许债权人脱离集体受偿程序而得以单独受偿,这将极大地降低破产管理人公平分配财产的可能性,尤其影响了财产的打包出售以及整体转让的效率。

从上述观点不难看出,清算程序中担保债权不可由债权人不受限制地直接实现。换言之,清算程序中担保债权的别除方式与担保债权人依据《民法典》及《民事诉讼法》的相关规定实现担保债权的方式应当有所不同,尽管从传统大陆法系的构造来看,担保的最根本功能就是在债务人不能支付债务时,债权人得以不受阻碍地实现债权。然而只要对实在法加以分析,即可发现担保权的实现方式在破产法律体系和民法法律体系中的是存在显著差异的,具体表现为下述四个方面:

第一,破产程序中实现担保的时间不同。在民法体系中,如其他普通债权一样,担保债权的实现也必须遵照诉讼时效的相关规定。在破产法体系中,担保债权的实现时间主要从两方面被限制:首先,实现担保的时间在债权审核之后。由于破产法的集中清偿特质,担保债权人只有向破产管理人申报债权并且证明了债权性质,并且获得破产管理人的审查确认,[2]才能以担保债权人的身份参与表决。[3]反之,如果没有及时申报债权或者因破产管理人的失职未确认债权,那么当破产财产已经被分配完毕,基于对司法秩序的维持,担保权利人便只能以申请撤销债权人决议的方式进行权利救济,而彼时财产追回的成本极高。其次,自破产

---

[1] 参见王欣新:《论破产程序中担保债权的行使与保障》,载《中国政法大学学报》2017年第3期,第36页。

[2] 据学者总结,破产管理人对于债权审查的权利并不是形式审查权,而是实质审查权,而且破产管理人应该为其失职行为承担相应的侵权责任。笔者赞同这一观点。韩长印主编:《破产疑难案例研习报告(2020卷)》,中国政法大学出版社2020年版,第57—59页。

[3] 而且正如上文所述,此时别除权的行使并不是一种绝对可以对抗破产程序的排他性权利,它的行使必须既符合破产法相关程序的规定,又不得因此妨碍破产管理人的管理事务。这一观点在王欣新老师的论述中亦有体现,他认为"即使是基于破产财产价值最大化与事务管理的需要,也可能需要适当限制担保权的行使",参见王欣新:《论破产程序中担保债权的行使与保障》,载《中国政法大学学报》2017年第3期。

案件受理之日起,为了给债务人以喘息之机,所有针对债务人发起的清偿请求自动中止,在破产法上被称为自动冻结或者自动中止,它是破产法保护债务人的最根本的机制之一。[1] 在破产重整中,依据《企业破产法》第75条,对债务人的特定财产享有的担保权暂停行使;在破产清算中,担保债权人优先受偿的请求也需要等待破产管理人完成债权审核之后才能提出,实践中一般以破产管理人发出债权审核确认通知书确认担保债权的性质,即便在破产受理之前其他法院裁判已经确认了优先受偿地位,[2]也必须等待破产管理人判断是否允许其个别行使。

第二,破产程序中实现担保的条件不同。在《民法典》之前,对于质权和留置权,只要行使条件成就,质押和留置的权利人则可以径直自行实现债权;抵押权人则需要向债务人协商,或者当出现约定时限抵押权的情形时,债权人与债务人协议折价或者变价拍卖。[3] 在《民法典》之后,认可了有合同约定的情形下,担保权人自力实现担保的权利。[4] 在破产法体系中,包括担保债权人在内的所有债权人必须将担保财产交由破产管理人一并处分,由破产管理人担保财产负责作财产的统一管理、维护和变现工作。[5]

第三,破产程序中实现担保的管辖法院不同。在民法体系中,担保权人启动非讼程序必须向担保财产所在地的法院提出,如果是诉讼方式则依照民事诉讼法的相关规定由特定的法院管辖;在破产法体系中,担保债权的实现必须是在审理该破产案件的法院进行,而且与此同时,如

---

[1] See Charles J Tabb, Law of Bankruptcy, West Academic Publishing, 2016, Fourth Edition, p.256.
[2] 参见《辽宁省高级人民法院(2021)辽民申8678号民事裁定书》。
[3] 参见曹士兵:《我国担保制度与担保方法》,法律出版社2017年版,第397页。
[4] 法释〔2020〕28号《最高人民法院关于适用〈中华人民共和国民法典〉有关担保制度的解释》第45条。
[5] 法释〔2007〕9号《关于管理人报酬的司法解释》第13条"管理人对担保物的维护、变现、交付等管理工作付出合理劳动的,有权向担保权人收取适当的报酬。管理人与担保权人就上述报酬数额不能协商一致的,人民法院应当参照本规定第二条规定的方法确定,但报酬比例不得超出该条规定限制范围的10%"。

果该担保财产恰好处于其他法院的执行阶段,只要执行尚未完结,那么所有针对担保财产的执行措施都必须中止。

第四,破产程序中担保债权实现的方式不同。依照《企业破产法》第112条的规定,担保债权人需要通过破产管理人的拍卖实现其债权,除非债权人会议中形成了其他受偿方式的决议。[1] 对破产财产不予以评估而直接进行拍卖的优点是能够避免评估机构的主观性,拍卖过程的信息透明度比价值评估更高,因而减少了因评估方法的选择而引发的分歧,所以,从这个角度而言,尽管拍卖也因为信息不对称而使得破产财产无法获得高额竞价,但是从拍卖方法本身来看,它所形成的价格总还是比评估数额更为客观。

然而,《企业破产法》中所提供的对财产处理的决议机制却并不能保护真正的财产权益所有人,因为根据现行法的规定,如果需要对财产采用除了拍卖之外的其他处理方式,则要经过债权人会议表决通过。但是另一方面,担保债权人在债权人会议中的相应表决权却被削减了,对决议有表决权的债权必须是无担保债权,所以担保债权人组只能在人数比例中占据微弱的优势,更何况从现实情况来看,破产企业的担保债权人很大比例的是银行等金融机构债权人,那么自然不可能在人数上占到优势地位。所以这种表决权结构设计的就导致了担保债权人对担保财产的处分并无发言权,真正有表决控制权的却是普通债权人,毕竟无论从人数上,还是债权性质上来说,无担保债权人才是债权人会议中的表决权的实际所有者。事实上,如果担保财产的价值实现之后,仅能偿还担保债权人而无所剩余,那么普通债权人对担保财产几乎不存在任何权益,在此情形下赋予普通债权人以如此之大的表决控制权,对担保债权人而言是极为不合理的安排,因为普通债权人显然不会考虑担保债权人

---

[1]《企业破产法》第112条规定,变价出售破产财产应当通过拍卖进行。但是,债权人会议另有决议的除外。破产企业可以全部或者部分变价出售。企业变价出售时,可以将其中的无形资产和其他财产单独变价出售。按照国家规定不能拍卖或者限制转让的财产,应当按照国家规定的方式处理。

的利益,而选择对自己利益更有益的财产处理方式处分破产财产。

例如在一例纺织公司破产案件的债权人会议表决中,[1]纺织公司的破产管理人提出的财产处置方案是以公司的纺织品直接降价出售给担保债权人,以此抵偿一部分担保之债,这个方案却遭到了无担保债权人的反对,他们认为不应该低价出售,而应该把价格提高从而抵偿尽可能多的担保债。因为无担保债权人在表决会议上的绝对投票权优势,该财产处分方案经三次表决均未被表决通过,而直到人民法院作出裁定才让通过了出售方案。可以预见,在破产法中如果有相对合理的表决权设计方案,上述周折的财产处分过程将被大幅度地简化。

总之,同民事诉讼中的债权实现方式比较,在破产清算中实现担保债权仍然会受到种种时间、主体和方式的限制,从财产处理的效率、公平和破产财产最大化等多个因素分析,在清算中施行一定的限制是极有现实意义的。但由于表决权设计的不规范,担保债权组在被投票权被不合理限制的情况下,他们极易受到普通债权人的消极不合作和利己行为的损害。所以在今后的立法中应当进一步重视对这一问题的改进,改进之方法将在本研究的最后一章中有所体现。

第二节 担保财产的价值分配及清偿顺位

在上文分析清算中的担保债权别除方式时,一个突出的问题是担保债权人对其债权的实现方式并不享有完全的控制力,这不仅是因为别除权的行使需要破产管理人的工作以配合其变价,更是因为在变价过程中担保债权人对决定之形成过程难以实施卓有成效的影响,而债权人会议往往决定了变价方式以及变价后的价值分配方案。基于上述问题的重要性及其与担保债权实现数额的关联性,下文专注于分析担保债权人对

---

[1] 浙江省江山市法院(2010)衢江商清(算)字第1—3号民事裁定书。

财产价值分配的表决权以及价值分配中担保债权与其他债权之间的受偿顺位。

一、担保债权人的表决权限与实体权益的错配

在破产中,债权人会议对担保财产变价后的价值分配行使最终决定权,所以问题的本质在于担保债权人的表决权与其实体权益的对应关系。具体来说,《企业破产法》对表决权限和表决事项都作出了限制,现行法上关于担保债权人在破产清算中行使表决权的主要依据是《企业破产法》第 59 条及第 64 条,前者规定担保债权人对和解协议和破产分配方案的决议不享有表决权,后者规定了债权人会议表决时,决议的形成标准就是投票通过的债权达到无担保债权之总额的半数以上。依据上述规则,即便担保债权人投票表达了意愿,由于担保债权数额不能符合投票的资格要求,担保债权组的表决只能以人数优势占据一定的影响力。[1]

正因为上述表决权的配置,在某些破产案件中,一些无担保债权人为了提高普通债权组的清偿数额,在债权人会议中投票反对担保债权人的债权确认诉求。例如,在某市水泥公司诉凌某别除权纠纷中,[2]凌某对水泥公司享有 190 余万元担保债权,该抵押债权设立在水泥设备之上,但并未办理登记手续。那么依照物权法的相关规定,在抵押权已经合法设立的时候,凌某对水泥公司的担保债权就已经成立了。但是由于该抵押权的成立与否在破产参与人之间产生了分歧,在债权人会议表决之时,无担保债权人对凌某的设备抵押权投出了反对票,最终使得凌某的抵押权没有被认可为担保债权,而作为普通债权成立。其后,凌某通过向法院提起诉讼才使得其担保债权得以被破产管理人所认可。

从这一则案例不难看出,现行法对担保债权人的表决权进行了一定

---

〔1〕 因为《企业破产法》第 64 条规定了债权人数和债权数额的双重标准,对于债权人数,要求达到债权人总数的一半以上。

〔2〕 参见湖南省益阳市中级人民法院(2014)益法民二终字第 199 号民事判决书。

的限制,这种限制实际上使得担保债权人所应当享有的实体权益与其表决权限不相符合,而且从破产实践中的具体案例来看,债权实现过程极易受到无担保债权人的不当干预。为了分析这一问题,需要探求当时的立法背景,在我国《企业破产法》的起草过程,立法专家认为表决权应当与其利益对应,[1]由此产生了上述第59条的规定。易言之,担保权人不享有对破产财产分配方案的表决权的原因是担保债权人对担保财产享有绝对的优先受偿权,所以对于无担保财产的处置不能享有表决权,但若由此对担保权人表决权进行剥夺并不合乎法理,其原因体现为以下三点:

首先,在《最高人民法院关于适用〈中华人民共和国企业破产法〉若干问题的规定(二)》(以下简称《破产法解释二》)颁行之后,彻底改变了《企业破产法(草案)》中担保财产不属于破产财产的规定,[2]将担保财产一并归为破产财产。由此产生的法律效果是,于破产程序启动之后,债务人需要将包括担保财产在内的所有破产财产转交于破产管理人,统一由破产管理人对破产财产进行拍卖、变价及分配,破产财产最终处置由债权人会议的投票决定。所以在实践中,担保财产并不如一些观点描述的"完全不受破产程序的影响",[3]担保权利的实现仍然需要依赖破产管理人的职务行为,并且与普通债权一同受到自动中止机制的影响,所以担保债权人并不可能得到及时的受偿。

---

[1] 立法的原则应当是权利与义务相对应,所以别除权人对与其利益相关的事项应当享有表决权。参见王欣新:《破产别除权理论与实务研究》,载《政法论坛》2007年第1期。

[2] 我国《中华人民共和国企业破产法(试行)》第30条规定:"破产宣告前成立的无财产担保的债权和放弃优先受偿权利的有财产担保的债权为破产债权。"也就是说,享有别除权的债权被排斥在破产债权之外。同时,该法中规定担保财产不属于破产财产,明确将别除权债权和破产债权的对应清偿财产作了严格的区分。而根据《破产法解释二》第3条规定,债务人已依法设定担保物权的特定财产,人民法院应当认定为债务人财产。

[3] 关于"不受破产程序限制"的文义,我国学者认为,所谓别除权不受破产程序限制,与"在破产程序之外行使权利""不依破产程序受偿"的表述是有一定区别的,它并非是指别除权的行使、实现与破产程序完全无关,这在实践中往往是不可能的,尤其是在管理人占有担保物的情况下,而是指别除权的行使不受破产程序中各种限制权利行使条款规定的约束。参见王欣新:《破产别除权理论与实务研究》,载《政法论坛》2007年第1期。

其次，实现担保权往往需要破产管理人付出时间及管理成本，所以由此而产生的实现担保的费用理应由担保债权人自行承担，但由于该费用同样需要从担保物变价之后所得价款中受偿，所以实现担保的费用显然属于破产财产分配方案中的重要内容，但若依据《企业破产法》第64条第1款关于表决权债权比例的要求，[1] 债权人却对实现担保费用的数额全无表决机会，如此规定显然是不合常理的。

最后，出于平衡债权人会议中各组表决权之需要而限制担保债权人的表决权更不具备正当性。据《企业破产法》立法小组成员的描述，立法之所以作出"无财产担保债权额的二分之一以上"之规定，除了受到《中华人民共和国企业破产法（试行）》第13条规定的影响这一历史因素之外，另外一个原因是有专家提出担保债权往往占比较高，所以担保债权人的意愿自然也会对表决结果的产生决定性影响，所以其他弱势债权人的利益则有可能受到损害，那么为了平衡各方的权力，所以降低担保债权在债权数额上的优势。但这种观点存在谬误，因为从规则设计的科学性出发，如果担保债权在债权数额上占据绝对优势，那么担保债权人自然应当享有影响破产程序的相应权重，如果对担保债权人滥用优势地位存在疑问，那么为何不对普通债权组中拥有较多债权的无担保债权人采取相同的限制表决权的规则设计？这显然是不够合理的。

基于上述分析，实现担保在破产法与民法中存在显著差异，它主要表现为一种关于"别除理论"的幻相，这一幻相的本质就是破产法对实现担保作出的种种限制。在价值判断上，如果担保债权的优先性被折损得越多，则越会导致债务执行效率低下。[2] 基于此，下文将主要阐述担保债权与其他破产债权的顺位关系。

---

［1］ 投票有效的前提是，要求表决组所占的债权达到无担保债权的半数以上。参见《企业破产法》第61条、第64条。

［2］ See Simeon Djankov, Oliver Hart, Caralee McLiesh, Andrei Shleifer, " Debt Enforcement around the World", 116(6) *Journal of Political Economy* 1105 – 1149(2008).

二、税收债权与担保债权的顺位

税收债权与担保债权的最大差异在于税收债权所具有的公益性,正由于税收是国家的重要收入来源,因此税收债权在原则上是享有优先地位的,对税的征收也应当体现着公平与迅速的特征。[1] 尽管税收权力说在税法基础理论中早已被税收债务说所取代,[2]但不可否认的是,因为征税的主体仍然是国家机关,所以税收债权相较于其他"私法之债"总是享有某种意义上的特权。[3]

然而,由于税法与其他各类部门法的关系逐渐密切,税收债权与其他权利便时常产生冲突。[4] 这类冲突在现行《企业破产法》中也并未得到妥善的解决,我国的破产法官亦撰文认为企业税费问题已经成为了破产审判实践中的难点问题,[5]影响着破产制度功能的发挥。针对税收债权与担保债权的冲突,《税收征收管理法》与《企业破产法》作出了截然不同的回答,根据前者第45条之规定,如果税收债权在担保物权被设立之前已然存在,那么税收债权应当优先于这些物权,然而后者在第109条和第113条中所确定的优先顺位是担保债权优先于税收债权,税收债权优先于普通债权的顺位。由此产生的疑问是,如果企业的税费的确成立于抵押权、质权和留置权的设立之前,那么此时应该应用哪部法律的规定?

实际上,税收债权与担保债权的优先受偿顺位问题可以从案例分析中得到启示,在一例浙江省绍兴市中院审理的破产债权确认案件中,[6]中级人民法院和基层人民法院的法官在其判决书中针对金宝利公司财

---

[1] [日]金子宏:《日本税法》,战宪斌、郑林根等译,法律出版社2004年版,第23页。
[2] 税收权力说由奥托·梅耶(Otto Mayer)提出。权力说认为,税收体现着公民对国家的服从关系。
[3] [日]金子宏:《日本税法》,战宪斌、郑林根等译,法律出版社2004年版,第23页。
[4] 张守文:《论税收的一般优先权》,载《中外法学》1997年第5期。
[5] 王雄飞、李杰:《破产程序中税收优先权与担保物权的冲突和解决》,载《法律适用》2018年第9期。
[6] 浙江省绍兴市中级人民法院(2017)浙06民终1119号民事判决书。

产上存在的税收债权与担保债权的优先性问题作出了截然不同的判决,其中不仅涉及原《物权法》[1]《企业破产法》与《税收征管法》三部法律的冲突、位阶等法律适用问题,而且对破产法上的关于两种债权的优先顺位的法政策考量进行了深刻而细致的说理。因此,下文将通过对两级法院的判决书内容的分析,进一步讨论本议题。

一审法院将案件主要争议点确定为税收债权与担保债权的优先性冲突问题,具体而言,由于《税收管理法》和《企业破产法》在相关条文的表述中分别确定了税收债权和担保债权的优先性,银行债权人和当地国税机关针对各自诉求提出了迥然不同的意见。一审法院认为,两部法律实际上并不存在适用上的冲突。

第一,《企业破产法》第 109 条规定对破产人的特定财产享有担保权的权利人,对该特定财产享有优先受偿的权利。此等优先受偿的权利之优先性如何,尚应根据担保权利之性质、顺位等因素来具体确定。根据原《物权法》第 170 条之规定:"担保物权人在债务人不履行到期债务或者发生当事人约定的实现担保物权的情形,依法享有就担保财产优先受偿的权利,但法律另有规定的除外。"《税收征管法》第 45 条第 1 款的规定应当为原《物权法》第 170 条规定的除外情形。就该案而言,农行越城支行的案涉债权对于案涉抵押物优先受偿之权利劣后于柯桥国税的税收债权,并不违背原《物权法》及上述《企业破产法》第 109 条之规定。第二,如上所述,税收债权优先于担保物权系负有条件的特别规定,《企业破产法》第 113 条关于破产债权清偿顺序的规定系对破产债权清偿顺序的一般性规定,《企业破产法》的上述一般性规定并无排除适用《税收征管法》第 45 条第 1 款之本意及解释之可能。立法既已对特定情形下的税收债权作出优先于担保物权的特别安排,应当予以维护。

二审法院认为,本案的争议焦点是税收债权与抵押担保债权谁优先受偿,是两种权利的冲突而不是两部法律的冲突。《企业破产法》第 109

---

[1] 2021 年《民法典》施行后,《物权法》同时废止。

条、第 113 条是别除权行使及破产财产分配的一般性规定,而《税收征收管理法》第 45 条是确定税收债权与有财产担保债权优先性的特别规定,故两者之间不存在冲突。担保物权是别除权的基础权利,别除权人行使优先受偿权时,应当遵循原《物权法》的有关规定。而《税收征管法》第 45 条是原《物权法》第 170 条所称之特殊规定,故发生在抵押之前的税款优先于有抵押担保的债权受偿。在破产程序中适用《税收征管法》第 45 条能有效平衡各方利益,有利于社会公平公正。首先,当符合《税收征管法》第 45 条构成要件时,有抵押担保的债权可分为优先于税收债权的部分和劣后于税收债权的部分,该两个部分的利益保护有所不同。破产程序中,也应当对不同的利益作不同的保护。优先于税收的部分可以直接按《企业破产法》第 109 条行使别除权,劣后于税收债权的部分则要考虑劳动债权和税收债权的可分配情况再作确定,这样更能有效维护劳动者的生存权和国家税收。

综合上述判决意见可以大致得出结论,即在破产背景下,《税收征管法》《企业破产法》对于税收债权与有抵押担保债权清偿顺序的规定并不一致,由此形成的截然不同的两种观点。持税收债权优先的学者依据《税收征管法》第 45 条规定,[1] 认为《企业破产法》与《税收征收管理法》在处理企业破产事务中是普通法与特别法的关系,在冲突的情况下,应优先适用《税收征收管理法》的规定。[2] 一个初步的结论是,《企业破产法》第 109 条、第 113 条与《税收征管法》第 45 条对税收债权与有担保债权清偿顺序的规定不一致时,应优先适用《企业破产法》相关规定。[3] 具体而言,担保债权应当优先于税收债权的结论可以从以下三方面的分析出发:

第一,从法律适用的逻辑来看,《企业破产法》应当优先于《税收征管

---

[1] 有学者根据《税收征管法》第 45 条,认为税收债权与有抵押担保的债权并存时,应比较税收债权发生时间和抵押权设立时间,税收债权先于抵押权发生的,税收债权优先受偿;抵押权先于税收债权设立的,有抵押担保的债权优先受偿。

[2] 韩静涛:《企业破产中的税收问题探讨》,载《中国经济问题》2008 年第 3 期。

[3] 熊伟:《作为特殊破产债权的欠税请求权》,载《法学评论》2007 年第 5 期。

法》适用。《税收征管法》与《企业破产法》均由全国人大常委会制定,两部法律的位阶相同。《立法法》第92条规定,同一机关制定的法律,特别规定与一般规定不一致的,适用特别规定。一般规定是为调整某类社会关系而制定的法律规范,特别规定是相对于一般规定而言调整范围较窄的法律规范,应分析《税收征管法》《企业破产法》相应条款的调整范围。《税收征管法》第2条规定"凡依法由税务机关征收的各种税收的征收管理,均适用本法",表明《税收征管法》调整的是全体纳税人的税款征缴事项。因此,《税收征管法》第45条规定调整任何状态下企业的税收债权与有担保债权的清偿顺序问题,涵盖企业破产情形和企业正常经营情形,而进入破产程序后,企业将处于非正常状态。税收优先权先于抵押权、质权、留置权优先受偿仅为债务人处于正常状态下的一般优先权,而不适用于非正常状态下的破产程序。[1] 为公平清理债权债务,破产企业及破产债权人等相关主体的权利均将受限,同时对各种不同性质的破产债权制定清偿规则,因此《企业破产法》第109条、第113条规定调整范围仅限于破产情形下企业的税收债权与有担保债权的清偿顺序问题。两者相比较,《税收征管法》第45条规定的调整范围要宽于《企业破产法》第109条、第113条规定的调整范围,后相对具有特别规定的属性,应优先适用。

第二,从破产法清偿体系中内涵的法政策来看,《企业破产法》应当优先于《税收征管法》。在破产背景下适用《税收征管法》第45条规定,将使得破产债权的清偿体系发生混乱,因为依据《企业破产法》第109条、第113条规定,破产财产设定抵押的,该抵押物应优先清偿担保债权,其他破产财产先清偿破产费用、共益债务,再按照职工债权、税收债权、普通债权的顺序进行清偿,各种不同性质的债权在破产程序中具有特定的清偿顺序,内有严谨的法理依据。《税收征管法》第45条规定,税收债权发生在抵押权设立之前的,税收债权就该抵押物优先于担保债权

---

[1] 刘子平:《破产别除权的认定标准及其行使》,载《法律适用》2007年第11期。

清偿。在破产背景下适用《税收征管法》第45条规定,如果税收债权金额大于抵押物变现金额,以抵押物变现金额为限的税收债权优先于破产费用、共益债务和职工债权清偿,超出部分则将劣后于破产费用、共益债务和职工债权清偿,税收债权在破产程序中的清偿顺序出现混乱。同时,在税收债权金额大于或者等于抵押物变现金额的情形下,抵押权将被消灭,有抵押担保的债权直接变为普通债权;在税收债权金额小于抵押物变现金额的情形下,抵押物变现款项清偿税收债权剩余部分仍应优先清偿有抵押担保的债权,客观上将减少可用于清偿破产费用、共益债务、职工债权的破产财产。税收债权的有无在很大程度上决定了有抵押担保债权能否优先清偿,同时对破产费用、共益债务、职工债权的清偿均将产生重大影响。另外,破产财产是否设立抵押权,在抵押物范围内将决定税收债权的清偿顺序,抵押权的设立最大受益人将是税务机关而非抵押权人。上述情形显然缺乏合理性,《税收征管法》第45条规定与破产程序中破产债权的清偿体系不相容,二者之间存在根本性的逻辑冲突。

第三,税收债权的优先性在破产程序中应适当受限。税收债权享有优先性主要原因有二,其一是税收具有公益性,公益性权利优先于私利性权利;其二是税收具有风险性,税收是一种缺乏对待给付的债权,税收机关与纳税人之间信息不对称,税收的征管存在风险。关于税收债权的公益性,一般情形下公益性权利应当优先保护,但公益性权利并非绝对优先于私利性权利,《企业破产法》第113条规定税收债权劣后于职工债权受偿,便是公益性权利的优先性在破产程序中受限的具体体现。就其本质而言,公益性体现为国家通过税收为社会提供各类公共物品,税收来自于个体并最终为个体服务,其本质是一种最基本的全社会的共益债权。[1] 因此,公益性是税收优先权成立的基础,但是这种出于公益性目

---

[1] 熊伟、王宗涛:《中国税收优先权制度的存废之辩》,载《法学评论》2013年第2期。

的的优先权,并不能给予过分的强调,其仅仅只是具备一般优先权。[1]况且在破产法中,担保权人可依别除权优先于劳动债权等优先受偿,若税收权优先于担保物权,自然也优先于劳动债权,那么这显然既不符合保护弱者的理念,[2]且与国际立法趋势相违背,[3]而只能成为一种"武断的选择"。[4] 所以,一旦法院受理了公司的破产申请,此时公司已经被司法机关认定为资不抵债或者已经缺乏清偿能力,[5]税收优先的正当性就不再充足,正如二审法院的判决书所言,如果在此情形下再坚持认为税收债权公益性优先于担保债权的优先清偿性,是不具备说服力的。[6] 所以,亦有观点认为,税收债权始终是一种破产债权,那么久应当依照破产法规所既定的清偿顺位,无论与税收债权相冲突的担保权是否成立于其后,担保权都应当享有更为优先的顺位。[7]

三、劳动债权对担保债权的特殊限制

劳动债权与担保债权之间的顺位在我国《企业破产法》的立法之初经历过一次影响范围极广的讨论,[8]学者将其称为破产法起草过程中最

---

[1] 张守文:《论税收的一般优先权》,载《中外法学》1997 年第 5 期。
[2] 王雄飞、李杰:《破产程序中税收优先权与担保物权的冲突和解决》,载《法律适用》2018 年第 9 期。
[3] 王欣新主编:《破产法学》,中国人民大学出版社 2008 年版,第 161—162 页。
[4] 从立法趋势上看,一百多年前各国在制定破产法时,虽大多规定税收债权具有优先受偿地位,但这一情形随着时间的发展已有重大变化,目前各国多将其规定为普通债权。正因为上述原因,我国学者呼吁,应参考、顺应各国立法的发展趋势,及时废止《税收征管法》第 45 条第 1 款。许德风:《论破产债权的顺序》,载《当代法学》2013 年第 2 期。
[5] 《企业破产法》第 2 条规定了破产案件的受理条件之一就是企业财务状况已经处于危机的边缘。
[6] 浙江省绍兴市中级人民法院(2017)浙 06 民终 1119 号民事判决书。
[7] 徐阳光:《破产法视野中的担保物权问题》,载《中国人民大学学报》2017 年第 2 期。
[8] 劳动债权,又称职工债权,指破产程序中破产企业拖欠职工的工资和医疗、伤残补助、抚恤费用,所欠的应当划入职工个人账户的基本养老保险、基本医疗保险费用,以及法律、行政法规规定应当支付给职工的补偿金。参见汤维建主编:《企业破产法新旧专题比较与案例应用》,中国法制出版社 2006 年版,第 436 页。

受争议问题。[1] 这场辩论几乎直接导致了破产法比原计划推迟了2年才颁行。之所以产生劳动债权与担保债权的顺位争议,实际上是因为这与我国得国情密切相关。在20世纪末期,我国大型的国有企业都几乎都经历了一次重大改革,这次改革直接引发了下岗热潮,这使得国家不得不考虑下岗职工的安置问题。当时的国有企业破产还是采用的"政策性破产"的方式,在1994—1997年,国务院相继颁布了两项通知,其中一项通知就是专注于解决破产企业职工的就业问题,可见当时国家对劳动债权人的重视是非同一般的。根据文件的精神,劳动债权可以优先于担保债权受偿,在政策性破产的国有企业中,担保财产变价后应当先用于清偿劳动债权,全额清偿之后才得以分配给担保债权人。在这一特定的历史时期,对劳动者的关怀体现了国家政策制定者的智慧与人文关怀,这是值得高度肯定的,但这一文件的出台也不可避免地也给同一时期参与国有企业破产分配的担保债权人造成了他们未曾预见的损失。

此后,在《企业破产法》起草之时,两者的优先顺位问题又再一次地成为了学术讨论的中心议题。一方面,支持劳动债权优先的学者认为,出于保护弱者的理念,必须从立法上直接规定劳动债权优先于担保债权,从而使得弱者的债权处于一种"超级优先"的顺位,如此才能彻底解决这一争议问题。[2] 而另一方面,支持担保债权优先的学者则认为,[3] 保护劳动债权人不应当仅仅依靠对担保债权的压缩来实现,这远不足以系统地解决职工安置问题,所以劳动债权优先的做法并不公平。实际上,正确地看待劳动者保护应当结合历史的角度和社会的角度两个方面,从社会整体来看,劳动者保护的问题并不只是一个破产法上需要解决的问题,它更需要结合完善的社会保障体系和当地政府劳动者再就业

---

[1] 王利明:《新一轮的破产立法关于劳动债权与担保物权的关系》,载《法学家》2005年第2期。

[2] 申卫星:《论优先权同其他担保物权之区别与竞合》,载《法制和社会发展》2001年第3期。

[3] 王欣新:《破产立法中永远的痛——谈债权人保护与对破产企业职工保护的关系》,载《证券时报》2004年11月8日。

工程的支持。从历史的角度看,劳动债权的特殊优先性已经不再是政策性破产需要解决的当务之急,尤其是在经历了大批国有企业职工下岗的特殊时期之后,应当认识到经济转轨时期的特殊安排只是当时的权宜之计,因而难以成为长久之计。更何况劳动债权的优先只能在极短的一段时间内安抚社会矛盾,若从长远来看,打击担保债权人的交易信心将对市场经济的整体运行产生消极影响,并且反过来又再一次损害了劳动者这一群体的利益。[1]

经历漫长的辩论,最终通过的《企业破产法》在第132条采用了"新老划断"的方式巧妙地解决了这一问题,不仅妥善解决了职工利益的保护,还从长远考虑了担保对经济运行的基础性的支柱作用,切实保障了交易上的信赖利益。根据《企业破产法》第132条规定,只有在《企业破产法》生效之前发生的劳动债权,才能优先于担保债权,在此之后都依照第109条的规定,使得担保债权优先于劳动债权受偿。

第三节 物权公示在破产法上的承认及其优先效力

一、未公示担保物权的优先受偿效力

在破产顺位中一个极为重要的问题是,未经公示的担保物权是否具有优先于普通债权人的效力,但这一问题在破产法中并无相关规定,所以如果依照民法的原理,只要符合担保债权的构成要件并且被破产管理人所认可,那么该债权人就应当享有优先受偿的权利。针对这一问题,应当将公示生效和公示对抗的两类担保物权区别讨论:

首先,对于公示生效的担保权,规则较为简单。依据我国《民法典》关于物权公示生效的规定,不动产抵押和质权的物权变动非经登记则不

---

[1] 王利明:《新一轮的破产立法关于劳动债权与担保物权的关系》,载《法学家》2005年第2期。

生效,那么不生效就直接不得在破产法中享有优先受偿的权力,这是破产法尊重实体规范的直接体现。

其次,对于公示对抗的担保权,其优先效力问题则相对复杂。在实体法上,一般动产抵押的规则中,未经登记的一般动产抵押权可以获得对抗非善意的第三人的效力,也就是说,它仅具有对抗效力而并未生效。既然如此,所需要解决的疑问就是,在破产程序中的普通债权人能否被纳入上述可对抗的第三人范围之中。赞成观点认为,即使是未经公示的动产抵押仍然具有物权的特质,因而未经登记的权利人的受偿顺位仍然应该优先于普通债权人。事实上,不少日本学者持上述观点,[1]我国台湾地区学者的观点亦同,由于物权的排他效力,未登记的动产抵押应当优先于一般债权人。[2] 另一种观点,认为依照我国原《担保法》和原《物权法》的立法精神,动产抵押既然没有登记就不能对抗善意第三人,而此处的善意第三人又应当与善意取得制度中的善意第三人范围不同,后者专指"交易的善意第三人",而动产抵押中的善意第三人应当包含任何与破产债务人的财产相关的任何第三人。[3] 另外,有律师从提升破产程序的总体效率和破产管理人工作顺利进行的角度出发,认为若对未登记的一般抵押权的认可,将会影响管理人日常工作的效率,尤其将阻碍破产财团变价的进程,[4]所以应该在《企业破产法》中明确排除未登记抵押权的优先效力。

实际上,上述理念也与《民法典》的规则相一致,依据《民法典》的规定,未登记的抵押权依照债权比例清偿,即明确否认了未公示抵押权的

---

[1] 李文涛、龙翼飞:《"不登记不得对抗第三人"规则中"第三人"范围的界定——以对传统民法形式逻辑的检讨为思路》,载《法学杂志》2012年第8期。

[2] 王泽鉴:《动产担保交易法上登记之对抗力、公信力和善意取得》,载《民法学说与判例研究》(第1册),中国政法大学出版社1998年版,第242—244页。

[3] "任何第三人"在破产法中,既包括一般破产债权人,也包括对动产抵押的特定财产享有质权、留置权和取得了所有权的债权人,还包括对该特定财产已经取得用益物权的第三人。李永军:《破产法——理论与规范研究》,中国政法大学出版社2013年版,第310—311页。

[4] 任一民:《既存债务追加物保的破产撤销问题》,载《法学》2015年第10期。

顺位效力，[1] 而顺位效力是物权优先效力的核心内容，顺位在先的担保权优先于顺位在后的担保权。基于上述分析，从部门法之间的一致性和保护利益相关者的期待利益考虑，也应当明确未登记或完成交付的担保权利人在破产法中只能被当作无担保债权人，同其他普通债权人处于同一顺位。[2] 有学者呼吁将来立法应当明确将破产债权人包含在未登记的动产抵押权不得对抗的第三人之列。[3] 具体来说有两点理由：

首先，不保护未公示的担保权是为了贯彻私法中风险自担的原则。既然相关权利人没有及时履行公示义务以完整地设立物权，那么他也理应承担不及时履行所带来的消极后果。其次，不保护未公示的担保权是为了尊重善意第三人的合理预期和信赖利益，正如《民法典》中对善意第三人的保护理念一样，《企业破产法》在这一问题上的立场应当与其保持一致，为了避免交易第三方付出过高的核查成本，维护基本的交易安全，未经公示的担保权自然就不应当享有对世的效力。从物权法律体系上考察，第三人的保护直接关联着维护交易安全的基本目标，正因为物权的效能就是可以直接排斥第三人对物的处分，因此所有物权的变动都将对第三人产生影响，所以第三人的问题物权法上的一个常规化的问题，保护第三人的利益也是物权法的基本规则。[4] 因此，无论是从抵押权的生效要件来看，还是从信赖利益的保护来看，未完成登记的担保债权均不享有优先效力，而只能被定性为普通债权在破产程序中受偿。

二、预告登记的破产保护效力

学理普遍认为预告登记有权利保全、顺位保证、破产保护等

---

[1] 曹士兵：《我国担保制度与担保方法》，法律出版社2017年版，第264页。

[2] 应该明确普通债权人就是善意的第三人。参见王泽鉴：《民法学说与判例研究（第8册）》，中国政法大学出版社2005年版，第271页。

[3] 学者认为如此修改，既能部分弥补物权法的不足，又能防止社会正义受损，因此意义重大。参见曹士兵：《我国担保制度与担保方法》，法律出版社2017年版，第276页。

[4] 孙宪忠：《中国物权法总论》，法律出版社2014年版，第190页。

效力,[1]具体就本论题而言,在抵押权预告登记所产生的数个法律效力之中,在破产上具有意义的是其优先受偿效力,[2]但是无不疑问的是,这种理论上的优先性却又在破产法和其他实体法中难觅踪迹,这种学理与立法的矛盾给司法审判业务带来了难题,有的法院直接否认了预告登记的破产保护效力。[3]事实上,否认预告登记债权之优先性判决也有其合理性,毕竟仅从实在法上看,预告登记的债权并不具有与物权一样的有限性,但若从另一方面分析,预告登记所保障的债权实现的功能在破产法中就未能延续下去,这种学理与立法的矛盾使得为房屋办理了预告登记手续的债权人所有拥有的、相对于其他无担保的普通债权人的优势被瓦解了,这不仅造成了一定的不确定性,而且导致了各地法院判决出现了不一致的现象,为了阐明这一问题,首先需要分析预告登记在非破产法中的相关规则。

就预告登记的性质而言,在民法中存在两种观点。第一种观点认为预告登记也属于担保制度的组成部分,只是在预告登记义务人在完成本登记之前,预告登记权利人只对义务人不享有物权而是享有债法上的请求权。[4]第二种观点认为,作为预告登记标的请求权也具有物权效力,

---

[1] 王利明:《物权法研究(上卷)》,中国人民大学出版社2013年版,第359—361页。孙宪忠:《中国物权法总论》,法律出版社2015年版,第383—385。王轶:《物权变动论》,中国人民大学出版社2001年版,第169—172页。

[2] 除此之外,预告登记于第三人还可能产生由错误登记而引致的损害赔偿请求权、排除妨害请求权等法律效果。"预告登记权利人针对其他第三人,则应享有:第一类为原物返还请求权;第二类为排除妨害请求权、防止妨害请求权;第三类为损害赔偿请求权。"金可可:《预告登记之性质——从德国法的有关规定说起》,载《比较法研究》2007年第7期。

[3] 预售商品房抵押贷款中,虽然原告与借款人对预售商品房做了抵押预告登记,但该预告登记并未使原告获得现实的抵押权,而是待房屋建成交付贷款人后原告就该房屋设立抵押权的一种预先的排他性保全,如果房屋建成后的产权未登记至借款人名下,则抵押权设立登记无法完成,原告不能对该预售商品房行使抵押权,故本案原告诉请的对所涉抵押物享有优先受偿权的诉请,不予支持。参见李顺军等诉德阳市旌阳区农村信用合作联社等公司金融借款合同纠纷案,四川省德阳市中级人民法院(2017)川06民终1120号民事判决书。

[4] [德]曼弗雷德·沃尔夫:《物权法》,吴越、李大雪译,法律出版社2002年版,第232、242页。

对违背预告登记内容的中间处分行为具有排他效力。[1] 实际上,预告登记虽然具备物权属性中的排他效力,但是预告登记所具有的物权属性是不完满的,之所以在学理上认定预告登记具有一定的"物权效力"是因为预告登记能够保障权利人在其后能实现其债权请求权,[2] 而得以最终顺利成为物权人。所以,预告登记之制度目的在于阻却在预告登记之日起至完成本登记之期间所发生的以特定不动产为客体的处分行为,[3] 而并非对预告登记之上的抵押权予以实质确认,所以至多是对第三人发生对抗效力。[4] 相对于对登记机构而言,亦表现为"禁止登记"的效力。[5]

具体而言,预告登记的非物权性体现为两点:第一,预告登记不仅缺乏物权权能中所应有的可支配性,[6] 该支配性意味为对标的物的直接占有,或者对标的物构成间接占有并且拥有处分权。第二,预告登记直接作用并予以保障的客体是预告登记权利人得以受领债务人的清偿,而并不直接对权利标的物予以处分。所以,从债权及物权之性质出发,预告登记显然具有非物权性的特征。由于预告登记具有上述非物权的特

---

〔1〕 施蒂尔纳认为预告登记属于物权法范畴,因为其效力具有物权性质。它是一项以保全物权变动请求权为目的的登记制度,本身效力上具有物权性质。参见[德]鲍尔、施蒂尔纳:《德国物权法》,张双根译,法律出版社2004年版,第419页。

〔2〕 常鹏翱:《预购商品房抵押预告登记的法律效力》,载《法律科学》2016年第6期。

〔3〕 依据原《最高人民法院关于适用〈中华人民共和国物权法〉若干问题的解释(一)》预告登记效力的解释:"未经预告登记的权利人同意,转移不动产所有权,或者设定建设用地使用权、地役权、抵押权等其他物权的,应当依照物权法第二十条第一款的规定,认定其不发生物权效力。"此外,该处分行为还包括法院的强制执行行为。我国最高人民法院法官认为,基于预告登记的制度目的与法律效力,对于原《物权法》第20条第1款所称的"处分",宜作目的解释,将其解释为不仅系指私法上的处分,亦应包括强制执行中的拍卖、变卖、折价等将导致物权变动的处分为宜。司伟:《预告登记排除金钱债权执行中的几个问题——以房屋所有权预告登记为例》,载《法律适用》2017年第21期。

〔4〕 胡康生:《中华人民共和国物权法释义》,法律出版社2007年版,第61页。

〔5〕 我国的预告登记有禁止登记的效力,即未经预告登记权利人同意,登记机构不得办理处分该不动产物权的登记,否则该登记绝对无效。参见程啸:《不动产登记法研究》,法律出版社2011年版,第547页。

〔6〕 如卡纳里斯所指出的,物权性为支配性与绝对性的结合。如果仅有其中之一,则尚未能构成对物权。Von Claus-Wilhelm Canaris, Die Verdinglichung Obligatorischer Rechte, Festschrift für Werner Flume zum 70. Geburtstag, B. I, Verlag Dr. Otto Schmidt KG, Köln, 1978, S. 381.

征,它并不能产生对登记标的物的直接支配效力,而只能在预告登记的义务人不履行物权转移登记义务时,得以起诉其义务人的不作为,由此以法院判决的结果替代义务人的登记行为,最终得到登记标的物上设立的物权。[1] 此外,值得注意的是,上述对于预告登记的对抗破产之效力的讨论并不及于期房买卖中的抵押权预告登记,而且我国学界也通常认为对于期房上存在的权利进行登记这一做法本身就是有违法理的。[2] 再者,因为期房并不具有市场流通性,权利人无法通过实在法上所认可的交易方式实现其债权,所以从本质上而论,破产法上的担保债权人亦不得就期房实现优先受偿。[3]

三、让与担保的优先受偿效力

让与担保通常是一种特殊的非典型担保制度,设定人将所有权转移给担保权人但是还继续由其占有并且使用担保财产,让与担保由此发挥了信贷补充的作用。但是由于让与担保中所有权转移状态难以被外界知晓,其对交易安全的也存在着潜在的威胁。当让与担保设定人破产时,其相应的权利人的清偿通过何种方式进行就成为了破产法中与公示制度相互关联的一个理论难题。其中,在学界引发的理论争议大多是对让与担保权人的权利性质存在不同的认识,有学者认为根据让与担保的非典型担保的本质,认为权利人仍然享有与担保物权一致的别除权,[4] 而另一种观点则倾向于将担保权制度在破产中更应当适用取回权制

---

[1] 庄加园:《预告登记的破产保护效力》,载《南京大学学报》2014 年第 6 期。
[2] 从预告登记的法律效果上来看,预告登记是特定物之所专属,因为预告登记是限制处分权,而限制处分权的对象必须是特定物,但是期房买卖时,特定物尚未形成,所以对于期房买卖采取预告登记的保护方式是背离现有法理的。参见张双根:《商品房预售中预告登记制度之质疑》,载《清华法学》2014 年第 2 期。
[3] 常鹏翱:《预购商品房抵押预告登记的法律效力》,载《法律科学》2016 年第 6 期。
[4] 李永军:《破产法律制度》,中国法制出版社 2000 年版,第 242 页。相同观点参见王延川:《破产法理论与实务》,中国政法大学出版社 2009 年版,第 236 页;王艳华:《破产法学》,郑州大学出版社 2009 年版,第 171 页。

度。[1] 在具体分析上述争议时首先应当明确,将担保的财产之上的权利定义为取回权抑或别除权的区分意义在于,若让与担保权被认定为取回权时,担保财产不属于债务人财产,让与担保权人得以在破产程序开始后自行实现债权而无需交由破产管理人统一处分担保财产。对于持取回权模式的学者,他们的理由是因为在担保设立之初让与担保人已经获得了担保财产的所有权,那么理所应当地可以向破产管理人要求取回该标的物。[2] 对于持别除权模式的学者,他们认为让与担保的担保权人只是形式意义上的所有权人,并非真正意义上的所有权人,所以不能行使取回权,但可以行使别除权。[3] 上述赋予其别除权而非取回权的原因在于利益平衡的考量,[4] 因为让与担保设定人的目的在于担保其债务清偿而非转让标的物的所有权,所以在设定人破产时,让与担保权人只能享有别除权,而且无论是在归属型清算还是处分型清算,让与担保权人都负有清算义务,必须经过变卖标的物或者协议估价的程序,担保权人才能就其价金受偿。[5]

此外在比较法上,《德国不能支付法》中将让与担保权人的权利等同于质权人[6],而并不能请求取回担保物,只能向管理人提出拍卖财产以优先受偿。从让与担保的实质功能看,让与担保权人所享有的所有权实际上只是等同于得到了债务人的履约保证,所以从这个角度分析,它的

---

[1] 王欣新:《破产法理论与实务疑难问题研究》,中国法制出版社 2011 年版,第 223 页。另参见邹海林、常敏:《债权担保的方式和应用》,法律出版社 1998 年版,第 409 页。
[2] 在此问题上,采所有权构成理论的我国台湾地区"破产法"则规定,当设定人破产时,倘标的物在其占有中,担保权人自得行使取回权。唯破产管理人得清偿担保债权,以取回标的物,则属当然。参见谢在全:《民法物权法论》(下册),中国政法大学出版社 2011 年版,第 1119 页。同样的观点参见史尚宽:《物权法论》,中国政法大学出版社 1998 年版,第 426 页。
[3] 陈荣宗:《破产法》,台北,三民书局 1986 年版,第 223 页。
[4] 丁文联:《破产程序中的政策目标与利益平衡》,法律出版社 2008 年版,第 109—110 页。
[5] 韩长印主编:《破产法学》,中国政法大学出版社 2016 年版,第 142—143 页。
[6] 《德国不能支付法》第 51 条。

确与质权发挥的功能具有相似性。[1] 日本破产法学者石川明也明确指出,担保权人自破产程序中对担保物没有取回权,而有别除权。[2] 所以根据让与担保的非典型物权的特质,让与担保权人的行权方式也应当是同其他典型的担保债权保持一致。[3]

第四节 本章小结

　　破产清算中的担保权与别除权具有历史和文义上的联系,但别除权的概念与破产清算担保权的概念是相互交叠的,彼此并非相互包含的关系,因此本章的一个重要结论就是,享有别除权的担保权必须既符合物权设立的要件又需要经过破产管理人的认可,并通过管理人的行为完成清偿。即使符合以上要求,担保权也只是别除权的权利基础之一因为别除权的基础权利还包括特别优先权。在对担保财产进行价值分配时,尤其应当注意提升担保债权人的表决权限。此外,本章还明确了担保债权不仅优先于具有公益性的税收债权,还优先于蕴涵弱者保护理念的劳动债权,而且这担保债权享有的优先顺位有着深刻的经济原因。值得注意的是,应当一般性地否认未经公示的担保权的优先效力。

---

〔1〕 [德]莱茵哈德·波克:《德国破产法导论》,王艳柯译,北京大学出版社2014年版,第137页。
〔2〕 [日]石川明:《日本破产法》,何勤华、周桂秋译,中国法制出版社2000年版,第74页。
〔3〕 冉克平:《破产程序中让与担保权人的权利实现路径》,载《东方法学》2018年第2期。

第四章　作为动态博弈主体的担保权:权利配置与利益调整

作为权威分配及动态博弈的依据,公司治理理论不仅为透析破产重整制度提供了理论工具,还为重整中的公司绘制了一幅清理、拯救直至重生的希望图景。在债权人保护的议题当中,破产法以公司治理机制为桥梁,既在"委托—代理"模型之下横向地完成了与公司法理念的流通互动,[1]又因其社会化属性及资源配置功能纵向地构建了一整套独立的范畴体系。正因为破产重整的启动条件和现实背景是企业仍有重建希望,所以公司治理在破产法的语境中既是实现手段也是终极目的,其间更蕴涵了一种与传统公司法同根同源却又不完全契合的解释进路:从理论承袭的意义而言,无论对公司的本质作何种理解,公司治理需要回答的问题始终是如何促成企业所有权与控制权分配的最优解,以确保将剩余控制权配置

---

[1] 公司法有三类突出的"委托—代理"关系,除股东与经理人的关系、大股东与小股东的关系之外,公司与债权人的关系是破产法关注的焦点。参见许德风:《破产法论——解释与功能比较的视角》,北京大学出版社2015年版,第21—23页。

给剩余索取权人。[1] 从范式转化的角度检讨,在资不抵债的状态下,公司担保债权人、重整债务人及债务人股东的利益诉求分化得更为剧烈,作为因应机制的破产法在规制逻辑、治理工具和价值趋向上又应当与公司法截然不同。

即便我们就此认可破产重整的特殊性,破产公司治理之命题也决不止步于理论探讨的层面,由于公司治理内化于重整程序的各个环节,治理成效直接作用于经营决策、财产分配乃至与重整成败休戚与共,而且民法等实体法规定的债务清偿对破产程序中的债务清偿不再具有评价意义,[2]因此界定公司治理的分析模型在破产法内的理论纵深就显得至关重要。时至今日,学界著述鲜见在公司治理底层结构的法理分析中深刻挖掘债权人治理权来源的深刻意义及其与公司原权力结构的联结方式,这直接导致了治理理论对破产公司治理实践的解释力渐趋衰弱。[3]至此笔者不禁发出以下疑问:首先,我们关于公司目的、结构及本质的理论共识是否能在破产法上获得延续,以及在实证法层面上延伸出的问题,《公司法》与《企业破产法》的适用范围应当如何调整?其次,若对第一个问题作否定回答,那么破产重整公司治理的价值导向与常态公司是否应当保持一致?最后,公司债权人是如何取得了权力,以及这种权力的实施形态及配置效率又如何?立基于此,本章拟运用破产规则中的话语体系对公司治理进行多维度重述,通过观察债权人从契约到治理的演化过程,归纳梳理破产公司治理的基本范畴并探求其优化路径,以期为重整实践之困局作出可能的解答。

---

[1] See Oliver Hart, *Firms, Contracts, and Financial Structure*, Clarendon Press, Oxford, p.30. 根据哈特的定义,剩余控制权是一种在事先的合同、习惯及法律之下处置财产的权利。事实上,拥有剩余控制权这一事实即被认为是所有权。

[2] 邹海林:《透视重整程序中的债转股》,载《法律适用》2018年第19期。

[3] *ST新亿(SH,600145)破产重整案是典型案例。个别股东对破产重整工作提出了质疑,质疑的理由之一即认为重整计划没有公平对待债权人和股东,股东利益没有得到充分保护。于莹:《正确看待上市公司破产重整,依法维护中小股东权益》,载《中国证券报》2016年6月6日。

第一节　破产公司治理的变更理由及其基本形态

自伯利与米恩斯观察到公司所有权与经营权分离之现象以后，[1]有关公司控制权分配及实施的争论就与代理问题纠缠不休，[2]解决董事与股东之间的代理成本问题随即成为经济学与公司法学共同关注的重点。在契约理论者看来，公司法作为填补合同当事人合意空缺的强制性契约，其构建的经理层对董事会负责、董事会对股东负责的连锁代理关系构成了公司治理的内部关系。在此背景下，对公司债权人的讨论均置于利益相关者（stakeholder）的定义下，[3]债权人与雇员、消费者及社会成员等与公司运营密切关联的主体一同构成公司治理的外部关系，[4]其所指向的主题也通常仅限于环境保护、劳动条件和救灾助困等关涉伦理道德的公司社会责任领域。[5] 传统公司法强调财产独立，其功能在于以公司为实体屏蔽（entity shielding）而将公司财产与实体所有者之债权人隔离开来，[6]债权人作为公司的交易相对方始终游离于公司控制权主体的范围之外，但是公司治理对公司经营存续状况的依赖性决定了破产公司

---

〔1〕 在法学领域谈及两权分离时，控制权与经营权往往被视为同义，因此在后文论述中不再作此区分。周游：《公司法上的两权分离之反思》，载《中国法学》2017 年第 4 期。

〔2〕 [美]迈克尔·詹森、威廉姆·麦克林：《企业理论：经理行为、代理成本和所有权结构》，载[美]路易斯·普特曼、兰德尔·克罗茨纳编：《企业的经济性质》，孙经纬译，上海财经大学出版社 2000 年版，第 409 页。

〔3〕 在证监会于 2018 年 9 月 30 日最新修订的《上市公司治理准则》中，亦将债权人保护的相关条文置于"利益相关者、环境保护与社会责任"一章，亦可见在传统公司法理念中债权人从来都不被认为是公司治理的主体。

〔4〕 朱慈蕴：《公司的社会责任：游走于法律责任与道德准则之间》，载《中外法学》2008 年第 1 期。

〔5〕 债权人本身是在利益相关者的范围之内，是社区的"选民"之一，对债权人利益的关照体现的是道德性的社会责任。See Jonathan C. Lipson, "Directors' Duties to Creditors: Power Imbalance and the Financially Distressed Corporation", 50 *UCLA L. Rev.* 1189, 1226 (2003).

〔6〕 See Reinier Kraakman, John Armour, Henry B. Hansmann, *The Anatomy of Corporate Law: A Comparative and Functional Approach*, 2nd ed., Oxford University Press, 2009, p. 6.

治理的基本形态必然与常态公司治理有所不同,对两者论域作比较分析或将对后续理论展开有所助益。

一、常态公司治理与破产公司治理的论域及其同源性

现代公司理论的一个基本前提是公司股东是唯一的剩余索取者(residual claimant),[1]公司高管是股东利益的代理人。因为企业不确定性带来的边际风险都由剩余索取人一体承受,所以要将公司高管所负担的信义义务的保护对象配置给股东[2],公司治理中克服逆向选择与道德风险之议题的根本出发点即是为了应对股东与高管分别享有所有权与控制权的现实状况。显然,这种两权分离的状况在破产重整中并未改变,反而因为破产管理人的介入、债权人的联合和破产法庭的审查而显现出主体多元化的趋势,与此相应的多元化的利益诉求也使得治理问题变得更为棘手。不过,由于公司财产最大化目标并未改变,与常态公司经济利益最大化的追求相一致,破产规则的目标是破产财团的增值,[3]重整中重大事项的决策也以此为依据,[4]因而常态公司与破产公司治理的论域必然存在一定的共通性,体现为以下三个面向:

其一,都存在信息不对称的现实约束条件。根据格罗斯曼和哈特的结论,权力(authority)源于对财产的所有权,它赋予所有权人以财产处置的决定权,[5]但由于公司高管在经营决策中天然地具有信息优势并且能

---

[1] 科斯和威廉姆·麦克林都持该观点。
[2] [美]弗兰克·伊斯特布鲁克、丹尼尔·费希尔:《公司法的经济学结构》,张建伟、罗培新译,北京大学出版社 2005 年版,第 101—104 页。
[3] See Alan Schwartz, "A Contract Theory Approach to Business Bankruptcy", 107 *Yale L. J.* 1807, p. 1838.
[4] 我国学者认为债务人财产保值增值原则是统领破产法规定、机制、制度,以及立法和司法实践的最重要的基本原则。参见齐明:《论破产法中债务人财产保值增值原则》,载《清华法学》2018 年第 3 期。
[5] See Sanford J. Grossman and Oliver D. Hart, "The Costs and Benefits of Ownership: A Theory of Vertical and Lateral Integration", J. P. E. 94 (August 1986): 691 - 719. Oliver D. Hart, John Moore, "Property Rights and the Nature of the Firm", J. P. E. 98 (December 1990): 1119 - 58.

够对企业实施一种当前的、具体的控制,[1]使得名义的控制权(formal authority)与实际的控制权(real authority)被割裂开来。Aghion 和 Tirole 认为公司高管所享有的实际控制权由信息分布状况决定,分析名义控制权与实际控制权的关键正是信息的不对称性。[2] 与此类似,破产管理人及管理人继续聘用的债务人管理层也享有这种实在的、具体的权力。另外,破产法原本就旨在解决债权人信息不充足的问题,节省他们为收回贷款而收集信息的高额成本,为此强制债务人为债权人低成本地获取准确信息提供便利条件。[3] 然而我国现行《企业破产法》中的信息披露制度并不完善,[4]除了第 69 条简要列举的管理人报告义务之外,信息披露程度、方式及法律责任皆无章可循,[5]债权人了解企业运营情况及重整计划的方式和时间极为有限,[6]严重损害债权人的知情权从而加重了重整主体之间信息的不对称性。[7]

其二,都通过行使表决权凝结权力主体的合意。公司法的基本设定是崇尚契约自由,尊重当事人对公司组织方式的合意,只在当事人交易成本过高而难以促成合意之时才以"压倒一切的权威"强制当事人形成

---

〔1〕 梁上上:《股东表决权——公司所有与公司控制的连接点》,载《中国法学》2005 年第 3 期。

〔2〕 See Philippe Aghion, Jean Tirole, "Formal and Real Authority in Organizations", *The Journal of Political Economy*, Vol. 105, No. 1 (1997), pp. 1 - 2.

〔3〕 See Elizabeth Warren, Jay Lawrence Westbrook, *The Law of Debtors and Creditors*, Aspen Publishers, 2005, 5th edition, p. 888.

〔4〕 相关内容参见《企业破产法》第 63 条、第 84 条。第 63 条规定,召开债权人会议,需提前 15 日通知已知债权人;第 84 条规定,人民法院应当自收到重整计划草案之日起 30 日内召开债权人会议,对重整计划草案进行表决。

〔5〕 王欣新、丁燕:《论破产法上信息披露制度的构建与完善》,载《政治与法律》2012 年第 2 期。

〔6〕 《企业破产法》规定对于债权人利益有重大影响的财产处分行为应当及时向债权人委员会报告,但对于及时报告是在处分行为前还是处分行为之后以及何谓"及时"没有明确规定,这需要司法解释的进一步明确。参见纪红勇:《浅谈破产重整程序中债权人的知情权》,载《法律适用》2012 年第 11 期。

〔7〕 在江西赛维集团破产案中,多数债权人曾抱怨在重整过程中管理人并没有与债权人进行有效的沟通,而其信息披露不充分,在选定投资人、评估报告、偿债方式等方面都没有与债权人进行协商。参见《谁在主导破产重整?》,载《21 世纪经济报道》2016 年 10 月 31 日。

实质自由。[1] 公司法与破产法都运用多数决规则以统筹分散的公司主体意志,在表决意志形成过程中公司治理得以实现。与常态公司中形成的股东会决议近似,重整计划是利害关系人之间达成的替代破产前权利的一揽子合同,[2] 破产债权人对重整计划草案的表决权因其本质只在权力行使的终端获得意义。

其三,都以配置权力及激励相容的规则为内容。公司治理的内容之庞杂常常令人望而生畏,它不仅关涉产权结构、委托代理等抽象理论课题,还与公司内部管理、控制权竞争、管理层收购、股东收益分配、薪酬激励、政府规制等具体问题相关。[3] 归根结底,上述主题均指向权力所有、权力实施及权力监督,其根本点在于区分股东会、董事会、监事会、破产管理人、破产债权人及法院等诸多诸多主体的权责以确保公司运营及谈判结果符合预期,所以破产法及公司法都应当重点关注对公司控制者的行为具有激励性和抑制性影响的规则。[4]

二、担保权人参与破产公司治理的必然性

担保债权人参与破产公司治理尤其具有必要性,这种必要性主要体现在两个方面。首先,根据现行破产法的规则,担保债权人具有双重身份。担保债权人作为公司治理的主体时,其身份的特殊性体现在当担保债权的数额超过担保物之时。在债权被超额担保之时,超过担保物价值的一部分被列为普通债权,所以享有超额担保的担保权人在进入破产程序后,既是担保债权人又是普通债权人,在此时他的身份具有双重性。这种双重性所带来的直接后果就是,超额担保的权利人对在普通债权组和担保债权组都中都享有权益,那么在此种情形下,破产程序的分配结果,尤其是对上述两个债权组的利益调整方案都将与担保债权人息息相

---

[1] 许可:《股东会与董事会分权制度研究》,载《中国法学》2017年第2期。
[2] 韩长印:《简论破产重整计划表决的信息披露机制——以美国法为借鉴》,载《人民司法》2015年第1期。
[3] 赵忠龙:《论公司治理的概念与实现》,载《法学家》2013年第3期。
[4] 王卫国:《新破产法草案与公司法人治理》,载《法学家》2005年第2期。

关。由此观之,担保债权人参与破产公司的治理是有其必然性及实际意义的。

其次,担保债权人参与公司治理也具备经济动因,这是担保债权人行使控制权的另一个重要前提条件。在很多情况下,破产企业与担保债权人之间存在着有良好商业关系或是密切的利益与共关系。在破产重整时,一部分担保债权人对重整企业的重生及未来市场的发展寄予了厚望,基于这种考虑,担保债权人常常会主动放弃债权的优先性以换取在债权人会议中的绝对优势谈判地位,也就是说,担保债权人可以通过放弃部分债权的优先性而作为普通债权受偿,凭借此种方法同时控制担保债权组和普通债权组。通过对这种物权优先性主动放弃,原本的担保债权人获得了控制破产重整进程的谈判权,以此影响重整计划的制定及通过甚至是实施环节。

此外,在财务状况健康的公司中,股东被认为是公司的唯一所有人,公司也仅仅是股东之间就股东出资额共同享有的共有权关系。[1] 为了维护这种共有关系的稳定性,公司法以股东会、董事会、监事会的相互作用为内容的基本权力结构,令股东会处于权力中心而未赋予债权人以实证法意义上的公司控制权。[2] 就资本目的而言,股东与债权人在对投资回报的期望上并无差别,既然股东及债权人都对企业投入了资本,他们本应得到近似的待遇。但实际上这种差别待遇源于股权融资与债权融资的差异。[3] 一方面,股东的投资被认为是自有资本并具有永久性,而且公司法也禁止股东抽逃出资,所以股东在任命权及公司重大事项上享有最终决定权;另一方面,债权人的投资被认为是借入资本并且匹配了保

---

〔1〕 张民安:《公司契约理论研究》,载《现代法学》2003 年第 2 期。
〔2〕 邓峰:《中国法上董事会的角色、职能及思想渊源:实证法的考察》,载《中国法学》2013 年第 3 期。
〔3〕 Oliver Hart, "Financial Contracting", *Journal of Economic Literature* (2001), pp. 1079 – 1100. 注意到权益融资与债务融资的不同。"对于股权融资,大部分股票的一个特征是具有投票权,也就是说,股东有权集体选择董事会,而董事会有权制定企业的核心决策";相反地,对于债务融资,债权人就没有权利选举董事会或直接参与企业的决策制定。

障债务偿还的权利实现机制,[1]他们可以通过对企业财产的强制执行、提前终止贷款协议、行使履行抗辩权及申请债务人破产等机制获得保护。

　　进言之,在公司进入破产前,担保债权人与公司的关系主要依靠外部契约调整,他们依赖合同法及侵权法获得事后救济而不并不享有公司法的治理权,其与公司股东之间并不存在权威分配上的矛盾。此外,出于约束公司运营行为的需要,赋予公司高管的信义义务还填补了上述契约条款中的合意空白,它拟制了在合作关系形成且无交易成本之时契约双方会同意的条款。[2] 信义义务令公司高管受到法律诉讼及法律责任的威慑从而督促其谨慎履职,[3]并且促成代理人与被代理人的利益趋于一致。[4] 除市场因素之外,常态公司治理是以契约约束和信义义务为基本手段,然而破产程序的启动让合同法上强制履行承诺以帮助实现私人目标的功能在破产中戛然而止。[5]《企业破产法》第19条、第20条规定所有针对债权人的保全措施、执行程序及诉讼一律因破产程序的开始而解除并中止,自动冻结制度(automatic stay)更令债权人原有的权利保障

---

〔1〕 即便是在公司法的论域,债权人的权利执行机制对公司治理的框架同样具有深刻意义。正如OECD公司治理原则所表达的,公司治理框架应当以有效的债权人权力执行机制和有效率的破产制度框架作为补充。参见经济合作与发展组织:《OECD公司治理原则》2004年中文版,第13页。

〔2〕 See Frank H. Easterbrook & Daniel R. Fischel, "Contract and Fiduciary Duty", 36 *J. L. & ECON.* 425, 425-28(1993), pp.427, 429. 另外,公司法的强制性规则也是其合同属性的体现,即公司参与方在信息充分、交易成本足够低的情况下,必然会接受这些规则。王利明:《论合同法组织经济的功能》,载《中外法学》2017年第1期。

〔3〕 受信义务的功能是作为一般条款,由法律强制插入所有者和管理者之间的合同,通过让管理者面临法律诉讼和法律责任的威慑,督促其恪尽职责。See Olive Hart, "An Economist's Views of Fiduciary Duty", 43 *University of Toronto Law Journal* 303(1993)。

〔4〕 法律透过对代理人课以忠实义务与勤勉义务,使得被代理人得以在法律保证这些义务被遵守,信义义务规则也帮助并且促使代理人与被代理人的利益趋同化。See Rave, D. Theodore, "Politicians as Fiduciaries", *Harvard Law Review*, vol. 126, no. 3, 2013, p.694.

〔5〕 "在法经济学家看来,合同创设了一个私人支配的领域,而合同法通过强制履行承诺来帮助人们实现私人目标。如果把具体的合同比作是一部法律,那么对于这些自愿形成的私人关系,合同法就像一部统辖所有这些具体法律的宪法。"参见[美]罗伯特·伯特等:《法和经济学》,上海三联书店1994年版,第314页。

手段在破产中无可施展。

值得注意的是,正因为重整程序抑制了破产债权人的"自力救济",在债权人与股东都不能全身而退时,他们与债务人的关系被同质化为破产申请前存在的请求权,自有资本与借入资本界限的区分实益也就随之消解了,所以更富意义的视角是以破产清偿顺位及重整主体的协商谈判地位作为分配控制权的决定性因素。从应然的角度上看,此时破产程序对债权人的关照早已超出道德性社会责任的标准,以债务清偿为首要目标的破产程序应当保护并且公平地对待对破产财团享有债权的利益群体。[1]

三、公司治理在破产法中的失范及成因

就规范意义而言,《企业破产法》仅粗略描述了破产重整公司内部及债权人之间的权力关系,建构了以债权人会议为权力中心的治理结构,然而对破产公司治理图景的描绘并不完整,在控制权分配问题上过多的留白导致了公司治理在破产法上的失范。破产公司治理的一个特殊问题是,在公司保持其盈利能力的同时需要完成债务清偿,这往往使得商业决策在公司的长期利益与短期目标之间难以取舍,在破产参与者之间促成共识变得更为艰难。具体而言,公司治理失范归因于以下两点:

其一,公司存续的事实与债务清偿目标之间存在矛盾,导致债务人治理导向性不明。所有的经营决策及财产分配都无可避免地对某一方权益有所偏向,在公司继续存续的情况之下,如果重整公司不仅需要对出资人负责还需要满足债权人的诉求,那么此时管理者应当对谁忠诚?关于管理者责任,《企业破产法》第 36 条规定了破产管理人可以追回公司高管的非正常收入,在《破产法解释二》第 24 条又细化了经理层非正常收入的标准和侵占财产等严重的不称职行为的个人责任及其返还的

---

[1] [美]大卫·G.爱泼斯坦、史蒂夫·H.尼克勒斯、詹姆斯·J.怀特:《美国破产法》,韩长印等译,中国政法大学出版社 2003 年版,第 740—741 页。

后果。[1]尽管该司法解释通过对失职行为范围的认定防止了破产财产的流失,但综观《企业破产法》及司法解释的相关规定,并未对公司经营行为中的经理层或者破产管理人的利益指向问题予以回应。另外,即使就公司治理的问责机制本身而言,仅对非正常收入、侵占行为的列举远远不足以涵盖破产公司治理中由代理问题引发的经理层及管理人的失职行为,其不足主要体现在两点:一是,对经理层及管理人的过失行为无法判断,对破产法上勤勉义务的建构不足;二是,如果某一经营行为或财产处分行为不存在主观上的可归责性,也即不属于故意或过失讨论范畴,那么管理者在作出决策时,应为谁的利益?进言之,若某重整中的经营处分行为仅对股东及债务人有益而对破产企业的债权人无益甚至可能侵害债权人的权益,那么此时公司高管的信义义务应该指向谁?

其二,不完全的公司治理范式转化导致主体职权重叠,道德风险防范不足。第二个原因与前述治理利益的导向性不足是互为补充的,明确忠诚义务的对象只解决了权力生成阶段的理论问题,与破产相关的营业事务终究还是落实在各机关的执行行为中,实施主体的职权范围直接或间接地影响着执行结果,所以公司治理显然需要对职权范围的明确性提出严格要求。客观上,常态公司治理的权力分配体系已然受到破产法的明确限制或出于对监管等因素的考虑而不适合继续运行。例如,《企业破产法》第17条规定债务人需要向破产管理人交付财产,债务人对其财产已经事实上已经失去了管控力,即使是在采用债务人自行管理的模

---

[1]《破产法解释二》第24条规定:"债务人有企业破产法第二条第一款规定的情形时,债务人的董事、监事和高级管理人员利用职权获取的以下收入,人民法院应当认定为企业破产法第三十六条规定的非正常收入:(一)绩效奖金;(二)普遍拖欠职工工资情况下获取的工资性收入;(三)其他非正常收入。

"债务人的董事、监事和高级管理人员拒不向管理人返还上述债务人财产,管理人主张上述人员予以返还的,人民法院应予支持。

"债务人的董事、监事和高级管理人员因返还第一款第(一)项、第(三)项非正常收入形成的债权,可以作为普通破产债权清偿。因返还第一款第(二)项非正常收入形成的债权,依据企业破产法第一百一十三条第三款的规定,按照该企业职工平均工资计算的部分作为拖欠职工工资清偿;高出该企业职工平均工资计算的部分,可以作为普通破产债权清偿。"

式,债务人的经营行为同样受到诸多限制,因此债务人原管理层的自主权必然有所折损,而且与重整之下破产管理人的营业管理职权有所冲突。[1] 又如,根据《上市公司重大资产重组管理办法》第24条,上市公司的重大资产重组需要由董事会表决并且提交股东大会批准,[2] 此时股东会的表决范围与债权人会议也存在重叠,而在西安达尔曼重整中,以股东大会的形式直接代替了出资人组的表决结果,[3] 而在ST创智重整中,股东大会两次否决了定向增发的重组方案。[4] 再如,《企业破产法》规定了债权人会议及债权人委员会对破产管理人的监督、破产管理人对自行管理债务人的监督。这种监督的内容与效率是否与监事会的监督职能类似,几种监督机制的关系又如何?

一个扼要的结论是,破产公司治理理论与传统公司理论一脉相承,它们都致力于解决代理问题及控制权的分配问题,但是传统公司法理论对常态公司治理的理论描述工具只能为破产法上的公司治理提供基本框架及研究进路,由于其适用的前提条件已经变更,所以公司的最终受益者及与其对应的控制权分配模式也随之变革。另外,由于现有制度体系的不完善,在重整主体与原公司机关的权力更替中已经产生了重叠和真空地带,职权范围不明晰的法律对抗道德风险能力是不充足的,解决

---

[1] 最高人民法院于2009年发布的《关于正确审理企业破产案件为维护市场经济秩序提供司法保障若干问题的意见》规定,重整中管理人的职责不仅是管理和处分债务人财产,更要管理债务人的经营业务。

[2] 《上市公司重大资产重组管理办法》第24条,上市公司股东大会就重大资产重组事项作出决议,必须经出席会议的股东所持表决权的2/3以上通过。《上市公司重大资产重组管理办法》适用于破产重整,相关内容脱胎于证监会公告[2008]44号《关于破产重整上市公司重大资产重组股份发行定价的补充规定》,前者明确规定在其生效后,后者废止。

[3] 西安达尔曼重整中,重整计划的出资人组会议对重整计划(草案)之出资人权益调整方案的表决机制,参照《中华人民共和国公司法》第103条第2款关于股东大会表决机制的规定,经出席会议的全体股东所持表决权的2/3以上通过,即为该组通过出资人权益调整方案。

[4] 《最高人民法院〈会议纪要〉立规重整＊ST创智欲"尝鲜"强闯重组关》,载《上海证券报》2013年1月22日。根据有关报道ST创智破产重整经历了一波三折。2012年1月创智拟定了定向增发方案,通过发行股票购买国地置业95%的股权。随后该方案未得到股东大会的支持。半年后,创智公司又出台了改良方案,其中的股权发行方式不变,依然未能得到支持。2012年底,深圳证券交易所发布消息称创智为期一年的上市申请最终被否决。

利益冲突的功能也难以发挥,这必然使得矛盾激化或诱发搭便车(free-ride)的心理。

第二节 状态依存与效率目标共同作用下的债权人优位

在我国公司法的股东优位主义之下,公司被认为是股东财产之延伸,[1]拥有的契约权利的债权人作为公司利益相关者依赖合同违约制度及公司法上的法人人格否认制度保障债权。债务人的财产在破产启动后集合成为破产财团(estate),债权人通过表决重整计划草案而骤然获得了分配公司财产的决定权,在个别的强制执行程序转为集体受偿程序的过程中,上述传统观念中股东优位的结论受到了质疑。下文将以重整公司治理目标与治理工具为对象,梳理破产规则对公司治理的变革方式,试图对破产法中的债权人治理权的来源作出解释。

破产公司治理需要回答的首要问题是公司为谁而治。在控制权与所有权分离的状态下得出的所有关涉公司控制权正当行使的结论都在重整语境下的悄然改变,尤其是"公司治理应该更关注股东利益之保护"的相关论点,[2]亦在此中摇摇欲坠。具体表现在以下三个方面。

1. 控制权转移的状态依存性

公司控制权转移的必然性来源于控制权对资产状况的依存性。在公司资产足以支付债权的时候,债权人依据合同约定获取固定收益,所以在公司结构中并不享有权力,但这种状况并非一成不变。[3] 在经济学

---

[1] 邓峰:《董事会制度的起源、演进与中国的学习》,载《中国社会科学》2011年第1期。
[2] 姚伟、黄卓、郭磊:《公司治理理论前沿综述》,载《经济研究》2003年第5期。
[3] 丁广宇:《论有限责任公司债权人权利的回归——基于相机治理理论的探讨》,载《法商研究》2008年第2期。在财务状况处于常态的公司中,债权人让渡资本索取固定利息,也不承担企业损失,因此也不具有控制权。状态依存所有权理论的主要观点是,公司的控制权的所有者总是处于变化之中,因为企业的经营状况也总是在改变。著名经济学家Blair提出,此时股东的收益已经为零,其不再有做好公司经营决策的动力。

模型中,[1]公司的融资结构始终与公司治理结构相联系,融资结构规定了企业控制权的分配。[2] 根据 Blair 的论述,企业实现相机治理的基础是公司控制权依存于企业的资产状况,企业资不抵债不仅导致了公司破产,而且使得股东收益实际上已经归零,[3]股东不再是唯一的拥有投票权并且可以运用信义义务对公司提起诉讼的主体。公司的资不抵债让债权人代替了股东成为公司价值增长的剩余索取者,同时,债权人也成为了在公司高管违反信义义务而损害公司价值时最主要的利益相关者(principal constituency),[4]所以作为基本原则之例外,法庭赋予了债权人在债务人资不抵债时对其公司高管提起派生诉讼的主体资格。除此之外,破产法亦从其清偿体系上认可了这一推论,在《企业破产法》第77条及第131条之下,股东不得在重整期间请求投资收益分配,破产财产受偿的最后顺位是普通债权人而非公司股东。

2. 股东优位主义的修正

利益相关者理论冲击并修正了股东优位主义。公司常常被理解为股东财产的集合,股东利益最大化的公司治理目标亦有其正当性,它源于股东享有剩余收益(residual return)并承担剩余风险,为了防范经理层和利益相关者从公司经营中榨取剩余收益,股东理应直接或间接地控制公司。但随着对公司社会功能认识的深入,对公司本质的描述已经不再止步于简单的财产集合或委托关系,尤其是在经济萧条及金融危

---

[1] 这些理论模型包括激励理论、信息传递理论及控制权理论。参见张维迎:《公司融资结构的契约理论:一个综述》,载《改革》1995 年第 4 期。

[2] 张维迎:《公司融资结构的契约理论:一个综述》,载《改革》1995 年第 4 期。

[3] Margaret. M. Blair, "Ownership and Control: Rethinking Corporate Governance for the 21st Century", Brookings Institution, 1995. 公司治理改革的重点是,改革应当注意多方利益均衡。无需过于强调股东对公司的控制,公司治理的部分权力应适当让渡于其他利益主体,经理人在其中进行利益协调,实现多方主体互利共赢,提高社会整体福利,最终实现共同治理。

[4] See N. Am. Catholic Educ. Programming Found, Inc. v. Gheewalla, 930 A. 2d 92, 101 – 02 (Dec. 2007).

机之后,[1]公司仅为股东而治理的股东优位主义被认为是狭隘、短视而不负责任的,取而代之的是更倾向认可并且强调公司与社会之联结的利益相关者理论,若从更广的角度解释公司治理,公司不仅为股东而治,还需要对雇员、消费者、供应商及其所在的社群负责。从其利益相关者参与公司治理的优越性而论,利益相关者与企业基于相互信任及合作所达成的契约可使得债务人企业获得竞争优势,[2]如果我们承认商业上的成功是企业的终极目标,那么利益相关者参与治理即是达成这一目标的手段之一。[3]

3. 股东投资特殊性的消解

公司契约理论消解了股东投资对公司经营的特殊意义。公司契约理论否认公司的实体性(entity),而将公司视为一系列的合同。这同样为债权人取代股东成为公司的实际权力所有者这一现象提供了理论依据,因为它将股权与债权都作为合同等而视之,这使得在破产法中以债权人利益为导向的公司治理获得了正当性。股东既没有在公司法的体系中获得"真正所有者"的地位,股东利润分配的结果受制于董事会的决议,[4]而且在契约理论下,他们对公司的贡献与其他利益相关者更是没有截然的区别。[5]一方面,股东持有股权也并不意味他们对公司管理权

---

[1] 关于公司为股东还是利益相关者而治理的一次大争论即发生在美国大萧条时期。在著名的 Berle Dodd 辩论中,Berle 认为公司只对股东负责,而哈佛大学 Dodd 教授认为公司需要为其他利益相关者而治理。A. A. Berle, Jr,"Corporate Powers as Powers in Trust",(1931) 44 Harv. L Rev 1049; E Merrick Dodd, Jr,"For Whom are Corporate Managers Trustees?",(1932) 45 Harv. L Rev 1145.

[2] Jones, T. M.,"Instrumental Stakeholder Theory: A Synthesis of Ethics and Economics", Academy of Management Review, 1995(20): 404 - 437.

[3] I. M. Jawahar and Gary L. McLaughlin,"Toward A Descriptive Stakeholder Theory: An Organizational Life Cycle Approach", The Academy of Management Review, Vol. 26, No. 3 (Jul. 2001), pp. 397 - 414.

[4] 《公司法》第46条及第166条分别规定由董事会制定利润分配方案,且公司税后利润需要先弥补亏损,扣减法定公积金及任意公积金之后,方可用作股东利润分配。

[5] 金玄武:《论债权人参与公司治理的模式——基于公司社会责任视角的考察》,载《政法论坛》2009年第4期。

有所追求,更多情况下股东仅仅为了获取股权收益,[1]公司股东这一朴素追求与大多数债权人与企业签订合同所抱有的期待并无二致,从本质上看,股东与企业也只享有契约权利,他们不再是公司的所有者。[2] 另一方面,作为利益相关者之一债权人对企业的专属性投资也无法通过完美的合同设计获得对"或有索取权"(contingent claim)的事前补偿,[3]与公司股东的处境一致,他们同样承担了公司亏损的边际风险,因此这也为利益相关者获得剩余收益及剩余控制权提供了正当性。易言之,公司契约理论对公司所有权的解读稀释甚至消解了股东资产投入对重整公司的特殊意义,使得"股东因剩余索取权进而获得的剩余控制权"这一古旧的推论在错综复杂的产权结构与利益关系之下渐趋瓦解。

4. 债权人控制的高效率

股东构成的变化使得在破产规则中让债权人掌握控制权更富效率,这体现在三个方面:首先,股东构成对股东优位主义的冲击体现在股东地位的易获取性,例如债权人拥有可转换为股权的请求权,公司雇员也可持有股票期权,确定谁是股东变得更为复杂。[4] 其次,尽管债权人也存在内部利益的分化,但股东这一群体的价值取向也并不一致。与持有数个公司股票的股东不同,仅持有少数公司股票的股东更不愿意企业从事风险高的营业,大股东也倾向于使用隧道(tunneling)侵蚀小股东利

---

[1] Stephen M. Bainbridge, Director Primacy and Shareholder Disempowerment, 119 *Harvard Law Review* 1735,1737(2006). 转引自周游:《公司法上的两权分离之反思》,载《中国法学》2017年第4期。

[2] 刘迎霜:《公司契约理论对公司法的解读》,载《当代法学》2009年第1期。公司契约理论认为,公司股东主要是基于股份所有权而享有一系列契约权利,股东并非是公司真正的所有人。乔纳森·玛希(Jonathan Macey)认为,公司由多种契约构成,通过债权人、债务人、供应商、职工间的一系列契约实现公司的运作,某种意义上市场与企业都是契约的不同形态。

[3] See David J. Ravenscraft, "Ownership and Control: Rethinking Corporate Governance for the 21 century", *Journal of Economic Literature*; Dec 1996; 34, 4; pp. 1971. 或有索取权(contingent claims)也称做或有要求权、相机索取权,是指未来可能发生的权力,即只有在某些特定的随机事件发生的情况下才会获得报酬的一种要求权。

[4] See Walter Effross, *Corporate Governance: Principles and Practices*, Wolters Kluwer Law & Business, 2nd edition, 2013, New York, p. 21.

益。最后,如若进一步考察破产公司治理的现实,与其说是利益相关者、公司契约理论的萌发让股东的地位不再特殊,不如说是股东结构变化、债权人积极争取控制权、机构投资者的涌现及破产债权让与等诸多市场情境的变化使得传统公司法的固有观念变得毫无解释力且又极为不切实际。就重整时期股东与债权人的决策效率而言,由于债权人在此时已经代替股东成为公司运营的边际成本与边际利益的承担者,他们最有动力对重整公司作出最符合此时公司整体利益,即财产最大化的商业决策。[1]

总而言之,只需观察处于契约之网(nexus of contract)中的股东和债权人何者享有实质意义上的剩余索取权,谁就应当获得公司控制权,毕竟让利益受损者控制企业所有权的分配更容易促成效率目标的达成。[2] 值得注意的是,股东利益最大化的准则不得轻易更改,除非建立一套以其他利益主体为服务对象的责任体系(scheme of responsibilities),该体系必须清晰合理而且具有法律上的可执行性。[3] 这为债权人控制权的获取提出了两项要求:首先,对利益相关者的清晰界定显得尤为重要,因为如果让管理层在决策时考虑除股东之外的利益相关者的权益,这不仅使得管理层在股东和其他主体有利益冲突时难以抉择而影响决策效率,而且为管理层提供了自利行为的机会,他们仅需论证某一决策对任意利益相关者有益,便可为此决策寻得正当性。[4] 如学者所担忧的,在常态

---

〔1〕 促进债务人财产的最大化是破产法的最基本功能与价值。参见齐明:《论破产法中债务人财产保值增值原则》,载《清华法学》2018 年第 3 期。

〔2〕 我国著名经济学家杨瑞龙教授认为,当公司原本的利益格局变动,尤其是损害了所有权的利益,那么必须使得该所有人能够在某种规则之下提出异议并且寻求补救的机会。所以对企业所有权的配置的重要性就体现出来了,因为对于利益被损害的所有权人来说,必须先拥有配置的权力再能有寻求弥补和救济的可能性,而且,将企业的控制权分配给被损害的利益相关者具有经济上的可行性,因为此时被损害的一方在经济活动中最有动机让企业恢复新生。杨瑞龙:《国有企业治理结构创新思路的选择》,载《现代经济探讨》2000 年第 1 期。

〔3〕 See Adolf A. Berle, "For Whom Corporate Managers Are Trustees: A Note", *Harvard Law Review*, 1932, 45(8):1365 – 1372,pp. 1365 – 1367.

〔4〕 See Stephen M. Bainbridge, "In Defense of The Shareholder Wealth Maximization Norm: A Reply to Professor Green", *Washington & Lee Law Review* 1423(2002),p. 1435.

公司中试图构建利益相关者参与公司治理的常规性制度都是荒谬的,这甚至会摧毁公司的形式,[1]所以在重整公司中作如此的制度构建更应当保有审慎态度。其次,以非股东利益主体为中心的责任体系必须清晰可行,下文即将着重论述在公司重整中实现这一责任体系的公司治理工具。

第三节　从担保契约走向公司治理:破产法对变革的回应

正因为公司治理依存于企业的资本状况,这种依存的模式在破产程序下表现为不同的治理工具,从制度层面来说,债权人实现通过这些治理工具完成了从契约权利向治理权力的过渡。具体而言,以下三股力量共同影响着公司治理效果。

一、由个人迈向集体的债权人会议机制

在自动冻结、绝对优先规则受偿机制的共同作用之下,破产法将债权人与破产企业一一对应的个别偿债转化为集体行动,而后以破产法的价值体系及规则对债权人决议行为的效力作出衡量与评价,从而将传统民法上债权人与破产企业之间的合同关系升级为破产法上债权人集体对破产企业实施的治理权力。基于此,从契约走向治理的必然代价是债权人与债务人不再以原合同关系相互约束,债权人对债务人请求权的行使一统于破产规则之下,这表现在两个方面:首先,就合同救济或债务清偿的时间而言,在自动冻结机制之下债权人无法以违约责任获得即时清偿;其次,就债权受偿比例而言,个别债权人无法以诉讼方式获得全部债

---

[1] 甘培忠:《公司控制权正当行使的法社会学分析》,载杨紫烜主编:《经济法研究》(第5卷),北京大学出版社2006年版,第279页。

务的清偿,而是待由债权分组之后以重整计划中确定的清偿比例作为最终受偿额。所以,从契约到治理的范式转化对债权实现方式产生了根本性变革。这一变革的实现体现了破产程序的根本特征——集体性,即要求保护所有债权人的权益不因其中任何一方的单独行动而受影响。[1]

债权人委员会和债权人会议制度既是在破产法中实现上述集体决策公司治理的工具,也是债权人自治的表现形式。[2] 学者对债权人会议的性质作出了诸如"法人机关"[3]"临时集会"[4]"未破产时的股东会"[5]等不同定义,[6]无论如何措辞,上述概念都可以被总结为是债权人的意思决策机关。事实上,债权人掌握投票权是在破产法上的一种必然,债权人在破产企业资不抵债之时可获取的收益是不确定,而且与破产公司的治理状态及经营收益息息相关。因而此时如果延续公司法的股东投票权则必然会损害债权人——破产中风险承担者的切身利益,正如公司法并非基于资本的稀缺性而将控制权分配给股东一样,[7]债权人获得控制权也是来源于"将控制权配置给公司剩余财产的最后索取人"的结论。从公司治理的功能来看,公司法所提供的股东会、董事会及其议事规则分别对应着企业的所有者、管理者之间集体决策机制,降低了事后的谈判成本,[8]那么既然债权人已经无法按照原合同关系获得救济,破产法是否能发挥类似公司法上契约漏洞填补的功能,将债权人的治理权力合理地嵌入破产前既有的、稳固的公司控制权之中?换言之,债权人与债务人之间的合意存在空白时,破产法能否通过其强制性规

---

[1] 联合国国际贸易法委员会:《破产法立法指南》2006年,第76页。
[2] 李永军:《破产法的程序结构与利益平衡机制》,载《政法论坛》2007年第1期。
[3] [日]石川明:《日本破产法》,何勤华、周桂秋译,上海社会科学院出版社1995年版,第112页。
[4] [日]伊藤真:《破产法》,刘荣军、鲍荣振译,中国社会科学院出版社1995年版,第75页。陈荣宗:《破产法》,台北,三民书局1986年版,第170页。
[5] 汤维建:《破产程序与破产立法》,人民法院出版社2001年版,第221页。
[6] 齐树洁:《破产法研究》,厦门大学出版社2004年版,第187—189页。
[7] 罗培新:《公司法学研究的法律经济学含义》,载《法学研究》2006年第5期。
[8] 朱慈蕴、沈朝晖:《不完全合同视角下的公司治理规则》,载《法学》2017年第4期。

范有效地提升债权人治理的效率？这成为了破产法立法效果的关键节点。

二、管理人中心主义下的破产管理人与管理人中的债务人

由于破产管理人的规定写在《企业破产法》的总则部分,因此无论是在债务人自行管理还是管理人管理的模式中,破产管理人都是破产程序中必不可少的一方主体。在2018年最高人民法院颁布的《全国法院破产审判工作会议纪要》中,明确将破产管理人定位为"破产程序的主要推动者和破产事务的具体执行者",[1]从最高人民法院的解读中可以窥见,破产管理人已经实质上取代了破产企业中的经营管理层而承担了程序推动及程序执行的职能。与英美等国家的破产法不同,破产管理人在我国的破产重整中的地位极其特殊,由于我国破产文化具有浓厚的行政色彩,破产管理人不仅负责处理债权申报、会议召集等程序性事务,还享有重整中的某些具体经营权而占据了主导地位。[2]不仅如此,我国企业在采取债务人自行管理模式之前还需要提交申请并且由法院批准,尽管这种将管理人管理作为原则、债务人管理作为例外的立法设计会对企业经营的连续性产生一定的消极影响,但"管理人中心主义"的立法选择确实有利于债务人的财产保全并减少破产欺诈行为。在债务人自行管理的模式之下,管理中的债务人(DIP)即便诚信且勤勉地挽救企业,但从边际量上看,债务人作出的一系列决定总是不可避免地偏袒某一方,[3]所以来自管理人的监督显得更加不可或缺。总之,更为务实的讨论应当致力于解决破产管理人与其他主体的权力分配问题,因为无论是考虑"管理人中心主义"的实际功能还是以单纯解释论的立场出发,对管理人模式本身之质疑都是难以立足且成本极高的。

---

[1] 最高人民法院关于印发法〔2018〕53号《全国法院破产审判工作会议纪要》的通知。

[2] 纪红勇:《浅谈破产重整程序中债权人的知情权》,载《法律适用》2012年第11期。

[3] See Jay Lawrence Westbrook, "The Control of Wealth in Bankruptcy", 82 *Tex. L. Rev.* 795(2004).

破产管理人作为治理工具的另一个重要方面是需要接受债权人和法院的监督,但除了"报告"这一种方式之外,《企业破产法》没有提到其他的履职要求,因而也有学者担忧对破产管理人的监督极有可能流于形式。[1] 从立法技术看,破产管理人的职能之宽泛与监督之低效的确不成比例,而且司法实践中管理人的行政功能被强化,市场中介功能被弱化,[2]所以上述担忧不无道理,因为破产管理人需要在其服务的受益人之间平衡他们相互冲突的利益,最为典型的是担保债权人与普通债权人的冲突、普通债权人组内的冲突以及债权人作为整体与债务人企业之间的冲突,破产管理人在这三类关系之中都应当是不偏不倚的,[3]他应当在某一行为可能损及特定债权人时组织(propose)讨论,并且拒绝任何可能偏袒一方债权人的提议,[4]因为他所代表是全体债权人而非特定债权人。[5]

三、司法权和社会本位之引导与介入

重整中的公司治理形态并非是一种完全的自治,它不仅需要回应社会公共利益还必须接受人民法院的监督以实现公权力下的强制自治。通常来说,人民法院对债权人合意的形成所采取的监督方法并不会主动干涉债权人集体意志的形成,但在某些特殊的情形下,不仅需要人民法院引导,[6]还需要税务、土地和工商等多个相关政府职能机构的通力配合。所以在我国,司法权的引导以及人民法院与政府搭建的"府院联动

---

[1] 邹海林:《新企业破产法与管理人中心主义》,载《华东政法学院学报》2006第6期。

[2] 李曙光、王佐发:《中国〈破产法〉实施三年的实证分析——立法预期与司法实践的差距及其解决路径》,载《中国政法大学学报》2011年第2期。

[3] See John A. E. Pottow, "Fiduciary Duties in Bankruptcy and Insolvency" (2018), Law & Economics Working Papers. 135, Forthcoming (2018) in The Oxford Handbook of Fiduciary Law. p. 14.

[4] In re Computer Learning Ctrs., Inc., 268 B. R. 468, 473 (Bankr. E. D. Va. 2001).

[5] AFI Holding, Inc. v. Brown et al. (In re AFI Holding, Inc.), 530 F. 3d 832, 844(9th Cir. 2008).

[6] 李永军:《破产法的程序结构与利益平衡机制》,载《政法论坛》2007年第1期。

机制"共同组成重整中公司治理的外部治理机制。

首先,法院引导及"府院联动机制"促成治理主体合意的形成。例如,最高人民法院2016年发布的十大典型案例中,[1]审理深圳中华自行车(集团)股份有限公司破产重整案的深圳市中级人民法院通过指导破产管理人的工作,适时地同债权人释法并且说明重整的优势,最终取得了债权人的支持。又如,2018年十大典型案例的北京理工中兴科技股份有限公司破产重整案中,[2]北京市第一中级人民法院多次安排听证会并且以预重整的形式开展协商谈判工作,引导各方对债权调整、经营方案及重整路径达成初步共识。从上述案例不难看出,破产案件的主审法官不再是消极中立的裁判方,而且提供了为债权人意见凝结提供了平台。再如,在政府协调支持的模式下,[3]府院联动机制为了完成中央经济工作会议提出的"为实施市场化破产程序创造条件"这一任务,[4]它不仅加速了破产资产的处理而且缓解了重整公司治理所带来的社会衍生问题。以率先在省级层面推行府院联动机制的浙江省为例,绍兴市人民法院在政府支持下对6件亿元级的重整进行了土地、房产分割办证,在浙江赐富化纤有限公司破产清算案中遭遇两次流拍的资产在政府配合推出招商引资政策之后,溢价13.26%被当地龙头企业收购。[5]可以说,作为破产审判三大工作机制之一的司法与行政的统一协调机制为重

---

[1] 最高人民法院:《人民法院关于依法审理破产案件推进供给侧结构性改革典型案例》,载《人民法院报》2016年6月16日。

[2] 《全国法院审理破产典型案例》,载最高人民法院网 http://www.court.gov.cn/zixun-xiangqing-83792.html,访问时间2018年11月13日。

[3] "作为债务人资金的借贷者,政府很容易将自己的意志施加于破产程序的各个环节。"Edward Morrison, Chrysler, General Motors, and the Future of Chapter 11 (working paper, 2009)。

[4] 王欣新:《府院联动机制与破产案件审理》,载《人民法院报》2018年2月7日,第7版。

[5] 单卫东、张帆:《优化府院联动机制,合力推进破产审判——浙江绍兴中院关于破产审判府院联动机制的调研报告》,载《人民法院报》2018年5月30日,第8版。

整公司治理的外部治理创建了良好的环境,[1]各地的破产实践更是证明了司法与行政的合力卓有成效地推进了公司重整的进展。

其次,法院运用强裁规则破解了谈判僵局,它的终局性效力为重整公司治理的失效提供了最终的解决路径。但由于对重整计划的强制批准始终是对公司自治及债权人意思形成的司法干预,针对实践中强裁比例过高的情形,最高人民法院亦多次以意见和会议纪要的形式强调在破产审判中慎用强裁规则,[2]如学者所言,无论强裁规则被慎用还是滥用,这都是一种不恰当的解读。[3] 应当认为,强裁规则在整体上提升了重整中公司治理效率,尽管它不是万能灵药,但它足以在债权人的谈判陷入囚徒困境时,在保证各方最低限度的利益之上以最高效的方式定纷止争。上述三种机制作为破产规则对公司治理模式变革之回应,辅助并促成了债权人、债务人与其他利益相关者合意之凝聚。

第四节 担保权人参与公司治理的基本范畴

无论评价商事规则的方法何其繁多,最具功效的还是检视法律系统如何处理利益冲突,从更广泛的意义而言,整个公司法律体系除了规制公司的利益冲突之外别无它用。[4] 作为商事规则之一的破产规则也是如此,众多意思机关与原公司职能部门的权责相互重叠、纠缠交错,公司在破产申请后至重整结束期间所面临的利益冲突构成了公司重整的基本范畴。

---

[1]《人民法院依法推进破产审判工作妥善处理"僵尸企业"相关情况新闻发布会》,最高人民法院新闻发布会 2017 年 8 月 3 日。

[2]《最高人民法院关于正确审理企业破产案件为维护市场经济秩序提供司法保障若干问题的意见》(法发〔2009〕36 号),《关于审理上市公司破产重整案件工作座谈会纪要》(法〔2012〕261 号),《全国法院破产审判工作会议纪要》(法〔2018〕53 号)。

[3] 高丝敏:《重整计划强裁规则的误读与重释》,载《中外法学》2018 年第 1 期。

[4] See Jonathan Macey, "The Nature of Conflicts of Interest Within the Firm", *The Journal of Corporation Law*, 2006, Spring, p. 613.

一、代理链条之断裂与弥合——破产企业公司治理的利益导向

在破产重整的公司治理中需要回答的两大基本问题依然围绕着利益冲突展开：重整中的股东利益还等同于公司利益吗？如果说重整给与债务人以新生，那么当所有权与经营权在其间被进一步分化，此时破产管理人和自行管理中的债务人作为代理人是为谁的利益而工作？事实上这两个问题都关涉重整权力所有者的调控作用，即掌握控制权的债权人、破产管理人及自行管理的债务人如何在交错的利益中作出取舍。诚如前文所述，如果说管理层对股东的责任或股东利益之最大化是产权理论最终的逻辑归结，那么相较之下，管理层对公司债权人责任之确立却并非理所当然，劳伦斯·弗里德曼亦将它与董事对公司的责任、股东权利一并列为公司法上的棘手问题。[1]

在对第一个问题作出回答时，应当承认公司利益与股东利益常常被等而视之，但即使是在公司重整中，股东依旧是公司财产的贡献者，其所有权并不随着经营状况而改变，被抑制只是股东对破产财产的分配请求权。所以当公司资不抵债，[2]公司利益显然与股东利益不能等同，重整中公司运营的中心不再是股东利益的最大化。[3]第二个问题实际上强调的是被代理人的唯一性，而被代理人的数量又与公司治理的绩效具有相关性，因为公司治理失败往往是由于决策的失败，[4]保证公司权力实

---

〔1〕 李飞：《论董事对公司债权人负责的法理正当性——从法人组织体说的局限性及其超越之路径展开》，载《法制与社会发展》2010年第4期。

〔2〕 实际上不仅是在破产申请开始之后，美国特拉华州法院认为，甚至是在公司濒临破产时，公司董事的也应当注意公司利益与股东利益的区别。Credit Lyonnais（1991 Del. Ch. LEXIS215）。张舫、任红：《信义义务转化规则的反思与借鉴》，载《中国商法年刊（2012）》。传统公司法认为，公司濒临破产时董事之信义义务指向的对象扩大到包括债权人在内的公司整体，这一观点源于1991年特拉华州衡平法院对Credit Lyonnais（1991 Del. Ch. LEXIS215）案的判决。该案的首席法官认为公司的利益不等于绝对控股股东的利益，管理层可以适当注意公司与股东利益的区别。

〔3〕 李永军：《破产法——理论与规范研究》，中国政法大学出版社2013年版，第377页。

〔4〕 ［美］约翰·庞德：《治理型公司的前景》，载［美］沃尔特·J. 萨蒙等：《公司治理》，孙经纬、高晓晖译，中国人民大学出版社、哈佛商学院出版社2001年版，第72页。

施者作出正确决策是公司治理的核心。这一问题源于前文所述的公司两权分离现象在重整上表现得更为复杂,分列于所有权和经营权两端的主体呈现多样化:就所有权而言,破产财产上的权益因重整计划而重新分配;就经营权而言,破产管理人部分代替了债务人董事会及经理,即使是在债务人自行管理模式下,管理人仍旧享有重整计划制定权。

故此,沿着两权分离的分析范式,原本由企业合约当事人构成的并且由《公司法》所确认的经理—董事会—股东"委托代理链条"被逐一击破,[1]环环相扣的权力派生关系被弱化甚至不再连续。即使《企业破产法》第23条规定管理人接受债权人监督,但这一表述显然不如《公司法》第46条和第49条"经理对董事会负责""董事会对股东负责"更能突现一种代理与被代理的关系、支配与被支配、权力与被赋权的关系。不难想象,代理链条的断裂必然使得公司高管无所适从,因而利益导向问题变得空前重要。

针对上述冲突,既往的研究基本遵循公司分权的路径,主要存在以下几种认识:第一种观点依据经济学家对所有者拥有最终控制权而经营者拥有经营控制权的划分,[2]从破产事务及日常经营的区分出发,论述应当由债权人及破产管理人或自行管理的债务人分别行使"最终控制权"和"经营控制权";[3]第二种观点从公司的股东会、监事会之存废出发,认为股东会可以继续存在但不得干预公司经营决策,监事会由于其职权与重整目标存在冲突而不宜继续存在;[4]第三种观点将企业的经营

---

[1] 按照信息经济学依据信息的知情程度对代理人和委托人进行划分的标准,投资者成为委托人,经营者成为代理人。类似的委托代理关系还存在于经理人与雇员之间、供货商、销售商与企业之间等,从而使企业看上去像一个委托代理的链条。郑志刚:《对公司治理内涵的重新认识》,载《金融研究》2010年第8期。

[2] See Louis Putterman, "Ownership and the Nature of the Firm", *Journal of Comparative Economics*, 1993, vol. 17, issue 2, 243–263.

[3] 王欣新、徐阳光:《论破产重整中的公司治理结构问题》,载甘培忠主编:《公司治理专论》,北京大学出版社2009年版。贺丹:《破产重整控制权的法律配置》,法律出版社2010年版,第37—39页。王欣新主编:《破产法论坛(第十辑)》,法律出版社2015年版,第127—132页。

[4] 李永军:《破产法——理论与规范研究》,中国政法大学出版社2013年版,第377页。

控制权分为决策控制权与决策管理权,在不同模式下由破产管理人及债务人的公司高管分享或独享上述两权,而最终决策权由人民法院行使。[1]第四种观点从信义义务的指向性出发,提出了分散忠诚理论(Diffuse Loyalty Theory),[2]认为自行管理中的债务人可以忠于若干个自相矛盾的利益,可借此解决我国破产法的利益冲突问题。[3]

上述观点提供了梳理破产法律关系的有益视角,但仍然存在各自的局限性。首先,破产事务及日常经营的界限并不明确,至少从成文法的表述来看,以管理人模式中管理人所负担的职责为例,除了债权申报等不适宜由债务人行使的职责外,处理大型资产、偿还重整经营中的新生债权等究竟属于破产事务还是日常经营并不明确。其次,股东会的确应当在公司经营问题上保持一定的沉默,但是当公司经营涉及股东利益时,若一概否定股东会在这一问题上的决策权似乎又违背了公司法的基本设定,若区分对待又缺乏裁判标准。再次,管理与决策都应当归属于控制权的权能,即使在管理人模式中,对重大事项的表决仍需经过债权人委员会确认同意,如此谓之管理人完全享有经营控制权未免有失妥当,再者,人民法院的裁决至多是一种司法上的确认,即便法院甚至能够决定公司是否继续营业,但始终与控制权意义上的公司决策和公司管理无关。最后,第四种观点的谬误在于忽略了分散忠诚的行为模式对被代理人的消极影响,经济学家 Aghion 和 Tirole 研究了代理人实际控制权(Real Authority)的增长因素,他们发现向多个被代理人分配财产权益会对代理人的激励(initiative)产生影响。详言之,向多个代理人分配会在

---

[1] 除了在继续聘任原公司高管的管理人管理模式中,由公司高管和破产管理人分别行使决策控制权与决策管理权之外,在债务人管理模式和纯粹的管理人管理模式下,两者均各自独享完整的经营控制权。张婷:《中国重整程序中的公司治理结构问题研究》,载李曙光、郑志斌主编:《公司重整法律评论》,法律出版社 2011 年版,第 181 页。

[2] See Nimmer and Feinberg, "Chapter 11 Business Governance: Fiduciary Duties, Business Judgment, Trustees, and Exclusivity", *Bankruptcy Developments Journal*, Vol. 6 (1989), p.30.

[3] 高丝敏:《我国破产重整中债务人自行管理制度的完善——以信义义务为视角》,载《中国政法大学学报》2017 第 3 期。

被代理人内部催生搭便车的行为,而搭便车本身又降低了对代理人的监督绩效,被代理人数量的增多提高了代理人的激励但是削弱了被代理人的实际控制权。[1] 所以,无论是破产管理人还是自行管理中的债务人,他们所负担的忠诚义务都应当具备明确的指向性及唯一性,尤其当他们面临相互冲突的诉求之时,破产规则更应当发挥价值引导及契约填补的功能。立基于此,在破产债务清偿的零和博弈之中,破产程序参与者的谈判协商、商业决策及利益分配都不可避免地带有非此即彼的属性,其结果也往往是此消彼长,所以任何一种试图将忠诚义务多元化的观点都不具备可行性,在逻辑上努力更加是徒劳的。

二、股债矛盾是破产公司治理的基本范畴

归根结底,上述对公司权力结构的关注终将落实在股东选举权、出资人权益与债权权益调整、公司营业等与公司治理相关的具体事务上,这些具体事务的行为主体及行为之边界共同构成了重整公司治理的内涵。正因为此,或许以公司治理基本范畴为导向的分析框架将对冲突的解决更有助益。

1. 股债矛盾的根源:重整中被抑制的公司实体

股债矛盾之所以是公司治理的基本范畴原因归结为公司实体在破产程序中受到抑制,债务人本身在重整上没有自己利益,作为公司法人,它天然地无法在自身的存续上拥有自己的利益,[2] 能够拥有利益的只有债务人的股东。从长期来看,股东和债权人之间的紧张关系内生于每一个可能令公司盈利的风险点之中,[3] 不同法域改进公司治理机制的努力

---

[1] See Philippe Aghion and Jean Tirole, "Formal and Real Authority in Organizations", *The Journal of Political Economy*, Vol. 105, No. 1 (Feb., 1997), pp. 22 – 27.

[2] [德]莱茵哈德·博克:《重整法的基本问题——德国破产法改革绪论》,载李曙光、郑志斌主编:《公司重整法律评论(第三卷)》,法律出版社2013年版,第422页。

[3] See Steven L. Schwarcz, "Rethinking a Corporation's Obligations to Creditors", 17 *Cardozo Law Review* 647 – 690 (1996), p.650.

都与两者利益之平衡息息相关,[1]但即便如此,毕竟股东与债权人并没有在重整前有合同上或组织上的关联性,那么为何在重整中处于矛盾焦点的是股债矛盾而不是债权人与债务人的矛盾?这是因为公司的实体性在重整中总是处于抑制状态。从法人的民事行为能力来看,且不论公司是否被整体出售,即使没有采取出售式重整而保留了公司实体,公司法人的意思能力也受到了严格的限制。从法律关系的延续性来看,《企业破产法》第94条规定债务人不再对重整计划中被减免的债务承担清偿责任,据此可以认为重整后的债务人与原债务人之间的关联已经被切断,甚至等同于设立了新债务人。[2] 基于上述原因,企业原本的组织形式逐渐淡出矛盾焦点,在失去了汉斯曼所描述的实体屏蔽(entity shielding)之后,[3]债务人公司的面纱被掀开,股东与债权人不得不在重整中短兵相接、直面冲突,这一切都使得股债矛盾成为了重整公司治理的基本范畴。一方面,当股东的损失在有限责任的保护之下被锁定之后,他们有动机掏空公司收益而将本可以分配给债权人的财产据为己有。事实上,股东对债权人利益的侵害早在公司濒临破产之前就已经显现出来,在企业承担债务之后产生的资产替代效应使得股东总是倾向于从债权人手中实现价值转移,他们常常通过关联交易转移公司财产、对个别债权人进行偏颇清偿,[4]甚至挪用资金。另一方面,股东利益也常常需要为公司重整资金的筹措作出牺牲,有学者认为股东权益保护非但不是破产法的任务,反倒是破产重整顺利进行的障碍之一。[5] 的确在破产实践中,对股权进行多种形式的调减已经成为了我国重整公司引入新融资的重要手段。

---

〔1〕 朱慈蕴:《公司资本理念与债权人利益保护》,载《政法论坛》2005年第3期。

〔2〕 许德风:《破产法论——解释与功能比较的视角》,北京大学出版社2015年版,第476页。

〔3〕 See Henry Hansmann, Reinier Karrkman, and Richard Squire, "Law and the Rise of the Firm", 119 *Harvard Law Review* 1333(2006).

〔4〕 与偏颇清偿制度相关的破产撤销权是破产管理人享有的一项重要权利,同样发挥了提高公司治理绩效的作用,但有于篇幅,本书暂不作相关探讨。

〔5〕 齐明:《中国破产法原理与适用》,法律出版社2017年版,第160页。

2. 出资人利益调整的限度

关于重整对出资人利益调整的强制性存在两种截然相反的意见,反对者认为除非股东自愿,重整计划以及法院都不得强行对股权进行调减,[1]而支持者认为资不抵债时股东权益事实上已经不复存在,若不对股权进行调整则重整资金难以落实。首先,对此需要考察资不抵债的认定在现行法下的意义以及可操作性,事实上,破产申请并非意味着企业必然处于资不抵债的状态,更何况资不抵债这一标准本身就存在模糊性,[2]从资产负债表中清算价值确定我国公司股东权益是片面的。[3]单从我国上市公司重整案件的统计数据来看,截至2017年全国50家上市公司重整案中,削减出资人组利益的公司有43家,而资产负债率高于100%的企业仅有37家,那么显然还有数家公司在资产大于负债的情况下仍然对股权的实际价值作出了调整,所以必然需要为下调这些公司的股权价值寻找正当性。从公司价值评估而言,尽管可以实现在重整计划作出股权安排前进行资产评估,但实际上企业在重整申请之后的盈利能力是难以预判的,因而股东实际可得的权益也随之成为了未可知的数值。但是从审计的角度而言,若可以确定企业资产与债务的数量关系,那么对资不抵债企业的进行出资人利益调整所遇到的现实阻力将显著减小。

其次,以重整筹资为理由的强制调整是否具有正当性需要考察到两个现实情况。第一,即使重整中股东的剩余权益难以确定,但股东是否也应当与债权人一并承担重整之风险? 实际上重整成功且股票恢复上市交易后,公司股价往往会上涨,[4]所以实际上出资人组暂时丧失的部

---

[1] 李永军:《破产法——理论与规范研究》,中国政法大学出版社2013年版,第364页。
[2] 张勇健、杜军:《破产重整程序中股权调减与股权负担协调问题刍议》,载《法律适用》2012年第11期。
[3] 张钦昱:《论公平原则在重整计划强制批准中的适用》,载《法商研究》2018年第6期。
[4] 刘延岭、赵坤成主编:《上市公司重整案例解析》,法律出版社2017年版,第50页。另外,以轰动一时的郑百文重整案为例,2003年7月,PT郑百文恢复上市之后,首日涨幅达81.75%。详见《假如郑百文重组在新破产法实施之后》,载《法制日报》2007年8月12日。

分权益得到了事后补偿,只是相当于股东将公司获得的重整溢价(going-concern surplus)提前与其他利益主体进行共享。第二,股权无偿让渡多是带有一种惩罚性质,[1]尤其是对公司负有破产责任的大股东而言,[2]同股同权的原则在重整权益调整时需要设置例外规则,以此惩戒掏空公司资产的实际控制人和控股股东,同时也为重整战略投资人的引入创造必要的资金条件。

3. 股东会更换管理层的任命权限制边界

重整中的日常经营行为、重整计划内容的设计都是在公司高管和破产管理人的协作下实现的,公司高管为了协调公司内外部关系所作出的决策都对公司治理具有系统重要性。自重整启动之时,股东对于公司高管早已心怀不满,所以一旦股东组织起来则很可能会替换掉他们所认为的导致公司破产的祸首——公司高管,[3]然后选举出能够代表他们而不是债权人利益的新董事,[4] 所以一旦公司申请破产,股东通过投票权控制公司就变得争议重重,[5]尤其是在管理人聘用原公司高管和债务人的自行管理的情况下,公司高管的经营管理决定权虽然受到破产管理人的监督,但他们仍然惮于股东任命权之威慑而作出偏向股东的决策,那么这显然与债权人的意愿不相符合,更是背离了破产重整之根本目标。实

---

〔1〕 以浙江海纳(000925)破产重整为例,大股东由于需要承担破产责任,无偿向上市公司支付了1亿元作"以股偿债"的安排。参见许德风:《破产法论——解释与功能比较的视角》,北京大学出版社2015年版,第493页。

〔2〕 股东掏空公司财产而导致公司资不抵债的案例不胜枚举。在深圳新都酒店股份有限公司破产案中,正因大股东违规担保,使得老牌上市公司新都酒店陷入了破产。《新都退市记:祸起违规担保,破产重整寸遗留问题》,载第一财经网2017年6月2日。

〔3〕 See Elizabeth Warren, The Untenable Case for Repeal of Chapter 11, 102 *Yale L. J.* 437, 450(1992). 重整期间更换经理层的比例相当高。

〔4〕 公司股东总是慵懒的,相较于付出高昂的诉讼成本,股东更愿意以投票表决的方式进行董事和高管的人事调整。参见马一德:《公司治理与董事勤勉义务的联结机制》,载《法学评论》2013年第6期。

〔5〕 See Lynn M. LoPucki and William C. Whitford, "Preemptive Cram Down", 65 *Am. Bankr. L. J.* 625 (1991); Lynn M. LoPucki and William C. Whitford, "Bargaining over Equity's Share in the Bankruptcy Reorganization of Large, Publicly Held Companies", 139 *U. Pa. L. Rev.* 125 (1990).

际上这一问题涉及《公司法》及《企业破产法》关于股东权利的适用冲突,有观点认为既然《企业破产法》对股东权利存续与否保持了沉默,那么依据体系解释的方法,股东权利并不因重整启动而改变。[1] 这种见解疏漏了另外一种可能性,即当法无规定时,应当区分是法律漏洞还是立法者有意沉默。[2] 事实上,若从《企业破产法》第85条中允许出资人列席讨论重整计划的立法安排上看,则应当认为这种沉默是有意为之,尽管重整中设立出资人组与召开股东会并非不可共存的替代关系,因而也不能使用反面解释的推理方法得出禁止召开股东会的结论,但是从会议召集成本及总体议事效率来考量,显然破产法更鼓励股东以出资人组表决的形式参与重整程序。

不仅如此,即使是在形式逻辑之外考虑政策也将得出相同结论。从比较法上看,美国破产法上发展出的限制股东选举权的判断方法可资借鉴。通常情况下,股东召开会议的权利不受影响,甚至可以用此作为谈判筹码,因为法官担忧不当干预会使得公司的经营业务被转交于不称职或不可信的人,所以由公司多数股东作出的选择并且因此形成的对公司的控制力是股东至高无上的权力,[3] 然而美国判例法上仍有不少法院拒绝了债权人召开股东大会的要求,原因是股东大会将构成对传统的股东—董事关系的滥用。[4] 其中,最典型的判例是 Manville 重整案,DIP 申请法院禁止股东召开会议,[5] 理由是他们认为股东大会将会选举新董事,破产案件的进程可能因此而改变。Manville 案情复杂且耗时数年,在

---

[1] 周淳:《上市公司破产重整中的股东权异化》,《证券法苑》2014第4期。

[2] 王利明:《法学方法论》,中国人民大学出版社2011年版,第138页。

[3] See Johns-Mansville,801 F. 2d at 64.

[4] See Budnitz, Mark. E,"Chapter 11 Business Reorganizations and Shareholder Meetings:Will the Meeting Please Come to Order, or Should the Meeting Be Cancelled Altogether", *George Washington Law Review* 58(6),(1990),1214.

[5] 与破产管理人一样,自行管理的 DIP 也是对破产财团及其债权人负有信义义务。尤其是在美国法上,DIP 被看作独立于原债务人的一个新的实体(entity)。11 U. S. C. § 1107(a),Daniel S. Mozes,"The Debtor Is Dead, Long Live the Debtor", 85 *Temp. L. Rev.* 723, 734 (2013)。

最近一次谈判中才达成了共识,但这一共识还十分脆弱,此时召开股东大会将对重整构成实质的风险。法院认为公司法上股东的选举权在通常不应当被限制,但当破产法成功推进重整的目标与公司法的股东选举权两相冲突时,则应当优先适用破产法将破产企业资源重新配置,使其成为有盈利能力的实体或者实现破产财产的增值。

作为原则之例外,股东对公司高管的任命权应当在以下两个条件都满足时成立:第一,会议召集本身构成了实质滥用(clear abuse);第二,该股东会可能带来无法挽回的损害并且将对重整造成实质风险。[1] 换言之,法院若认为股东会恶意拖延重整进程并且形成了实质性威胁,则可以禁止召开会议或者裁判该会议的决议无效。[2] 在第二巡回法院的判决意见中,法院认为只有在财务状况正常时才需要考量股东重新任命管理层的动机,[3]因为一旦公司资不抵债,否认股东召集大会的权力通常在每个案件中都是适妥的(proper),因为股东不再是实际的权益所有者。[4] 在另一个判决中,法院同样拒绝了控股股东召开股东大会以更换董事的要求,法院认为不仅召集会议将耗费6万美元,而且会议本身也不符合破产财团的利益,最终该公司的CEO在重整期间继续任职,在其领导之下制定并通过的重整计划将控制权(voting control)转移给了债权人。[5] 上述判例的启示是,如果公司资不抵债,股东选举产生新董事的权利应当受到破产法庭的严格审查,若存在明显滥用的情形则应当予以禁止;反之,如果召开会议本身并不构成对重整程序的拖延而且不存在

---

〔1〕 See Manville, 801 F. 2d at 65 – 69.
〔2〕 See In re SS Body Armor I, Inc., 2015 BL 92780, 527 B. R. 597 (Bankr. Del. 2015), Minter v. Directors of Concrete Products (Matter of Concrete Products, Inc.), 110 B. R. 997 (Bankr. S. D. Ga. 1989).
〔3〕 See Lynn M. LoPucki & William C. Whitford, " Corporate Governance in the Bankruptcy Reorganization of Large Public Hold", *University of Pennsylvania Law Review*, 1993, no. 3, vol. 141, p. 695.
〔4〕 See In re Johns-Manville Corp., 801 F. 2d 60. (2d Cir. 1986), at 65, n6.
〔5〕 This decision is mentioned by the court in a later opinion. See In re FSC Corp., 38 B. R. 346, 348 (Bankr. W. D. Pa. 1983).

实质性威胁,那么原则上不应当禁止股东会的召开。

第五节　本章小结

破产法建构了以债权人会议为权力核心的治理体系,然而对破产公司治理图景的描绘并不完整,在控制权分配问题上的过多留白导致了公司治理在破产法上的失范。公司在特殊时期的资本结构及破产法的清偿顺位共同塑造了重整公司的治理形态,当公司资不抵债,破产债权人成为事实上的商业风险承担者及破产财产的剩余索取者,当契约救济被中断且管理者的信义义务指向性不明确时,重整公司治理的绩效必然受到折损。在状态依存及破产目标的作用下形成的债权人优位才是重整中最富有效率的安排,破产公司治理综合运用了全新的治理工具,对当事人因合意空白而形成的剩余控制权进行填补与再造。其中,股债矛盾是重整公司治理的基本范畴,对股东利益的适当调减在破产现实下具有正当性

重整程序恰似一个实验室,原本属于理论研究范畴的公司治理理论在此得到检验和测试。[1] 通过破产重整能否为公司其利益相关者带来治理效率的提高,不仅受制于重整公司自身转亏为盈的现实能力,还取决于法律文本对控制权配置的原初定义,更考验着破产参与者相互妥协、协商合作及制度创新的潜力。无论商事法律如何规划,它总需要卓有成效地对公司治理作出妥当的安排,当好时代来临,法律总是允许市场参与者自行加入公司治理的结构之中;当经济下行时,这种控制权的安排更为重要,因为如何形成有效的决策不仅是公司业绩增长的核心命

---

[1] [美]大卫·G.爱泼斯坦、史蒂夫·H.尼克勒斯、詹姆斯·J.怀特:《美国破产法》,韩长印等译,中国政法大学出版社2003年版,第739页。

题,更是控制社会整体金融风险的关键节点,[1]毕竟我们不能忘记经济危机带来的历史教训。时至今日,当再次回望破产公司治理的美丽图景时,我们甚至可以自信地作出如此定义——公司重整的实质就是公司治理。当担保债权人不能以契约救济行使财产权益时,确保公司治理的有效性是保护担保债权人权益的重要途径。

---

〔1〕 See John Armour, Jeffrey N. Gordon, "Systemic Harms and Shareholder Value", 6 *J. Legal Analysis* 35 (2014),p.35.

第五章 作为静态民事权利的担保权:担保价值实现路径设计与构造

第一节 担保财产的评估

担保财产的评估在破产重整和破产清算程序中都是必不可少的重要环节,财产评估直接决定了担保财产的价值认定和担保债权人最后可以获得的清偿数额,所以评估环节在实践中的意义重大而成为了破产程序中的争议焦点。尤其在破产重整中,担保权人时常因对评估结果不满而反对计划,在破产清算中则直接影响受偿数额,因此可以认为,评估程序是最直接的影响担保实体权益的程序规则。

一、模拟机制:评估的程序时点和意义

货币化是破产财产价值分配的前提,财产评估作为货币化的先行程序,它发挥着模拟价格的功能。事实上,通过梳理破产清算及重整的变现及财产分配程序,不难发现,几乎在破产程序中的各个环节都存在估值判断问题。

首先,根据《企业破产法》第109条和第110条的规定,[1]担保权人只能在担保物价值范围内受偿,超出担保物价值的部分划入普通债权组,同其他无担保债权一并参与清偿。这在破产清算中并不涉及评估程序,但在重整中,若出于资产出售或继续经营的需要,担保财产无法及时变价,有时需要被留存在企业中,此时对担保债权人的清偿的根据就是评估机构对担保财产所作出的评估数额,因为担保财产在重整计划中并没有真正经过拍卖、变卖和协商议价而获得价值的实现,此时担保财产的价值只能是一个虚拟的数值,该部分债权的清偿有时是来源于资产包出售获得的价款,有一部分则是由破产管理人引入的战略投资人提供资金实现企业的减债计划。[2]若存在未被全额清偿的债权则被转为无担保债权。[3]此时,评估的重要性就显现了出来,因为对担保物价值的评估数额就是债权人可获得的对其担保权的清偿数额。所以实践中常常出现担保债权人对估值不满的情况。

其次,企业破产法中有关强制批准标准的认定中也需要借助财产估值程序才得以完成。具体而言,最佳利益原则保障着债权人在重整中的可得利益不少于清算利益。[4]既然债务人已然进入破产重整程序,那么实际上永远无法得知在其在破产清算中的清偿比例,毕竟拍卖、变卖价格的浮动也时常存在,所以法院也只能通过审查评估机构的估算数据,大致确定债权人在破产清算中可能获得的清偿比例。其中,由于破产审

---

[1] 《企业破产法》第110条规定,享有本法第109条规定权利的债权人行使优先受偿权利未能完全受偿的,其未受偿的债权作为普通债权;放弃优先受偿权利的,其债权作为普通债权。

[2] 实践中常有引入战略投资人、保留企业资产并且按照评估价值偿还担保债权人的案例,任举一例:深圳万基药业有限公司破产重整案,广东省深圳市中级人民法院(2012)深中法破第2—6号民事裁定书。

[3] 学者认为依据债权的实际受偿权利划分债权组别并且以实际受偿额决定其相应债权的表决权是符合立法本意的,不会影响担保债权人的表决权。参见许胜锋主编:《人民法院审理企业破产案件裁判规则解析》,法律出版社2016年版,第338页。

[4] 对最佳利益原则的更多阐述详见第六章第四节。

判中通常由法官从名册中指定或者有破产管理人委托评估机构作出专业判断,[1]所以债权人、债务人和股东等利益被调整的各方时常提出对估值结果的质疑,因为从本质上来说,破产财产分配的结果仍然涉及债权人、管理人与债务人之间的谈判协商。为了尽量实现财产估值的公允性,美国破产法设计了一套司法估值的方法,当对破产财产价值作评估的时候,法院将举行听审并接受各方的估值意见并进行举证,从而形成最终的判决意见。[2] 在这个听审程序中,债权人有权对评估方法和评估结果提出质疑,所以听审程序在一定程度上缓解了估值不确定性给各方带来的谈判障碍,因为准确而及时的估值能为债权人与债务人之间的谈判奠定事实基础。

最后,在破产重整程序的债权分配计划中,债权受偿数额也与估值结果直接相关,尤其在采用债转股方式进行破产重整的案件中,对债权的清偿就是以股权分配的方式进行,所以股份的估值数额也就是最终债权人可以获得的清偿数额。尤其在较为大型的破产重整案件中,[3]债权人对债转股中的估值定价尤其容易产生不满情绪,使得股权估值成为了多个有重大影响力案件中的争议焦点。关于股权价格的确定问题,2016年国务院接连发布两个政策性文件,[4]改变了先前在破产重整中所普遍采用的、直接以账面价值确定股权价格的方法,提出了建立以"市场化和

---

[1] 私法采用三种方式确定财产的价值,以交易价格为核心的市场的方法、以机构评测为中心的财产估值方法和自我估值方法。通说认为,在上述几种方法中,评估并不能做到真正的中立,因为主观因素和道德风险的存在,估值偏差是难以避免的。参见许德风:《论私法上财产的定价——以交易中的估值机制为中心》,载《中国法学》2009年第6期。为了增加透明度和消除其中可能存在的腐败,最高人民法院2007年专门制定了《最高人民法院对外委托鉴定、评估、拍卖等工作管理规定》(法办发〔2007〕5号);地方法院也有类似的规定,如北京市高级人民法院2006年制定了《关于委托司法鉴定和拍卖工作的若干规定》(京高法发〔2006〕336号)。

[2] 池伟宏:《论重整计划的制定》,载《交大法学》2017年第3期。

[3] 在东北特钢重整案中,国家工信部联合其他相关部门负责人、银行债权人等于2016年8月对东北特殊钢铁集团股份有限公司进行了考察。以中国银行为首的多个金融机构债权人强烈反对债转股。参见《东北特钢债转股夭折,将启动破产重整方案》,载和讯网http://bond.hexun.com/2016-09-21/186118110.html。

[4] 《关于积极稳妥降低企业杠杆率的意见》及《关于市场化银行债权转股权的指导意见》。

法治化进行债转股"为核心的评估定价方式,坚持通过真实出售,以市场机制发现价格。据我国破产实践专家的阐述,在文件颁布之前的债转股操作中,主要是以国有不良资产管理公司的资金来承担了债权人的价值损耗。[1] 但在该文件颁行之后,债转股中的股权定价则主要通过市场自身的力量,由各方对定价进行自由平等的协商。

在为破产重整公司的股份在作评估和定价时,时常遇到的困难是各个利益主体之间的信息不对称问题,这几乎成了重整计划中双方博弈的核心。[2] 因为有诸多因素影响着价格的形成。例如,破产企业是否属于上市公司、企业的经营现状和前景都切实影响着股票价格,另外还需要考虑股票的流动性问题。[3] 总之,第三方评估机构不能简单地以几日之内的账面平均价格为股票定价,还需要综合考虑上述可能影响价格的因素,从而尽可能全面地作出评估以防范债务人的股东滥用其控制地位,使得担保债权人的清偿受到不当损害。[4]

值得注意的是,由于重整具有清算所不具备的重整溢价,因此重整与清算所采用的评估方法也应当有所差异。[5] 有研究分析了债务人企业重整之后在公开市场上出售的价格和通过重整计划中估计的现金流所计算出来的估值之间的关系,发现基于现金流所做的估值是非常不精确的。[6] 在对重整的价值进行评估时,不仅要考虑担保财产本身的市场价

---

[1] 池伟宏:《论重整计划的制定》,载《交大法学》2017 年第 3 期。

[2] 《转股定价成"债转股"双方博弈核心》,载新浪财经网 https://finance.sina.cn/2018 - 07 - 02/detail-ihespqry3203763.d.html? vt = 4&wm = 2811_1559&node_id = 76749,最后访问时间:2019 年 3 月 1 日。

[3] 深圳证券交易所创业企业培训中心编著:《上市公司并购重组问答》,中国财政经济出版社 2007 年版,第 105 页。

[4] 廖森林:《论重整中以股份清偿债务——以债权人权益保护为视角》,载《中国政法大学学报》2018 年第 6 期。

[5] 周荆、杨琳:《破产重整计划的强制批准》,载《人民司法》2017 年第 31 期。

[6] 该研究还试图发现这种不精确的真正原因,可能的解释有以下几种:(1)由于破产程序的司法性质,相较市场条件更无法保证所获信息的质量和数量;(2)估值时故意扭曲现金流的数量。由于估值有非常重要的财富效果,因此利益相关人有强烈的动机来操纵这一过程,正是这种有目的的扭曲造成了估值结果的严重不准确。S. C. Gilson, E. S. Hotchkiss & R. S. Ruback, "Valuation of Bankrupt Firms" (2000), 13 Rev. Financ. Stud. 43, pp.45 - 46.

格,更要考虑到当下重整企业的运营能力和未来市场潜力、行业发展前景等诸多因素。虽然多数企业在破产申请被受理之时,已经确定了该企业处于财产不足以全额清偿债权人的财产状况,但也要注意到,一些知名品牌、轻资产但拥有丰富的知识产权资源的公司等未来前景较好公司所能带来的价值是难以用现有资产的价格来衡量的,所以在重整企业评估程序中,也应当在一定程度上将企业的"软实力"因素纳入估值体系之中。

二、破产程序中的估值偏差及其原因

由于在企业重整中,财产有时并不需要在公开市场上出售,而直接以财产的估算价值偿还破产债权人,但这种估值通常与市场价格之间存在显著差异。法律上可采用的估值方法有两种,一是以评估专家参与听证为核心的司法估值方法,它的优点是让谈判各方就估值问题得以发表意见,以促成多方合意的达成,缺点是容易造成重整程序的拖延;二是直接聘请第三方评估的方式,而不加入听审程序,这种市场估值的方法虽然更为高效,但因为估值机构所采用的估值方法不一,不准确的评估方法容易造成估值偏差,所以在实践中最容易引发争议。以债转股中股权价格定价为例,不同方法造成的估值偏差的巨大的。实践中,有的案例聘请专业机构作出评估报告以确定价格,还有得案例适用的是停牌前十日均价,所以利益相关者自然会基于上述不同的方法产生争论难以达成合意而使得重整谈判陷入困境。[1]

导致公司估值错误的因素既与估值参与者的主观动机相关,又与重整个案中破产程序参与者之间的权力关系、竞拍环境等客观条件相关。通常来说,有四大因素会影响估值过程并能引起系统性的错误:第一,利益竞争各方不同的谈判地位和能力。如上所述,受偿顺序在后的债权人

---

[1] 张钦昱:《论破产财产出售的程序规制——以克莱斯勒破产案为例》,载《法学杂志》2013年第2期。

和优先股股东等希望高估企业的价值而受偿顺序在前的债权人却希望低估,就看谁对评估过程能施加更大的影响。第二,公司高管层的股东地位。如果他们在公司破产前就是重要股东,那么他们的利益取向无疑偏向受偿顺序在后的债权人和优先股股东,如果他们有可能在重整之后保持股东资格或成为新股东,那么他们容易偏向受偿顺序在前的债权人。第三,有无外来的竞拍者。如果对破产企业有其他的一个或多个公司希望收购,那么对其估值通常会取其最高的可能。第四,破产企业高管层不同的重整动机。如果他们希望能在现在的位置上尽量多停留一阵,那么通常会主张一个更高的估值。

  破产重整中,资产的估值与定价是当事人最关注的环节,具体包括资产总额的确定以及资产的处置问题。在资产的估值中,需要参考资产损益表、负债表、资金周转等情况。对于破产重整的企业,价值评估的目的主要是为了评判其是否具有经济效率,换言之,通过评估可以了解那些陷入财务困境或经营困境的企业是否仍有重建能力。认定企业是否具有经济效率,主要考量企业的清算价值、营运价值的评估。一方面,清算价值主要是指企业财产分别处置时的估算价值之和,主要依据资产负债表上个别财产的价值,即破产清算之日的快速变现价值,其受到变现速度的影响,也反应了企业的最低价值。另一方面,营运价值是资本的组合,企业的无形财产也被包含其中,其计算依据主要是指企业通过重整后未来可预期的现金流量折现,通常认为营运价值高于清算价值。在具体估值所采用的方法中,资产基础法、收益法和市场法较为常见。[1] 在企业步入重整程序后,主要目标是拯救企业,重获经济效率,企业的营运价值的估算往往处于更为优先的地位。除了获取企业资产负债情况,进行清算评估,需要关注企业重整后的市场占有率和盈利能力。[2] 因

---

 〔1〕 廖森林:《论重整中以股份清偿债务——以债权人权益保护为视角》,载《中国政法大学学报》2018 年第 6 期。

 〔2〕 赵息、周军:《上市公司重大资产重组绩效评价》,载《西南交通大学学报(人文社会科学版)》2018 第 5 期,第 14 页。

而,有效的评估方法和合理的估值不仅有利于保障债权人对于企业重整的理想预期,也有助于社会资源的有效利用。

三、正确估值行为的认定标准

在破产管理人或企业高管作出的估值行为,大多时候也是一系列的商业决策,从这个角度对估值和财产出售环节进行规制便可以援引有关公司决策的相关规则。例如,在美国判例法中,破产法官在审理了一系列清算式破产重整案件之后,逐渐发展出了一套将破产财产出售与普通商业决策相等同的"程序性规则"。[1] 根据这一规则,在判断财产估值和出售是否公允的时候,并不对破产财产出售本身的价格合理性作出质疑,审查的标准恰如对公司高管不当行为的审查相一致,即以商业判断原则为审查依据,[2] 将其作为判断评估和出售行为是否合乎债权人利益的标准。具体而言,可以从两个方面对估值和出售的合理性进行考察:首先,必须向利益相关者披露与财产评估及出售相关的信息并且聘请业内专家为该商业行为提供中立意见。在一起财产出售的破产清算中,尽管出售的行为得到了债权人会议的一致认可,但是公司的董事却不知晓这一行为,最终法院裁决出售协议不生效。其次,还需要保证作出商业决断的破产管理人或者 DIP 与此次的财产利益没有潜在的牵连关系。

第二节 担保权的价值实现

一、担保权实现的主要途径

在法院受理破产清算的申请后,总得来说,担保权人应当将破产管

---

〔1〕 Revlon, Inc. v. MacAndrews & ForbesHoldings, Inc. 张钦昱:《论破产财产出售的程序规制——以克莱斯勒破产案为例》,载《法学杂志》2013 年第 2 期。

〔2〕 Allen, Lraakman and Subramanian, *Commentaries and Cases on the Law of Business Organization*, Third Edition, Wolters Kluwer 2009, p.253.

理人作为相对人实现债权。尽管在传统大陆法系中,"别除"概念的核心原则就是担保权不依照破产程序受偿,但是由于担保权本身还是与破产程序密切关联,因此不得不受其影响。[1] 具体而言,担保权的实现方式应当分类而述:

对于抵押权和质权,依据《民法典》的规定,抵押权人和质权人可以与抵押人或质押人进行协商,以折价方式获得变现价值,还可以通过公开的拍卖程序或通过变卖出售担保财产,在破产法中,因为已经所有设立了抵押权的财产已经交由破产管理人统一管理,那么抵押权人已经实质上失去了对财产处分的可能性,而只能同破产管理人协商之后,才得以就特定财产优先受偿。

对于留置权,如果重整计划草案中,意图将设立了担保的财产同其他财产一起打包出售,或者认为担保物的留存对债权人利益的整体提升具有重大贡献,那么管理人就应当通过提前向担保债权人清偿债务以赎回担保物留置物。如果破产管理人和债权人委员会对担保权的成立存疑,那么担保权人则需要向审理该破产案件的法院提出别除权确认之诉。在此期间,与担保财产相关的财产处分行为应当暂停。应当明确,无论是出于尊重非破产规则并且与其保持一致的考量,[2]还是为了债权处理的整体效率和担保债权人实现债权的便捷性,担保债权在破产法中的实现都不应当以提起诉讼为前提条件,只有在争议无法通过协商在债权人内部解决时,才能提起别除权确认之诉。

二、清算中实现担保债权的域外经验及我国立法取舍

在比较法上观察,建立了别除权制度的大陆法系其他国家的立法中对破产清算中担保权的实现方式作了颇为详尽的规定。德国破产法在破产清算中设立了两种并行的实现担保权的方法。对于破产管理人无

---

〔1〕 李永军:《破产法——理论与规范研究》,中国政法大学出版社2013年版,第351页。
〔2〕 Douglas G. Baird, *The Elements of Bankruptcy*, 4th Edition, New York, Foundation Press, 2006, p. 87.

权变现的动产标的物,担保权人的自行变现权就继续存在。[1] 另外,如果破产管理人占有破产财产,那么他就有权向法院提出担保物的拍卖申请。[2] 在第一种情况下,为了防范债权人行权的懒惰和拖延,在破产管理人的申请并且经法院许可,可以为债权人自行变现设置一定的期限,如果期限已过而担保权人尚未实现债权,法院可以判决将变现权转移给管理人。[3] 与此相似,日本破产法同样设置了与德国破产法相似的行权期限制度,[4]期限制度极大地提升了管理人处分财产的效率。

同上述德国与日本破产法上的别除权行使的相关规定对我国立法的最大不同在于,与我国《企业破产法》上破产财产统一交由破产管理人变现的规定不一样,德日破产法中均在一定程度上允许担保债权人自行对担保物进行变现。[5] 实际上,关于担保债权应当借助公权力机关实现还是允许债权人自力救济的辩论原先在我国原《物权法》和原《担保法》中就有所涉及,虽然这并非是破产法上独有的问题,但是对这一问题的理清对于担保债权在破产法上的实现效率之增进具有深远意义。

关于担保权人自力救济的这一问题,赞成债权人自力救济的观点认为,从我国原《物权法》的表述可以看出担保权人得以自行处分担保财产。具体而言,这一观点认为,既然法律文本中只提及了债权人"可以"同债务人协商物权的实现方式,而不是"应当"协商,那么也就没有给担保权人以强制性的协商义务,一旦出现债务违约的情况,担保权人即可自行实现债权而不需要同债务人协商。但是,反对自力救济的观点认为,从原《物权法》规定的文义出发,既然在该法律体系中并没有提及自力救济的具体途径和方式,那么就应当认为在我国实在法的层面并未构

---

[1] 《德国破产法》第 173 条第 1 款。

[2] 《德国破产法》第 166 条规定:(1)动产上存在一项别除权的,以该动产处于破产管理人占有之下为限,破产管理人有权将其直接变现。(2)破产管理人有权收回或以其他方式变现债务人为保全一项请求权而让与的债权。

[3] 《德国破产法》第 173 条第 2 款。

[4] 《日本破产法》第 185 条。

[5] 唯一区别是,德国只允许担保债权人对动产变现,对于不动产的变现仍然需要破产管理人为之。

建债权人自力救济的规则体系。[1]

不可否认的是,上述在民法中对自力救济的讨论给问题的解决打开了广阔的思路,但是我们不禁疑问:当企业进入破产状态,债权人的财产不仅时刻处于贬值的危机边缘,而且某些担保债权人无法占有并控制的财产还极有可能受到公司股东或实际控制人代理行为的侵害,[2]那么在公司破产的危机时刻,是否应当作出例外规定而使担保债权人得以自行对担保财产进行变价？这是另一个值得深思的问题。首先,需要考察现行的制度框架是否足以对担保债权人进行周全保护,在传统民法领域对自力救济的讨论中可以窥见,学者认为权利人的自力救济应采用合理的方式,并且应当被严格控制在现行法律法规的范围之内。[3]况且,民事权利主体拥有权益并不等于权利人自行实现权利,而且这也不切实际,因为为了实现权利,权利的主体常常需要借助于国家的帮助。[4]因此在设计规则时亦应当考虑担保债权人是否足以通过破产管理人的行为而及时高效地处理债务受偿,另外基于我国立法的现实,关于担保债权人在破产程序中获得自力救济的安排是否应当在未来得到改变,既需要在法政策上考量破产法内部的利益平衡,又涉及与民法典上担保制度的协调,所以应当认识到,尽管赋予担保债权人以自行变价权可以显著提高其受偿概率及数额,但仍然不可贸然为之,需要将来我国破产学界的进一步论证。

三、在破产程序外实现担保权之可能性

在破产程序之外实现担保权是指担保权人得以在不申报债权的前

---

〔1〕 高圣平:《担保物权实行途径之研究——兼及民事诉讼法的修改》,载《法学》2008年第1期。

〔2〕 事实上,从委托代理关系而言,公司高管总是有动力转移公司财产以谋取私利,而且往往因为公司高管及控股股东转移公司财产的行为,导致了公司深陷破产。许德风:《破产法论——解释与功能比较的视角》,北京大学出版社2015年版,第493页。

〔3〕 王利明:《民法总则研究》,中国人民大学出版社2003年版,第245页。

〔4〕 [德]迪特尔·梅迪库斯:《德国民法总论》,邵建东译,法律出版社2000年版,第121页。

提下,依照破产法之外的物权法规则,以担保权标的物的变价金优先受偿实现债权的过程。依据我国 1986 年《企业破产法(试行)》第 30 条,[1] 之所以规定担保财产不属于破产财产是因为在原企业破产法中担保权人可不申报债权、不参与破产程序而直接就担保物受偿。然而自 2013 年《破产法解释二》出台之后,担保财产被正式确定为破产财产,学者认为这是《企业破产法》立法观念之转变的体现之一,[2] 因为在破产程序下集中实现担保权更加符合保护全体债权人利益之需要,并且能最大限度地促进并实现企业拯救。[3] 甚至在企业已经依法进入破产清算程序,只要尚未被法院宣告破产,清算程序仍然有转换为重整程序之可能。事实上,我国的司法实践中也的确已经出现了几件颇具传奇色彩的清算转入重整的案例,[4] 在类似的情形中,当企业已经陷入危机,如果附着着担保债权的财产在破产程序之外已经被债权人以非讼程序实现,那么将带来不可逆的结果。而且,债务人在正常经营时往往倾向于将公司最有价值的财产作为担保标的物为企业获取融资,如此,若一般性地、不加区分地赋予担保债权人在破产外实现债权的权利,那么上述清算转重整的企业将失去其再生的财产保障及物质基础。

结合《企业破产法》关于债权申报的规定来看,若以传统的大陆法系观念理解担保权"在破产程序之外实现债权"则必然存在谬误。事实上,如果从现行法律出发,别除权理论中所指的"在破产程序外实现担保权"已经不再可能。因为第 49 条明确了申报债权时,债权人就应当说明该

---

〔1〕 《中华人民共和国企业破产法(试行)》第 30 条规定:破产宣告前成立的无财产担保的债权和放弃优先受偿权利的有财产担保的债权为破产债权。

〔2〕 《企业破产法》的立法理念早已不限于简单的破产程序,而在于为债务人提供挽救机会。韩长印主编:《破产法学》,中国政法大学出版社 2016 年版,第 197 页。

〔3〕 将债务人在担保财产上的权利和权益纳入破产财产不仅有助于确保处境相近的债权人受到平等待遇,尤其如果企业认为担保财产对重整的成功是必不可少的时候,或者担保财产在破产清算中也是至关重要的时候,担保财产的留存就更有利于破产法的目标实现。联合国国际贸易法委员会:《破产法立法指南》2006 年,第 427 页。

〔4〕 杭州顺达塑胶有限公司破产清算转重整案,参见浙江省高级人民法院民二庭:《浙江法院破产审判报告(2013)》,载徐阳光主编:《中国破产审判的司法进路与裁判思维》,法律出版社 2018 年版,第 703 页。

财产上是否附有担保权,而且《破产法解释二》第 3 条也已经将担保财产划归于破产财产之内,因而即使担保债权人并没有及时申报债权,该破产财产也早已在破产受理时由破产管理人接管。所以,从上述法条中不难发现,担保债权人已经不可能完全不依赖破产法径而直接实现债权,所以无论从法条本身还是实现财产价值最大化的价值衡量出发,在破产法之外实现债权都是不合乎实际的。

更进一步分析,根据我国曾经参与破产立法的学者阐述,要求担保权人向破产管理人申报债权的初衷是为了避免债权人和破产企业之间恶意串通的不诚信行为,统一申报可以让其他债权人也能得知破产财产上的担保情况,以减少可能出现的纷争。[1] 此外,尽管破产债权人的行权需要依赖于破产管理人的配合,但只要破产管理人审查时认为担保财产不会被纳入资产打包出售的范围之内,那么就应当允许担保权人在破产程序外,即依照实体法律的相关规则实现其债权。

第三节　本章小结

破产财产的评估及担保权利实现机制体现了商品交易市场中的定价及变现功能,财产估值是价值分配的前提,它作为一种模拟价格确定机制,既是破产程序分配价值的技术性环节,也是理论研究的难点。评估问题重要性体现在以下两个方面:其一,担保财产评估程序作为破产债权人缩短财产货币化进程的手段,其在破产实践中的意义重大。在重整程序中,担保权人常因对价值评估的结果不满而投票否决重整计划;在清算程序中,对担保财产的价值评估则直接影响到担保债权的受偿数额。在《企业破产法》第 111 条规定的基础之上,破产管理人享有对破产财产的使用、变现权,而担保债权人却对财产处分方案、变价方案不享有

---

[1]　王欣新:《破产别除权理论与实务研究》,载《政法论坛》2007 年第 1 期。

表决权,因而担保债权人对担保物的控制力受到了显著的限制,本章的基本结论是,应当注意重整与清算中财产评估的区别,尤其注意重溢价的部分价值,另外就财产使用的条件而言,由于担保财产处于破产管理人的管控范围内,则应当确立基于商业判断的使用程序。

第六章 基于我国法的解释论再造及建议

第一节 担保别除概念的再认识

本书第三章着重论述了别除权的理论沿革,其中大陆法系的"别除"概念最为关键,因为在大陆法系的语境之下,若单从字面意思分析别除权,就是不依破产程序而行使的优先受偿的权利,[1]别除权虽为债权但仍具有物权性。[2]然而,基于对《企业破产法》的立法现状及司法实践的操作分析,一个扼要的结论是:破产程序已经极大地降低了担保债权的物权属性,相应地,"别除"一词的范围被极大地限缩了。这一概念的演变过程正如卢曼所言,法律概念内涵的充实和具体化不可能通过巧合来解释,这是与社会结构、社会达到的复杂性程度以及立法标准的程式类型保持一致

---

[1] 汤维建主编:《企业破产法新旧专题比较与案例应用》,中国法制出版社2006年版,第328页。

[2] 邹海林:《破产法——程序理念与制度结构解析》,中国社会科学出版社2016年版,第347页。

的。[1] 就本论题而言,别除概念之演变就深刻体现了上述法律概念变化中的非偶然性,因为从担保债权人的行权方式来看,并不可直接由债权人作为主体以民事诉讼的方式对破产企业提出清偿请求,甚至债权的认可还需要通过债权申报程序并且获得债权人会议的表决,更勿论实现债权需要借助破产管理人组织财产拍卖或引进战略投资人以清偿债权,所以担保物变价所得的现金常常难以得到及时的提存。

由此观之,除了学理上的探讨之外,"别除权"一词在我国实在法上根本是一个理论幻象,既无法找到与其精准对应的法律规则,又不能在破产立法价值的平衡中上为其找到立足之地。[2] 从更为理性角度而言,担保的别除体系在破产法中是不可一语道破的,与此相关的理论分析必然与自动中止、财产出售和强制批准等具体的破产法制度相结合才能获得实质内涵。

第二节 担保权利限制机制的调整和改进

从规则的本质而言,其背后标记着不同位阶的价值序列。正是这些价值不断排列组合,形成差序格局,才构成了形色各异的法律制度。因此也有人说,法律制度是事实、逻辑与价值的结合体,[3] 法律必须稳定却不能静止不变。[4] 就价值衡量与法律形成的促进关系而言,无论以何种方式或者遵从何种原则、先例为指导力量,都应当明确该原则、规则或先例如何发挥作用,我们需要达到的目的是什么。该目的表现在重整制度中,则应是通过促进破产财产价值的最大化,间接实现对债权人利益的

---

[1] [德]尼克拉斯·卢曼:《法社会学》,上海世纪出版集团2013年版,第233页。
[2] 可参见本书第一章中对破产立法价值的相关分析。
[3] [日]北川善太郎:《日本民法体系》,李毅多、仇京春译,科学出版社1995年版,第3—4页。转引自梁上上:《制度利益衡量的逻辑》,载《中国法学》2012年第4期。
[4] Roscoe Pound, Interpretation of Legal History, p.1. 参见[美]本杰明·N.卡多佐:《法律的成长:法律科学的悖论》,董炯、彭冰译,中国法制出版社2002年版,第4页。

保护。无论出售型重整还是存续型重整,对担保物的控制与处分都是债务清理、重整运营中的必要环节,将该环节纳入破产法的框架是解决担保财产被不当处置唯一途径。美国汽车业的重整实践通过协议安排扭曲了优先规则,英国破产法也因为没有设置破产财产的公共拍卖程序而受到诟病。[1] 可以这样说,由于交易结构的日益复杂、债权人纷纷绕开破产规则而追求利益的直接原因是,现存的破产协议平台无法解决不同优先级债权人之间的利益冲突。如对破产法中的担保规则进行重构,尤其在担保财产价值实现的层面,应主要从以下两个方面着手,以合理地规范对担保债权人的实体限制,保护担保债权人的权益不受重整程序的不当侵害。

一、设置暂停行使规则的例外条款

与担保债权人的利益最直接关联的是破产程序中的暂停行使,也称自动中止的条款,基于对破产程序的清偿秩序维护和对其他债权人受偿利益的考虑,各国破产法都一般地设置了对担保债权暂停行使的规则。但是正如前文所言,并非所有担保债权的标的物都是破产重整所必须的,又或者在破产清算中该标的物也并非需要和其他资产一并处置,那么此种情况下应当设置对担保债权暂停行使的例外条款,在美国联邦破产法上亦被称为自动中止的解除(relief from stay)。具体而言,这个例外条款应当包含如下内容,即对非属于破产财产一并处置或者非属于债务人生产所必须的债权标的物,即可赋予担保债权人以恢复行权的程序权利。此时,担保债权人可得向破产管理人提出自动中止的解除请求,破产管理人若有反对意见则应当向受理法院提出相应的理由,如果法院

---

〔1〕 在英国破产法中,公开拍卖并非处置破产财产的强制性环节。公司管理层与担保债权人协议之后,既无需通过法院审查,也无需与后顺位债权人商议,他们可以通过由担保债权人任命的破产管理人(insolvency practitioner)将公司出售。然而,公开拍卖可以吸引大批潜在投资者,因此有学者认为即使不存在利益冲突,也应当将公开拍卖作为处理破产财产的前置程序。Andrea Polo, "Secured Creditor Control in Bankruptcy: Costs and Conflict", *Ssrn Electronic Journal*, September 2012, p.27.

亦认可该担保债权的单独受偿与债务人的继续经营并无紧密联系,那么破产程序就应当对其解除冻结。

二、重整中担保债权的损害补偿

正如前文所述,担保债权人不可避免地受到了程序拖延的损害,因此一般来说,较为完善的重整规则都对担保债权人的损害进行了填补。尤其是在我国并未给担保债权的自动停止规则设置例外条件的立法现状下,对重整中担保债权人期限利益的补偿更加应当重视。总体来说,担保权人所受到损害,要么就是来自于担保财产的价格变化直接导致价值损失,要么就是最为常见的利息损失,这两种损失都应该在重整计划中有所体现。立基于此,实际上对担保债权补偿范围的认定可以拆解为担保物的价值减损以及利息补偿两个问题。

第一,对因重整而导致的担保物的价值减损应当以物理损害为限予以适当补偿。由于破产管理人或债务人占有、使用行为将担保物置于一定的损害或灭失的风险之下,若因不可归责于担保权人的原因导致担保物的损害或因正常使用而导致担保物贬值,应当由破产管理人向担保债权人就该部分损失予以补偿。然而,由于债务人企业对担保标的物的持续使用以及重整程序的不断推进,因市场价格波动而引致担保物价值贬损的情况也时有发生,尽管在比较法上对价值减损(loss in value)赔偿规则并未明确排除此种单纯的价格变动,[1]但是基于对企业挽救目的及债务公平清偿的现实考虑,宜将损害补偿范围严格限于物理损害,德国通说亦认为如果是单纯由于市场价值波动而造成的价值贬损则不予

---

[1]《德国破产法》第 172 条规定,当使用破产财产之时,需要对从破产程序开始以来因管理人的使用而造成的价值减损(loss in value)对担保债权人进行补偿。此处若仅使用文义解释,由市场价格波动造成的 decline in value 也必然导致 loss in value 的结果,因而似乎可以得出对所有类型的价值减损进行无差别补偿的结论,但德国学界认为应对其进行目的性限缩解释。

赔偿。[1] 而且，担保财产市场价格的波动本来就应当属于担保债权人自行承担的风险，如果进入重整时恰好遇到市场价格下跌，从而由其他债权人负担这一部分风险，也并不符合破产法的初衷。

第二，对担保物在重整期间的利息损失应当以担保物价值为限予以适当补偿。关于利息损失的补偿，在比较法上已经获得了较为周全的考量，可资借鉴。美国联邦最高法院在 United Savings Association v. Timbers of Inwood Forest Associates, Ltd. 案中依据担保物与担保价值的差额为基础判断利息补偿范围，明确对不足额担保中高于担保物价值部分的利息不予补偿。[2] 我国今后立法如果将价值与利息的补偿范围进一步细化，则应当着重强调对于利息的赔偿以担保物的价值为限，且对于价值减少的认定应当限于物理损害（因债务人损坏担保物、或者因正常的使用而导致的价值下跌）而非正常的市场价值下跌造成的损害。

第三节 担保债权人的程序救济

与破产清算与破产和解不同，破产重整对担保权的权益调整是实体性的。[3] 从结构上看，破产重整中的重整计划草案和破产清算中财产分配方案的形式大致相似，对决策形成机制的程序设计关系到各个破产参与者的权力制衡和协调。对法的认识不再停留于社会控制手段，而是引

---

[1]《德国强制拍卖与强制管理法》第30e条第2款规定，若破产管理人在破产程序中使用了有关担保物，还必须赔偿由此可能给担保物权人造成的价值损失。通说认为，这里的价值补偿仅限于因使用所造成的价值减损，市场波动所引起的价值减少不在其列。Städtler, Grundpfandrechte in der Insolvenz: eine Rechtsvergleichende Untersuchung der Effektivität von Grundpfandrechten in der Insolvenz des Schuldners in Deutschland und Frankreich, S. 239; Bruns, Grundpfandrechte im Insolvenzplanverfahren, KTS 2004, 1(2). 转引自许德风：《论担保物权在破产程序中的实现》，载《环球法律评论》2011年第3期。

[2] Charles J Tabb, *Law of Bankruptcy*, West Academic Publishing, Fourth Edition, 2016, p.298.

[3] 参见汪世虎：《担保物权的优先受偿性在破产程序中的限制》，载《河北法学》2006年第8期。

致主体间的沟通模式。总体来说,担保债权人的表决权应当符合正当程序的基本要求,既然担保债权人的利益将不可避免地被破产程序所影响,那么他们不仅应当同被视为破产程序的利益相关者,还应当被赋予被充分告知信息并且在此基础上进行投票的权利,以真正实现破产制度的基本价值。因为一部以公平为目标的破产法应该既要确保充分的信息披露,又要赋予利益相关者以对应的表决权,最后还能为表决中的异议债权人提供公平公正原则的保护以实现权利救济。[1] 具体而言,破产法对实现担保的程序限制表现为以下几个方面。

一、正当程序的总体要求

依正当程序原则,正当程序的制度供给是实现当事人合法利益的重要环节,他人利益被剥夺时其有权知悉理由、陈述意见和申请听审。[2] 相关权利人通过被赋予参与听审程序的权利,既有助于保护自身利益,又可以对司法权的运行进行监督和约束以防范权力的恣意性。[3] 债权人对破产程序的参与和接纳程度,直接决定了破产规则的法律效果和社会效果。[4]

在德国、日本、美国等国家的破产重整制度中,利害关系人在破产重整过程中的程序性利益得到了较为充分的保障。然而,我国对于法院如何批准重整计划缺乏更为具体的程序要求,立法的缺位使得利害关系人难以知晓并参与对重整计划的形成和批准。《企业破产法(草案)》曾有一条规定专门针对法院审查批准重整计划之前的程序,即人民法院在批准重整计划之前需要进行开庭审理,并听取利害关系人的意见和建议,

---

[1] See John C. Anderson & Peter G. Wright, Liquidating Plans of Reorganization, 56 *Am. Bankr. L. J.* 29, 50 - 51. 转引自李曙光、王佐发:《中国破产法实施三年的实证分析——立法预期与司法实践的差距及其解决路径》,载《中国政法大学学报》2011 年第 2 期。

[2] 参见[日]谷口安平:《程序的正义与诉讼》,王亚新、刘荣军译,中国政法大学出版社 2002 年版,第 4 页。

[3] 参见常怡:《比较民事诉讼法》,中国政法大学出版社 2002 年版,第 13—14 页。

[4] 参见刘贵祥、林文学、郁琳:《关于适用〈中华人民共和国企业破产法〉若干问题的规定(三)〉的理解与适用》,载《人民司法》2019 年第 31 期。

必要时需要专业人员和相关部门参与其中,[1]然而在最终通过的《企业破产法》中,有关听证和开庭审理程序的相关内容却被删除。

从债权人权益保护的角度出发,程序正当原则应当在将来的破产法修改被确定下来。对于具体的程序设计,应当做到以下几点:首先,在重整计划批准之前,应当告知利益受影响方,尤其是反对该计划之人。其次,由于重整计划关涉多方利益分配,应通过开庭审理或召开听证,允许相关各方阐述其立场与观点。[2] 最后,作为法院专业知识的补充,必要时咨询相关专家的意见,这也是实现正当程序利益的重要制度建构。鉴于重整计划批准后,法院为利害关系人提供的救济途径有限,因而有必要在计划批准前为当事人设置正当的程序安排以保障其合法权益。

二、担保权人的表决资格

担保权人的表决资格依据担保债权数额确定,而担保债权数额则根据担保物可实现价值确定。如果出现担保财产不足以清偿全部担保债务情形,剩余未清偿的债权只能作为普通债权。[3] 据此,债权数额的确定不属于债权人会议可以表决调整的事项,[4]担保权人的表决资格与担保债权数额相关。如上所述,《企业破产法》第64条明确了对债权人会议的,必须既符合人数过半,又要求债权占到无担保债权的半数以上,那么既然担保债权人的权益也将被破产程序所影响,那么这种显然将担保债权人排除在外的规则设计就是未曾考虑担保债权人利益。破产法之

---

[1] 参见《中华人民共和国企业破产法(草案)》第106条。
[2] 参见[2018]53号《全国法院破产审判工作会议纪要》第15条。虽然该纪要首次提到重整案件的听证程序,但是对债权人程序利益的保障仍较为保守。该纪要认为:"对于债权债务关系复杂、债务规模较大,或者涉及上市公司重整的案件,人民法院在审查重整申请时,可以组织申请人、被申请人听证。债权人、出资人、重整投资人等利害关系人经人民法院准许,也可以参加听证。"作为对破产财产享有权益的债权人,其参与程序的权利应为破产程序的应有之义,但是根据该会议纪要,债权人和相关利益关系人的参与权仍然需要经过法院批准,听证程序本身也仅为可选程序。
[3] 参见《企业破产法》第110条。
[4] 参见浙江省安吉县人民法院(2019)浙0523民初5378号民事判决书。

所以规定担保债权不得享有完全的投票权,首先,是因为在破产清算中,担保债权被认为是可以不受破产程序的影响而单独受偿,但是《企业破产法》在我国的实施情况却并非如此:首先,法官实践中过度限制担保权行使的现象尤其值得反思,[1]因为在破产清算中是否应当暂停担保债权的行使在法律文本语焉不详,存在适用分歧,[2]暂停行使条文中的"受到损害""价值减少""足以危害担保权利益"等关键概念内涵不清。[3]其次,对《企业破产法》作体系解释的基本结论是,破产企业的所有财产都要交由破产管理人统一管理并由其进行债权清理的工作,那么此时担保债权人即便得以行权,也需要向破产管理人提出,所以破产管理人的意见将对结果产生实质性的影响。针对这一问题,最高人民法院2018年发布《全国法院破产审判工作会议纪要》(以下简称《纪要》)第25条明确了担保债权人得以随时向破产管理人主张担保财产变现并且据此优先受偿,破产管理人不得以须经债权人会议决议等为由拒绝,但是因整体变价处置之外。对此可作如下解读:

第一,本条确立了允许担保债权人单独清偿是一般规则,不允许单独清偿是特别规则,而且无需等待债权人会议决定。应当肯定的是,《纪要》大幅降低了破产管理人限制担保债权人的恣意性,及时回应了破产实务的重大分歧。但是同时也应认识到,工作纪要的效力并不等同于法律,破产实践对于《纪要》的理解仍存在一定分歧。在《纪要》发布之后,仍然有一部分破产管理人以"案件暂时处于清算程序,后期有可能转入破产重整程序"为由,拒绝担保权人的行权请求,[4]拖延答复担保债权人的行权请求。为了解析这一现象,可以回溯到破产法限制担保权的目

---

[1] 参见王晗:《破产清算程序债权人会议决议问题研究》,第八届中国破产法论坛暨《企业破产法》实施十周年纪念研讨会参会论文,2017年。

[2] 参见程顺增:《论破产清算中担保物权实现的限制——以民法和破产法下实现之不同为视角》,载程品芳主编:《人民法院企业破产审判实务疑难问题解析》,法律出版社2016年版,第87—91页。

[3] 参见戴红兵主编:《破产审判的广西实践与探索》,法律出版社2019年版,第228页。

[4] 参见吴华彦、任兵:《债权人破产别除权的行使规则及实操要点》,载金诚同达律师事务所公众号2020年11月18日。

标,在原理上,限制担保权主要是给破产程序争取调查时间,让相关主体有充分的时间判断当前公司运营状况是否还适合继续经营,是否还存在挽救价值。[1] 据此,破产管理人能否以"清算可能转入重整"为理由拖延担保债权的行使? 其合理性是存疑的。这是因为法院在受理清算案件时已经审查过债务人的资产状态,也就是说,对企业的重整价值已经做过一次判断,如此,若仍然允许以今后可能转入重整为理由拖延清偿,那么将给担保权人造成期限利益的损失,而且只要清算程序不结束就总是存在转入重整的可能性,担保权人便无法行权,这与《纪要》允许担保随时请求清偿的宗旨也相违背。

第二,整体处置是请求恢复行权的除外条件。虽然《纪要》肯定了担保权人可以随时主张变现,但是设置了一个除外条件,即担保权人不得在债权人会议决定作整体处置时请求单独变价。在实践中,即便担保权人主张"抵押物完全独立于其他破产财产,单独处置不会降低其他财产的价值,可单独变价处置",也无法得到法院支持。[2] 在一起重整案中,担保权人仅对债务人的部分房产和土地享有抵押权,但是其他部分土地及构筑物、机器设备不在抵押权范围之内,法院认为,单独处置抵押财产会降低其他破产财产的价值,据此否定了担保的单独处置的诉讼请求。[3] 此外,如果担保财产与其他财产存在专属用途关系,或者在物理上难以与其他财产相互分离,也可以作为拒绝单独处置的正当原因。[4]

从上述分析可以看出,如果破产管理人提议整体处置,由于担保债权组的表决资格受到限制,重整计划最终被债权人会议表决通过的概率很大,所以在投票表决资格的问题上,破产法的立场就是暂时牺牲担保权人的个别变价权,优先保障整体处置的效益,最后以整体变价所得价

---

[1] 参见徐阳光:《破产法视野中的担保物权问题研究》,载《中国人民大学学报》2017 年 2 期。

[2] 最高人民法院(2020)最高法民申 4765 号民事裁定书。

[3] 河南省济源中级人民法院(2020)豫 96 民终 1105 号民事判决书。

[4] 参见王欣新:《论破产清算程序中担保债权人优先受偿权的个别行使》,载《人民法院报》2021 年 2 月 4 日,第 7 版。

款优先清偿担保权人。

三、财产处分的信息披露

破产债权人对重整计划和财产分配方案的了解依赖于破产管理人及破产企业的信息披露程度,只要信息披露充分且及时,作为理性人债权人自然会运用资讯作出合理的决策。[1] 反之,信息披露不充分、不透明或不及时都将对债权人的表决造成消极影响,而且不知情的债权人极有可能因此而拒绝配合管理人的后续工作。[2] 一旦开启了破产程序,尤其是在破产管理人接管营业和财产之后,作为外部利益相关者的破产债权人不仅很难了解债务人企业的经营决策和重整程序的最新进展,[3] 而且他们只能被动接受信息,缺乏表达渠道。[4] 上述困境恰恰显示了破产法信息披露制度的缺漏,[5] 债权人时常抱怨因信息披露不足、程序参与不足,导致了不公平的清偿结果。[6] 现行法中,信息披露的主要依据是《企业破产法》第 81 条和第 84 条,前者规定了重整计划草案的具体内容,后者规定破产企业和破产管理人对计划草案有说明义务,不过这两

---

[1] 参见高长久、汤征宇、符望:《上市公司重整中的法律难题———以华源股份重整为例》,载《商事审判指导》(2010 年第 2 辑),人民法院出版社 2010 年版,第 98 页。

[2] 参见韩长印:《简论破产重整计划表决的信息披露机制——以美国法为借鉴》,载《人民司法》2015 年第 1 期。

[3] 尤其企业处于非正常经营阶段时,债权人对企业信息需求增加,但企业信息主要由债务人掌握,信息不对称的冲突加强。参见徐阳光、韩玥:《破产重整程序中的信息披露》,载《人民司法》2019 年第 34 期。

[4] 参见陈夏红、闻芳谊主编:《破产债权保障手册》,法律出版社 2020 年版,第 51 页。

[5] 与示范性的指标相比,《企业破产法》对债权人知情权的保护仍有很大的提升空间。世行评估专家认为,管理人向债权人委员会报告业务执行情况,并不等于每个债权人都能在破产程序中获得债务人的相关信息,因此我国法律规定得不够明确,不能得分。韩长印:《世界银行"办理破产"指标与我国的应对思路》,载《法学杂志》2020 年第 7 期。

[6] 参见王欣新、丁燕:《论破产法上信息披露制度的构建与完善》,载《政治与法律》2012 年第 2 期。据银行法律保全部负责人表示,债权人仅在债权申报、参加债权人会议(且一般是第一次债权人会议,后续债权人会议参与度不高)、参与债权清偿时出现,对于过程性事项缺乏参与,往往遗漏对一些关键性问题处理发表意见的机会,从而影响到债权的实现。参见文建秀:《破产程序下法院与金融债权人互信机制构建》,第十一届中国破产法论坛主题演讲,2020 年 10 月 24 日。

项内容相较于比较法上的信息披露制度仍然稍显粗陋,〔1〕还存在较大提升空间。近年来,为了严格规范重整信息披露,中央和地方都在积极推动破产信息披露制度的建设,发布了一系列信批规则。〔2〕

1. 信息披露的主体和方式

司法实践中,信息披露的程度和标准因主体不同而有所区分。通常来说,上市公司开启重整的社会影响较大,所以不仅信息披露的标准要严于非上市公司,〔3〕还有证监会、国务院国资委、工业和信息化部、财政部等国家机关配合企业完成信息披露义务。〔4〕不仅如此,2022年沪深两市发布了上市公司破产重整自律监管指引,对重整计划草案的形成、批准执行的全过程都提出了信息披露要求。〔5〕然而在应然层面,债权人获知信息的途径和权利救济方案仍然不够充分:第一,信息披露的范围较窄。上市公司重整信息披露内容大多是已经可供投资者查询的公开信息,〔6〕欠缺辅助债权人进行商业判断的其他重要信息,公司与债权人之间信息不对称,债权人也难以就重整计划的内容进行有效预判。第

---

〔1〕 以美国法为例,在破产重整计划表决之前,法官应当裁决该信息披露是否足够充分。参见《美国破产法》§1125(a)(b);《美国联邦破产程序规则》§3017(b)。

〔2〕 参见杨忠孝:《信息披露与重整程序信任机制建设》,载《山西大学学报(哲学社会科学版)》2021年第3期。2016年最高人民法院《关于企业破产案件信息公开的规定(试行)》《关于进一步做好全国企业破产重整案件信息网推广应用的办法》、2018年《全国法院破产审判工作会议纪要》、国家发改委与最高人民法院2020年联合发布的《关于推动和保障管理人在破产程序中依法履职进一步优化营商环境的意见》等中央政策、法律类规范性文件,以及《北京破产法庭破产重整案件办理规范(试行)》《上海市高级人民法院破产审判工作规范指引(试行)》《广东省高级人民法院关于审理企业破产案件若干问题的指引》等。

〔3〕 人民法院应当就申请人是否具备申请资格、上市公司是否已经发生重整事由、上市公司是否具有重整可行性等内容进行听证。参见法〔2012〕261号最高人民法院印发《关于审理上市公司破产重整案件工作座谈会纪要》第5条。另见证监会令〔2021〕第182号《上市公司信息披露管理办法》。

〔4〕 参见国发〔2020〕14号《国务院关于进一步提高上市公司质量的意见》第5条。

〔5〕 参见上证发〔2022〕41号《上海证券交易所上市公司自律监管指引第13号——破产重整等事项》;深证上〔2022〕325号《深圳证券交易所上市公司自律监管指引第14号——破产重整等事项》。

〔6〕 参见高丝敏:《论破产重整中信息披露制度的建构》,载《山西大学学报(哲学社会科学版)》2021年第3期。

二,证券法的信息披露并不适用于非上市公司,非上市公司债权人的知情权同样值得重视。不仅如此,证券法和企业破产法的立法目的也不同,前者侧重于保护股东,[1]后者侧重于债权人保护,若仅采用证券法规作为单轨制信息披露的主要依据,显然无法满足所有破产案件需求。[2]

2.信息披露的充足性判断

信息披露的关键信息是对重整计划可行性的判断,重整计划的可行性决定着重整的命脉。虽然目前司法政策倡导人民法院作可行性审查,[3]但是缺乏具体方案。根据《破产法立法指南》,在方案付诸表决前,重整方案的拟定者应当就方案对利害关系人可能造成的利益减损进行详细说明,拟定者通过信息披露来保障当事人对于重整计划掌握了足以充分评价的资料。至于具体内容则交由专家进行拟定,而且对于重整计划的内容,个人也应该有权进行评判。[4]《美国破产法》也有类似表达,该法第11章将正当程序的要求具体化,详细列举了批准前需要完成的信息披露内容,而且官方债权人委员会与非委员会的债权人应当就公司的保密信息进行分享,债务人需要向债权人提供报告以及对相关信息进行披露。当利害关系人能在合理时间内获取足以进行正确判断的充分信息,信息披露所要求的正当程序原则被遵守和满足。[5] 上述比较法上的信息披露标准基本涵盖了担保债权人表决重整计划时应当掌握的信息要素和程序要素,值得借鉴。

3.债权人查询权的正式确立

为了弥补破产法信息披露制度的不足,《最高人民法院关于适用〈中华人民共和国企业破产法〉若干问题的规定(三)》(以下简称《破产法解

---

[1] 参见朱锦清:《证券法学》,北京大学出版社2019年版,第106页。
[2] 参见施啸波、李远洋:《上市公司重整中管理人信息披露义务的法理审视与完善建议——兼对相关规范性文件规定的理解与反思》,第三届破产法治·天府论坛——成渝地区双城经济圈破产协作专题研讨会获奖论文,2022年。
[3] 法[2018]53号《全国法院破产审判工作会议纪要》。
[4] 联合国国际贸易法委员会:《破产法立法指南》,2006年,第193页。
[5] 参见刘敏、池伟宏:《法院批准重整计划实务问题研究》,载《法律适用》2011年第5期。

释三》)确立了单个债权人的查询权,规定单个债权人可以通过向人民法院请求作出决定的方式获得相应救济,尽管有一些债权人因其信息查阅权诉请人民法院确定破产管理人违反法定职责,但是法院普遍认为查询权属于破产程序的事务性请求,[1]并不构成单独的诉讼请求,所以当事人不能以提起民事诉讼的方式实现救济。[2] 除了债权人的主动行使查询权,一些地方法院还引入听证程序,[3]邀请利害关系人对重大复杂案件的处理报告发表意见。

4. 信息披露标准的建构路径

综上,破产程序中的信息披露应当尽可能地涵盖债权人作出表决时所需的所有信息,尤其在破产重整中应当综合考量市场因素对企业价值带来的影响。[4] 例如,在采用债转股方案的重整计划中,重整计划应该向债权人提供股份定价的相关信息;如果债权人将所有主营业务打包出售转让与战略投资人,那么充足的信息披露就应当包含债权人的财产权益在重整之后将以何种方式存续于企业之中,是采用现金方式实现即时清偿,还是将财产权益继续留存。不难发现,以列举的方式穷尽重整计划和财产处分方案的所有细节几乎是不可能完成的任务,因为破产程序是过程性的,实践总是在不断创新着企业重生的各种方式,而且与重整计划相关的信息总是涉及财产法、金融法、公司法等诸多领域,所以在此

---

[1] 参见福建省南平市中级人民法院(2017)闽07民中517号民事裁定书。

[2] 最高人民法院(2021)最高法民申1207号民事裁定书、江苏省高级人民法院(2020)苏民申10453号民事裁定书、江苏省高级人民法院(2019)苏民申7601号民事裁定书、四川省乐山市中级人民法院(2019)川11民终521号民事裁定书。

[3] 参见厦门破产法庭:《破产审判白皮书(2016—2020)》,第14页。

[4] 以股权评估为例,现行重整程序中的信息披露主要包括债务人的资产评估报告、债务人的债务清单(管理人确认的债权表)以及评估公司出具偿债能力分析报告(模拟清算状态下的清偿率测算报告),上述信息有利于评判破产清算情形下的债务人的债务清偿情况。但破产清算状态下的债务清偿率和测算重整状态下债务人股份价值存在本质差异,仅凭上述信息,无法为债权人预估债务人股份价值提供有效参考。除了债务人清偿能力分析报告外,管理人还应当委托专业评估机构对债务人在扣除重整程序消灭债务后的股东全部权益进行评估。参见廖森林:《论重整中以股份清偿债务——以债权人权益保护为视角》,载《中国政法大学学报》2018年第6期。

前提下,为债权人列明全部信息是异常困难的。为了克服上述列举式立法模式的固有缺陷,在未来修法中,可以充分吸纳中央和地方的探索成果,完善披露方式:首先,明确破产案件信息公开以公开为原则,以不公开为例外。[1] 具体来说,可以在破产法的信息披露范围增加一项兜底条款,将"债务人、破产管理人、债权人认为应当披露的信息"囊括进去,或者以定期报告和临时报告的形式提供不同阶段的信息,[2]尤其是在重整计划的起草阶段,应该强化债权人的信息获取权利。[3] 其次,可以规定由法官在重整计划被批准前判断债权人是否已经充分知悉了与其利益相关的关键信息,作为批准重整计划的审查标准之一。最后,还可以将信息披露作为重整计划被人民法院批准的必备要件,以此提高破产债务人和破产管理人主动进行信息披露的积极性。

四、破产财产的处分变现程序

1. 财产处分的决策主体是债权人

财产处分的决定程序与债权人保护的联系最为紧密。关于处分职能的划分,《企业破产法》对债权人委员会、债权人会议和破产管理人的表述存在一定程度的交叠,[4]造成了权能界限不清,导致了解释上的重大分歧。[5] 首先,破产管理人的职权是"管理和处分债务人的财产",在

---

[1] 法发(2016)19号《最高人民法院关于企业破产案件信息公开的规定(试行)》第2条。
[2] 上证发〔2022〕41号《上海证券交易所上市公司自律监管指引第13号——破产重整等事项》,本所、上市公司或者管理人认为应当披露的其他事项。
[3] 参见张钦昱:《我国破产法的系统性反思与重构——以世界银行〈营商环境报告〉之"办理破产"指标为视角》,载《法商研究》2020年第6期。
[4] 《企业破产法》第25条规定,破产管理人负责管理和处分债务人的财产。《企业破产法》第61条规定:"债权人会议行使下列职权:……(八)通过债务人财产的管理方案;(九)通过破产财产的变价方案;……"将通过债务人财产管理和变价方案规定为债权人会议职权。《企业破产法》第69条规定,管理人实施对债权人利益有重大影响的财产性处分行为,应当及时报告债权人委员会;未设立债权人委员会的,管理人实施的行为应当及时报告法院。
[5] 参见王欣新:《营商环境破产评价指标的内容解读与立法完善》,载《法治研究》2021年第3期。

《破产法解释二》将担保财产归为破产财产之后,那么破产管理人自然也对担保财产享有处分权,担保债权人实现其优先清偿权也需要在破产框架内进行。[1] 其次,破产管理人的报告义务性质不明。《企业破产法》第 69 条规定管理人实施财产处分行为应当及时向债权人委员会或者人民法院报告,但是司法实践对报告的性质理解并不一致,而且破产法也没有明确报告的后果,[2]直接影响了债权人的权益保护。[3] 根据文义,"报告"既可以被解释为破产管理人有权在处分之后告知即可,[4]也可以被理解为经过允许才能处分。前者等同于通知义务,[5]后者等同于征询同意。事实上,在世界银行营商环境评估中,专家也采信了前一种观点,他们认为单从《企业破产法》的措辞来看,报告不是同意,[6]由此产生的一个重大解释分歧就是,破产管理人处分债务人重大财产究竟是否需要经过债权人会议表决通过?为了消除分歧,2019 年发布的《破产法解释三》就明确了债权人对重大处分行为的决定权和监督权,[7]作为对《企业破产法》的补充,消除了管理人"报告义务"的模糊性。

2. 债权人决策的理据和效果

在法理上,债权人的决定权具有深刻的理论依据。根据不完全契约

---

〔1〕 参见吴光荣:《〈民法典〉背景下破产财产的范围及其认定》,载《法律适用》2022 年第 1 期。

〔2〕 参见郁琳:《破产程序中管理人职责履行的强化与监督完善——以管理人的法律地位和制度架构为视角》,载《法律适用》2017 年第 15 期。

〔3〕 参见刘贵祥、林文学、郁琳:《关于适用〈中华人民共和国企业破产法〉若干问题的规定(三)〉的理解与适用》,载《人民司法》2019 年第 31 期。

〔4〕 参见李琼宇、谭晓东:《实战中的破产法:破产法司法解释三简评》,载《法制周报》2022 年 3 月 9 日。

〔5〕 早在十多年前已有学者指出,如此解读是对破产法的片面理解。参见韩长印:《论破产程序中的财产处分规则——以"江湖生态"破产重整案为分析样本》,载《政治与法律》2011 年第 1 期。

〔6〕 参见容红、高春乾、邹玉玲:《"办理破产"之国际比较——解析世行营商环境评估报告》,载《中国经济报告》2018 年第 9 期。

〔7〕 《企业破产法解释三》第 15 条规定,管理人处分《企业破产法》第 69 条规定的债务人重大财产的,应当事先制作财产管理或者变价方案并提交债权人会议进行表决;债权人会议表决未通过的,管理人不得处分。

和剩余所有权理论关于公司所有权主体的理论主张,公司的剩余控制权应当与公司的剩余所有权相适应,而在破产状态下,企业的剩余所有权归债权人拥有,所以从公司法原理来说,虽然《企业破产法》第69条只规定破产管理人实施处分时应当向债权人委员会或法院"报告",但是,重大财产处分涉及公司财产和管理的,应当归于公司控制权的范畴,它理应由债权人会议及其委员会作决策。不仅如此,对破产法进行体系解释和立法目的解释,也会得出相同结论。破产法的所有规则都表明债权人会议及其委员会才是决策机关,所以重大财产处分行为理应由债权人表决通过之后方能实施。至于破产管理人未履行报告义务的法律效果,则应当适用商事外观主义原理,一般性地认可破产管理人的交易行为。[1]因为破产管理人没有履行报告义务只是对内部规程的违反,并不是决定其对外处分行为效力的生效要件,从交易行为的性质分析,未经授权的破产管理人与第三人的交易行为属于典型的越权行为,[2]若不存在其他影响合同效力的因素,则应当适用外观主义原理,肯定破产管理人处分行为的合同效力,保护交易对方的信赖利益。

3. 破产财产的变现程序

在法律和司法政策的引导之下,[3]拍卖成为了当前破产财产最主要的变现方式。[4]近年来,最高人民法院在执行层面大力推动信息化建设,并将完善网络拍卖系统列为重点任务之一,[5]网络拍卖逐渐成为处

---

〔1〕 参见贺小荣主编:《最高人民法院第二巡回法庭法官会议纪要(第二辑)》,人民法院出版社2020年版,第163—164页。

〔2〕 要注意管理人的交易行为不属于表见代理,而是越权行为。具体分类标准参见崔建远:《论外观主义的运用边界》,载《清华法学》2019年第3期。

〔3〕 法释〔2002〕23号《关于审理企业破产案件若干问题的规定》第85条要求破产财产的变现应当以拍卖方式进行。法〔2018〕53号《全国法院破产审判工作会议纪要》也明确提出"要适应信息化发展趋势,积极引导以网络拍卖方式处置破产财产,提升破产财产处置效益"。

〔4〕 参见郭瑞:《商事思维模式下破产财产变现问题研究》,载《西南政法大学学报》2017年第3期。

〔5〕 参见最高人民法院:《人民法院信息化建设五年发展规划(2019—2023)》,2019年4月。

置破产财产的首选方式。[1] 不过,《关于人民法院网络司法拍卖若干问题的规定》并不能直接适用于破产财产的网络拍卖,[2] 所以自 2019 年以来,各地法院相继出台了破产财产网络处置的细则,明确了"网络拍卖优先原则",除有特殊情况,原则上应当优先适用网络拍卖。[3] 随着网络平台广泛运用,破产财产处分逐渐显现出了独特的研究范畴,这主要是因为平台对拍卖主体设置了主体资格的限制,债权人会议及其委员会不适宜在平台上展示为出卖方,所以在认定拍卖主体时出现了内外有别的现象。[4] 破产管理人是网络拍卖平台上展示的拍卖主体,债权人会议是内部关系中的拍卖主体,作为对外关系中拍卖主体的破产管理人实质上享有较大的处分决定权。虽然债权人会议和法院有权监督破产管理人的履职行为,但是由于债权人委员会不是常设机构,不仅监督方式存在滞后性,监督的内容和方式也十分有限,[5] 作为一个整体的债权人难以对破产管理人实现全流程的监督,确实存在破产管理人滥用职权的风险。由此可见,破产法制外部环境的新变化也加深了破产财产处分的复杂程度。

综上所述,顺利推进破产财产的处分变现的基本前提是准确界定各个主体的职能和权利,尤其在《破产法解释三》之后可以确定,无论是通过重整计划实施的财产管理处分,还是在重整计划之外的重大资产处分,或者运用网络平台的财产拍卖,破产管理人都只有实施权、管理权和

---

[1] 参见徐阳光:《依法推进市场化破产重整程序的有效实施》,载《人民法治》2017 年第 11 期。

[2] 有从业者观察到,由于没有出台全国性的破产程序财产网络拍卖的规定,在拍卖破产财产时,办理破产案件的法院和管理人还是参照《最高人民法院关于人民法院网络司法拍卖若干问题的规定》进行财产的拍卖,但在实际执行中不同的法院和管理人存在不同理解和适用,导致各利益相关的当事人提出不同意见和要求。参见陈秋、李欣:《对破产程序中财产网络拍卖的思考》,载江苏永伦律师事务所网站,发布日期 2021 年 11 月 19 日。

[3] 根据笔者收集资料的情况,目前至少有北京、上海、广州、重庆、佛山、青岛、大连、平顶山、宝鸡等地发布了破产网络财产拍卖规则,明确了网络财产拍卖优先。

[4] 参见黄忠顺:《破产财产网络拍卖的深度透析》,载《法治研究》2022 年第 2 期。

[5] 参见最高人民法院民事审判第二庭编:《企业改制、破产与重整案件审判指导》,法律出版社 2018 年版,第 151 页。

非重大事项的决定权,而重大事项均需债权人会议表决。[1] 对《企业破产法》规定的管理人报告义务应当作体系解释,[2] 债权人和法院有监督权,[3] 债权人会议对财产处分享有终极的决定权,债权人委员会对管理人处分行为享有纠正权。

五、设置利害关系人的异议救济制度

破产重整的成功以人民法院认可并批准重整计划为标志,此时若要保障少数债权人的利益,就必须在破产法内设置异议救济的规则,对于担保权人来说,主要有两类异议救济的途径。第一,担保权人可以针对人民法院不批准恢复行权的决定申请复议。依据《九民纪要》第112条之规定,如果人民法院在重整程序中作出不批准恢复行使担保权的决定,担保权人可以在法定期限内向法院申请复议,要求法院对不批准决定审查并且作出复议决定。第二,担保权人享有针对重整计划的异议权利。在比较法上,通常也允许对重整计划有异议的债权人及时向法院提出意见,例如德国法上的抗告制度,[4] 以及《美国破产法》中的异议听证制度中都为利益可能被不当损害的少数债权人提供救济的途径,[5] 这些规则肯定了债权人在一定期限内有权在受到欺诈时提起上诉或者直接诉请审理破产案件的法院撤销重整计划。不无可惜的是,《企业破产法》并没有规定针对重整计划的复议和上诉制度,虽然债权人可以申请人民法院撤销债权人会议决议,但是由于《企业破产法》的规定较为原则缺乏

---

[1] 另有一种观点也值得关注,《破产法解释三》第15条虽然巩固了债权人对破产管理人财产处分行为的处分权,但是也存在"一刀切"的倾向,可能被误解为对所有财产,因为破产程序中涉及众多财产的管理和处置,如果所有处分行为都需要获得债权人的同意,既不符合效率,也不符合。参见池伟宏、冷帅达:《破产法司法解释(三)全面解读与分析(程序篇)——以债权人利益保护为视角》,载天同诉讼圈公众号2019年4月29日。

[2] 参见郁琳:《破产程序中管理人职责履行的强化与监督完善——以管理人的法律地位和制度架构为视角》,载《法律适用》2017年第15期。

[3] 参见韩长印:《世界银行"办理破产"指标与我国的应对思路》,载《法学杂志》2020年第7期。

[4] 参见《德国不能支付法》第253条。

[5] 参见《美国破产法》第1144条。

操作性,债权人受到的不当损害也就无从救济了。为了弥补不足,《破产法解释三》列出了债权人行使异议权的四种情形,如果债权人会议的召开或表决违反法定程序、决议内容违法,或者决议超出债权人会议的职权范围,[1]那么债权人可以向法院申请撤销决议,法院有权责令债权人会议再次作出决议。

不过上述规定仍然存在一定的局限性。首先,申请撤销的前提条件是上述四种情形之下债权人利益受到损害,而根据司法解释制定机关的表述,该利益并不是指某一债权人的个别利益,而是指债权人整体的共同利益。[2]所以对于个别利益不当受损的债权人来说,还是缺乏异议救济途径。其次,还值得注意的是,异议救济不应该局限于保护债权人对重整计划结果所持的异议,还应当贯穿于破产程序的始终。例如,在重整程序中,破产法保障每个债权人能够获得的分配不少于他们在破产清算中可以获得的利益。此时,清算价值只是评估机构给出的一个评估数额,如果担保债权人对该评估结果产生疑问,就应当赋予他们申请听审的权利,如果债权人还是不满足于听审结果,[3]则应当允许他们向法院提出更换评估机构的权利。

第四节 强制批准三大原则的完善

人民法院运用司法权对重整计划进行批准时,所遵循的原则被称为强制批准原则(cramdown rules),它反映了破产法官对破产参与人谈判结果的认可程度,进而直接影响着每组利益相关者的清偿利益,因此学

---

[1] 参见《破产法解释三》第12条。
[2] 参见刘贵祥、林文学、郁琳:《关于适用〈中华人民共和国企业破产法〉若干问题的规定(三)〉的理解与适用》,载《人民司法》2019年第31期。
[3] 在司法实务中,对担保物价值评估不认可,是担保权人反对重整、利益受到损害的主要原因,各国都有类似案例。参见戴红兵主编:《破产审判的广西实践与探索》,法律出版社2019年版,第228页。

者认为,从性质上来说,强裁规则正显现着一种司法权的干预。[1] 破产重整制度与破产清算的差异之一便是破产重整参与者以及受理了破产重整申请的法院都认可债务人还具备一定的盈利能力,重整制度的价值在于填补了外部交易者的信息劣势,[2] 如果错将一部分暂时陷入资金困难但仍然具有盈利潜力的企业转入破产清算,那将造成社会资源的浪费和债权人的不必要损失。然而,破产重整制度价值之发挥的基本前提是,破产参与各方能够进行卓有成效的沟通协商,[3] 但这往往又是破产实践中的难点所在,因为在进入破产之后,各个债权人之间就形成了相互竞争的关系,尤其是各个债权组之间的竞争更为激烈,再加上债务人与债权人在营业事务及财产处分方式上也很难达成一致意见,[4] 所以很容易陷入谈判僵局。在破产重整制度中,最为重要的引导当事人达成合意的法宝就是法院对重整计划的强制批准权。从本质上看,强制批准首先为谈判各方提供了法律上的可期待性,主要表现在为谈判多方设置了一定标准清偿的底线,这理所当然地会对谈判发展产生积极的引导作用。然而,强制批准权对于各表决组而言也并非毫无代价,由于司法干预的程度加深,即使债权人对计划持反对意见,只要法院运用了强制批准权,那么该计划同样对持反对意见的少数派生效,所以强制批准中对各组的利益保障规则就显得更为重要。长期以来,我国破产法学界对司法实践中强制批准之使用不当的批评不绝于耳,最高人民法院的官方文件也表示应当对强制批准采取谨慎的态度。[5] 具体而言,与本研究之议

---

[1] 李曙光主编:《中华人民共和国企业破产法制度设计》,人民法院出版社2006年版,第176页。
[2] 这是一种"市场不知价"的体现。参见张五常:《制度的选择》,中信出版社2014年版,第206页。
[3] 高丝敏:《重整计划强裁规则的误读与重释》,载《中外法学》2018年第1期。
[4] 因为依照破产法的要求,一旦确定各组的受偿比例,在同一组别内的每个债权人都能按照相同的比例获得清偿。所以组内的竞争往往不会对破产的协商过程形成消极影响。
[5] 例如,最高人民法院制定的《关于审理上市公司破产重整案件工作座谈会纪要》《最高人民法院关于正确审理企业破产案件为维护市场经济秩序提供司法保障若干问题的意见》等。而且在近年来最高人民法院主管破产法审判的大法官在会议中多次提出要求,应当要对人民法院的强制批准权采取慎用的态度。

题相关的强裁规则可作如下改进。

一、最低限度接受原则

最低限度接受原则的含义是,在重整计划的表决环节,必须至少有一组债权人通过了重整计划的表决,并且该债权组的权益受到了实质性的减损,那么法院才得以批准该计划。这一原则的合理性在于,重整计划作为破产重整参与者的最终谈判结果,如果那些被损害的参与者全都不赞同重整计划的内容,那么法院就不应当批准将这样一份没有被参与方所认可的重整计划。基于此,最低限度接受原则保障了司法权不会在特定情形下代替破产利益的相关者作出决策,即便允许自由协商可能导致谈判僵局,也应当真正让破产债权人成为主宰其命运的主体,在这个意义上,最低限度接受原则极大地减少了恣意判决,对司法权的干预程度作出合理限制,防止司法权的专断。在比较法上,《美国破产法》规定在重整计划的批准程序中,要求最少有一组利益被调减的债权人通过了表决。[1]《德国不能支付法》的立场则更为严苛,规定重整计划必须由半数的表决组表决通过。[2] 在我国,有法官认为《企业破产法》第 87 条所表述的强制批准的标准仅适用于"部分表决组未通过重整计划草案"的情形,那也就表明实在法上也要求必须至少有一组表决通过了计划。[3] 上述见解的确从文义上正确地解读了《企业破产法》的立法原意,然而无不可惜的是实践中仍然时常出现一些案件,强制批准通过了没有任何一个表决组投票同意的重整计划,甚至在上市公司重整中也并不鲜见。[4]

此外,依据破产法原理,即便至少有一个表决组同意了重整计划,该小组也应当具备相应的表决资格。这种资格并非与其破产债权成立与否相关,而是应当考察在重整计划草案中是否对该小组的利益进行了实

---

〔1〕 参见《美国破产法》11 U.S.C. § 1129(a)(10)。
〔2〕 参见《德国不能支付法》第 245 条。
〔3〕 参见辛欣:《我国破产重整中强制批准问题探究》,载《法律适用》2011 年第 5 期。
〔4〕 例如 ST 银广夏、ST 金城破产重整案。

质性的变更,更确切地说,应该考察投票者得利益是否被实质性地调减了。否则,即使该组投票通过受偿方案,该组的"同意"之于最低限度接受原则的内在要求是毫无意义的,因为一个利益没有受到减损的理性人本来就没有理由投票否决该方案,所以即便利益未减损的小组众多而且投出了赞成票,[1]也不意味着这一结果就达到了最低限度接受原则的要求进而裁定通过重整计划。此外,值得注意的是,如果利益受损的小组在重整计划中已经得到了补偿安排,[2]那么也同样可以视为受到了充分保护而拟制为同意了重整计划。针对上述问题,最高人民法院2019年发布《全国法院破产审判工作会议纪要》第18条增加了一款规定,[3]以法院内部工作规范的形式确立了最低限度接受原则,但是会议纪要毕竟不能被归为司法解释的范畴,[4]虽然它是各级人民法院的裁判指引及工作方法,但是学者认为它对于法院强制批准的规范作用仍旧有限。[5] 在该纪要之后,司法政策层面继续强调最低接受原则的普遍适用,例如在最高人民法院发布的破产审判十大典型案例中,将适用了最低限度接受原则的"北京中电华通信息科技有限公司破产重整案"列为正面宣传典范,[6]期待将来在破产法修改时巩固这一原则,将其列入批准重整计划的审查要求之中。

---

〔1〕 实践中往往只有利益没有受到影响的组通过重整计划,如职工组、税务组。参见高丝敏:《重整计划强裁规则的误读与重释》,载《中外法学》2018年第1期。

〔2〕 参见《美国破产法》11 U.S.C.§1126。

〔3〕 参见[2018]53号《全国法院破产审判工作会议纪要》。

〔4〕 从性质上看,会议纪要是司法解释出台之前的过渡措施。参见郭锋:《〈民法典〉实施与司法解释清理制定》,载《上海政法学院学报(法治论丛)》2021年第1期。

〔5〕 参见董新义:《强制批准规则在债转股重整中的控制性适用》,载《中国政法大学学报》2020年第5期。

〔6〕 最高人民法院2021年发布"实施破产法律制度,优化营商环境"十大典型案例,点评北京中电华通信息科技有限公司破产重整案适用了重整计划草案表决新机制,权益未受调整或影响的债权人不参与表决。可见至少在最高人民法院看来,最低限度接受原则还是新规,需要列为典型作出正面的宣传引导。

二、清算价值保障原则

清算价值保障原则,又称为最佳利益原则,[1]它保障的是进入破产重整的每一组债权人根据破产分配的计划获得的利益最终将高于他们在企业破产清算时所能获得的利益。具体而言,该原则在强制批准时保障了受损债权的最低受偿数额,通常来说清算中可以获得的利益也是基于估值的结果,[2]每一个受损组别中的债权人根据重整计划所能得到的受偿或保留的财产不能少于在强裁批准那一天他们通过破产清算所能得到或保留的财产数额,如果清算价值保障原则不能被满足,重整计划就不能被强裁批准。该原则的功能是为了保护那些在已经通过多数表决的债权组中,反对计划的少数债权人的可得利益。因为当运用多数决规则时,持少数意见的债权人被多数派的意见所覆盖了,[3]此时如果没有清算价值的基本保障,异议债权人的利益就被完全地抹去了。

应当承认,即使进入破产重整的申请是由债权人提出,此时债权人也只是做出了一种无奈选择,因为相较于破产清算而言,破产重整潜藏的风险也是巨大的。如果在破产清算中,担保债权人至少还可以获得较为及时的清偿从而避免了程序上的拖延所带来的不确定性,反之,如若进入破产重整,无论是破产财产的处置方式,还是战略投资人为企业带来的生产经营方案上的根本性变化,都可能使得担保债权人承当巨大风险而最终一无所获。[4] 更显而易见的是,若将破产清算的可得利益和破产重整的分配数额相比较,即使债权人在重整中所能获得的分配的确高于清算可获得的利益,对债权人来说,重整也并非是最佳出路。其原因在于,首先,与重整分配相比较的清算价值永远只可能是一个假设的数

---

〔1〕 11 U.S.C. §1129(a)(7)(ii).

〔2〕 See David. G. Epstein, S. H. Nickles & J. J. White, Bankruptcy, West, St. Paul, 1992, p.761.

〔3〕 11 USC 1126 (c)(d).

〔4〕 因为担保债权人的请求权始终附着于担保财产之上,如果担保财产不复存在,那么担保债权人只得就剩余债权以普通债权人的身份参与分配。

值,而且估值方法之间的差异就足以引发争执;其次,重整往往耗时长久,那么即是重整中的估算价值高于清算中的估算价值,一个理性的债权人如果能够有所选择,也会宁愿选择今天的 100 元而不去选择在一年后获得 200 元。所以,当债权人进入破产重整,法律就应当为其权利的实现设计出合理的规则,尽可能减少债务清偿的不确定性,否则就会使得原本强调多方共赢的重整异化为风险失控的强制减债程序,[1]所以只有保障了债权人在清算中的可得利益,重整计划才具备最基本的正当性。[2]

无不可惜的是,不知是立法的疏漏还是有意为之,《企业破产法》所规定的清算价值保障原则仅仅被限定于有限的范围内,使得该原则名存实亡。[3] 在《企业破产法》第 87 条中,的确对普通债权的清偿比例作出了不得少于清算可得利益的要求,但是并没有对担保债权和其他表决组也予以相同的规定,这无疑是一种制度上的严重缺漏。通过对比《美国破产法》第 1129 条的规定,[4]我国《企业破产法》主要存在两项不足:第一,前者关于最佳利益原则的规定适用于包含担保债权人在内的所有债权组,但是我国《企业破产法》不仅将担保债权人排除于适用范围之外,而且并不保障组内少数异议债权人的清算利益,这对于异议债权人并不公平;[5]第二,根据《美国破产法》第 1129 条的规定,除了强制批准中应当保障债权人的清算价值之外,该项原则同样适用于法院对重整计划的

---

〔1〕 参见张海征、王欣新:《论法院强制批准重整计划制度之完善》,载《首都师范大学学报(社会科学版)》2014 年第 4 期。

〔2〕 只有满足该标准,破产重整本身才具有起码的正当性,这也是经济学上的"帕累托改进"原则的要求。参见韩长印:《简论破产重整计划表决的信息披露机制——以美国法为借鉴》,载《人民司法》2015 年第 1 期。

〔3〕 参见辛欣:《我国破产重整中强制批准问题探究》,载《法律适用》2011 年第 5 期。

〔4〕 之所以对比《美国破产法》第 1129 条的规定,是因为我国《企业破产法》关于重整计划强制批准的规则是以该条为蓝本制定的,而且世界银行关于营商环境的评估标准,也来自这一条的基本精神。仅从法律文本的表述上看,也可以发现《企业破产法》第 87 条与《美国破产法》第 1129 条的结构几乎完全一致,所以这两者的对比尤其具有意义。

〔5〕 参见高丝敏:《破产法的指标化进路及其检讨——以世界银行"办理破产"指标为例》,载《法学研究》2021 年第 2 期。

正常批准,也就是说,即使所有债权组一致同意了重整计划,法院仍然应当以此原则考察重整计划是否符合破产法的审查要求,继而决定是否应当被应用于破产案件中。上述立法的不足使得担保债权人组别的清算利益得不到保障,这与重整的制度价值不相符合,因为重整的价值原本就是基于债权人对于债务人企业继续经营的认可之上,为企业本身及其利益相关者群体提供重整溢价(surplus)的集合谈判程序。有鉴于此,少数反对计划的债权人的基本利益处于危机边缘,如果债权人在重整所获得的最低分配得不到保障,甚至可能会低于在清算中他们可以获得的价值,那么显然破产债权人在企业资不抵债时,更会倾向于向人民法院申请破产清算而不是破产重整,即便进入了破产重整,清算价值保障原则的缺位将打击重整参与人的积极性,不利于债权人的通力合作。

不仅如此,清算保障原则还面临着较大的技术难题,由于评估价值存在一定程度的主观性和不稳定性,不同的评估组织根据不同的衡量指标可能得出不同结论,而且债务人还可能刻意拖延评估程序,甚至操纵估值结果,[1]所以估值的不稳定性极易导致重整价值的不当转移和对债权人财富的不当减损,这是导致重整结果不公正的重要因素。[2] 所以有法官据此认为,即便评估数值勉强符合清算保障原则,如果重整利益比清算利益只高出微弱的百分比,那么法院也不应当考虑强制批准。[3]

三、公平公正原则

公平公正原则是人民法院对破产重整计划进行强制裁定时需要考量的核心原则,公平公正原则来源于《美国破产法》第1129条,在我国的法律文本中主要体现为《企业破产法》第87条。公平公正原则的功能是

---

〔1〕 参见司伟:《论我国企业破产重整中优先原则的选择》,载《中国法律评论》2021年第6期。

〔2〕 参见王佐发:《上市公司重整中对债权人强裁的公平原则》,载《政治与法律》2013年第2期。

〔3〕 参见周荆、杨琳:《破产重整计划的强制批准》,载《人民司法·应用》2017年第31期。

分别为不同性质的异议债权组提供最低限度的保护,也就是说,即使反对计划的表决组没有接受重整计划中对其利益的调整,重整计划对该表决组的利益处分也应当符合一定的标准,通常来说,担保债权组、无担保债权组和股东组分别对应着不同的标准。[1] 对于未表决通过重整计划的担保债权组来说,[2] 要么在重整计划中不会对担保财产进行处置,如果需要对担保财产变价,那么在该原则之下,变现价款必须能够保证对债权人的充分保护。[3] 根据我国《企业破产法》第87条规定,符合下列两种情况时,人民法院即可认定担保债权已经获得了充分的保护:其一,担保债权人组已经通过投票表决认可了重整计划对其利益的处分;其二,担保债权因破产程序造成的延期受偿所造成的经济损失将得到补偿。[4] 学界通常认为,《企业破产法》第87条实际上就是对公平公正原则在我国法上的呈现,实践中最易引起争议的就是对延期利益的补偿问题,即如何认定担保债权已经获得了公平补偿。[5]

详言之,下列情形可以被视为担保债权已受到充分保护,在比较法上有三个标准可资借鉴:第一,提供替代担保,即以与担保物价值等值的其他财产为担保权人作担保;第二,就其损失向担保债权人进行现金支付或者定期支付;第三,向担保权人提供"无可置疑的等价财产",且其价值可弥补担保债权人的损失。[6] 在超额担保中,担保物的价值高于担保

---

[1] 本书主要分析担保债权组,已有学者全面讨论了其他组别的衡量标准。参见张钦昱:《论公平原则在重整计划强制批准中的适用》,载《法商研究》2018年第6期。

[2] 另外,对于普通债权组、股东组来说,破产法一般都规定了极其严格的清偿顺位,除非前序的表决组已经得到了全额清偿,否则后序的表决组不应当获得任何清偿。See Douglas G. Baird, "Present at the Creation: The SEC and the Origins of the Absolute Priority Rule", (2010) 18(2) *American Bankruptcy Institute Law Review* 591.

[3] 11 USC s.1129(b)(2)(A).

[4] 一般认为,延期清偿就是指利息。例如一起破产案件中,担保债权被全额受偿,分7年偿还,也被法院认定视为符合《企业破产法》第87条的要求。参见重庆市江津区人民法院(2019)渝0116破12号之二民事裁定书。

[5] 由于这一规则实质上是为担保债权人提供担保物变价之外的替代性补偿,因而在具体规则中可直接体现为对补偿方式类型化规定。参见李忠鲜:《担保债权受破产重整限制之法理与限度》,载《法学家》2018年第4期。

[6] 参见《美国破产法》11 U.S.C. §361。

债权权益形成的权益积储(equity cushion)可以为担保债权人带来额外的保障,法院可以据此认定担保债权已受到充分保护。在认定无可置疑的等价财产时,一个可行的方法是考察该等价物是否足以清偿债权而且需要确保对担保债权的清偿具有较高的可能性,也即,周期清偿不存在潜在障碍。[1] 在实践中,等价物的认定条件也十分灵活,给破产管理人的清偿方式提供了足够的空间。例如,如果有价证券对债权进行清偿足以构成无可置疑的等价物,法院可以认定重整计划对该担保债权人的清偿符合公平公正标准。[2]

在当前我国的审判实践中,人民法院在强制批准时并不审查重整计划是否充分保护了担保权,据学者统计,截至2021年之前的上市公司破产案件中,有13件运用了强制批准权的案件,担保债权组表决反对重整计划的案件占到所有强裁案件的半数,这些重整计划中没有补偿担保债权因延期受到的损失。[3] 在应然的层面,采纳上述三项认定充分保护的标准,有利于公平公正原则的具体化。此外,还应当注意到强制批准原则中具体标准的适用条件和条文内容的局限性。首先,强制批准原则包含的保护性规则仅仅适用于强制批准的场合,并不适用于正常批准的案件。在正常批准时,对于担保财产的处分只能依据债权人会议的多数决规则确定,如果债权人会议顺利表决通过了,担保权人则不能援引《企业破产法》第87条要求债务人对延期利益作出补偿。[4] 其次,还应当认识到强制批准原则的局限性,毕竟破产法中关于强制批准的保护性规定都只是对当事人谈判底线的最后保障,明确写入法律条文的权益保护准

---

〔1〕 See 75 F. 2d 941(2d Cir. 1935).
〔2〕 See In re San Felipe Voss. Ltd. 而且法院有义务对该有价证券的有效性和流通性进行审查。See 1 ISB, R.529 (Bankr. S. D. Tex. 1990).
〔3〕 参见曹文兵:《上市公司重整计划强制批准制度的审视与完善》,载《人民司法》2021年第34期。
〔4〕 参见山东省济南市中级人民法院(2021)鲁01民终7193号民事裁定书。

则永远不可能穷尽现实中的种种情形,[1]因此法院在批准重整计划时,蕴含着公平公正理念的文外之义也不应忽视,例如任何表决组都不能获得超额清偿、坚持新价值例外原则等。[2]

第五节 本章小结

学理上的分析始终是解释论再造和立法建议的前提。本章主要以上述五章的论述为基础总结了四个方面的结论,而且都与担保权在破产程序中的限制机制和保护模式的完善相关。第一,在破产清算中,对于大陆法系中"别除"这一概念进行了系统论述,明确了别除制度在现行法上的不完整性,从价值分析的角度出发再次定义了别除的概念。第二,在破产重整中,对暂停行使的规则应当设置例外的条款,并且赋予担保债权人以挑战担保财产留存之必要性的程序权利,而且对重整中担保债权因延期受偿所受到的损失也应当及时填补。第三,明确担保债权人作为表决主体时,所获得的表决权限应当与其利益相关程度相匹配,对表决程序的完善应当进一步符合正当程序总体要求,并且保障信息披露的完整性及充分性,最后还应当设置利害关系人的异议救济制度作为最后的救济手段。第四,对于强制批准三大原则的完善从认定标准上进一步细化,以符合担保债权保护的基本要求。

---

[1] 例如破产案件以债转股方式清偿债务时,如果法院强制批准银行债权转为股权出资,在表面上确实可以通过此方式救活僵尸企业,但这极大地损害了债权人的利益。参见程文:《重整程序下商业银行债转股之省思——从"东北特钢"重整案切入》,载《北方金融》2020年第11期。

[2] See Kenneth N. Klee, "Cram Down Ⅱ", 64 *American Bankruptcy Law Journal* (1990), pp. 229 – 244.

结　语

担保制度的设计不仅与债权本身的实现相关,从长远看,由于担保制度在信贷市场中起着支柱作用,此外,担保规则的合理设置还与社会经济的整体繁荣紧密联系。破产法中对担保权的处理不仅反映着传统民法的理念,还包含着公司法、金融法的相关内容,因此对这一制度安排直接反映着该国的立法水准。我国《企业破产法》及其司法解释为担保权的实现提供了基本的路线图,但仍存在诸多疏漏,在今后的立法修缮中应当进一步吸纳既有的学术讨论成果,填补破产实践中发现的理论空白和立法空白。总而言之,担保权在破产法上的问题绝非仅仅是在保护或者限制两种立场中作出简单的选择,因为在不同的制度场景、规则体系和社会背景下得出的结论亦不相同,但愿我们能够穷尽智慧在理论研究上有所突破,为了参与商事交易的各方主体、为了陷入破产的困境企业、更为了我国商业的繁荣与社会进步贡献力量。

具体而言,本书的结论可总结为以下几点:

1. 民法等实体法规定的债务清偿对破产程序

中的债务清偿不再具有评价意义,本书再次明确了担保权在破产法中"别除"的真正含义,挖掘了担保债权人治理权来源的深刻意义及其与公司原权力结构的联结方式,加强了公司理论对破产公司治理实践的解释力。

2. 深刻分析了物权优先的法理基础,分析并指出尊重非实体性规范原则和绝对优先原则对债权顺位问题的重大意义。要承认担保物权在破产法上的优先性必须明确两点:第一,破产法必须尊重实体法上的权利而不创造权利;第二,破产参与人的权利受限及变更必须以集体的福祉为依据。

3. 在破产清算中对担保的限制应该少于破产重整中对担保的限制,因为破产清算程序更加强调对债权的及时清偿,所以对担保债权的调减更多的是出于对其他债权利益的综合衡量,而与公司本身的利益无关,至多是以债务人财产最大化为理由,只在必要时才在破产清算中对担保债权加以限制。

3. 常态公司治理与破产公司治理的论域具有一定同源性及异质性。破产公司治理理论与传统公司理论一脉相承,它们都致力于解决代理问题及控制权的分配问题,但是传统公司法理论对常态公司治理的理论描述工具只能为破产法上的公司治理提供基本框架及研究进路,由于其适用的前提条件已经变更,所以公司的最终受益者及与其对应的控制权分配模式也随之变革。

4. 指出了公司治理在破产法中的失范及成因。其一,公司存续的事实与债务清偿目标之间存在矛盾,导致债务人治理导向性不明。其二,不完全的公司治理范式转化导致主体职权重叠,道德风险防范不足。常态公司治理的权力分配体系已然受到破产法的明确限制或出于对监管等因素的考虑而不适合继续运行。

5. 公司存续的事实与债务清偿目标之间存在矛盾,导致债务人治理导向性不明。不完全的公司治理范式转化导致主体职权重叠,道德风险防范不足。常态公司治理的权力分配体系已然受到破产法的明确限制或出于对监管等因素的考虑而不适合继续运行。

6. 提出了状态依存与效率目标共同作用下的担保债权人优位的几个重要表现。具体而言表现在以下几点:公司控制权转移的必然性来源于控制权对资产状况的依存性;利益相关者理论冲击并修正了股东优位主义;公司契约理论消解了股东投资对公司经营的特殊意义;股东构成的变化让债权人控制更富效率。

7. 破产重整中处于矛盾焦点的是股债矛盾而不是债权人与债务人的矛盾,而是股权与债权的矛盾,这是因为公司的实体性在重整中总是处于抑制状态。一方面,当股东的损失在有限责任的保护之下被锁定之后,他们有动机掏空公司收益而将本可以分配给债权人的财产据为己有。另一方面,股东利益也常常需要为公司重整资金的筹措作出牺牲,在破产实践中,对股权进行多种形式的调减已经成为了我国重整公司引入新融资的重要手段。

8. 在破产重整的制度构建层面,结论主要有如下几点:担保债权的延迟利益应当予以有限的保护;在破产重整中应当坚持债权人作为公司治理的主体,因此股东权利应当被相应地限缩,股东对公司高管的任命权应当在以下两个条件都满足时成立:第一,会议召集本身构成了实质滥用(clear abuse);第二,该股东会可能带来无法挽回的损害并且将对重整造成实质风险。换言之,法院若认为股东会恶意拖延重整进程并且形成了实质性威胁,则可以禁止召开会议或者裁判该会议的决议无效。

参考文献

中文文献

中文专著

[1]徐阳光主编:《中国破产审判的司法进路与裁判思维》,法律出版社2018年版。

[2]程啸:《担保物权研究》,中国人民大学出版社2017年版。

[3]刘延岭、赵坤成主编:《上市公司重整案例解析》,法律出版社2017年版。

[4]美国破产法协会:《美国破产重整制度改革调研报告》,何欢、韩长印译,中国政法大学出版社2016年版。

[5]邹海林:《破产法——程序理念与制度结构解析》,中国社会科学出版社2016年版。

[6]程品芳主编:《人民法院企业破产审判实务疑难问题解析》,法律出版社2016年版。

[7]韩长印主编:《破产法学》,中国政法大学出版社2016年版。

[8][日]山本和彦:《日本倒产处理法入门》,金春等译,法律出版社2016年版。

[9]王福强:《破产重整中的营业保护机制研

究》,法律出版社 2015 年版。

[10]许德风:《破产法——解释与功能比较的视角》,北京大学出版社 2015 年版。

[11]李震东:《公司重整中债权人利益平衡制度研究》,中国政法大学出版社 2015 年版。

[12]葛伟军:《英国公司法要义》,法律出版社 2014 年版。

[13][德]莱茵哈德·波克:《德国破产法导论》,王艳柯译,北京大学出版社 2014 年版。

[14]王佐发:《上市公司重整中债权人与中小股东的法律保护》,中国政法大学出版社 2014 年版。

[15]李曙光:《破产法的转型》,法律出版社 2013 年版。

[16]李永军:《破产法——理论与规范研究》,中国政法大学出版社 2013 年版。

[17]邹海林、周泽新:《破产法学的新发展》,中国社会科学出版社 2013 年版。

[18]郑志斌、张婷:《公司重整:角色与规则》,北京大学出版社 2013 年版。

[19]王佐发:《公司重整制度的契约分析》,中国政法大学出版社 2013 年版。

[20]陈英:《破产重整中的利益分析与制度构造》,山东大学出版社 2013 年版。

[21]齐明:《破产法学》,华中科技大学出版社 2013 年版。

[22]曲冬梅:《新企业破产法疑难问题与实务》,法律出版社 2012 年版。

[23]冯辉:《比较破产法案例选评》,对外经济贸易大学出版社 2012 年版。

[24]李成文:《中国上市公司重整的内在逻辑与制度选择》,中国法制出版社 2012 年版。

[25]王欣新:《破产法理论与实务疑难问题研究》,中国法制出版社2011年版。

[26][美]小戴维·A.斯基尔:《债务的世界:美国破产法史》,赵炳昊译,中国法制出版社2010年版。

[27]李曙光、郑志斌主编:《公司重整法律评论(第1—4卷)》,法律出版社2011—2014年版。

[28]王欣新、尹正友主编:《破产法论坛》(第1辑),法律出版社2008年版。

[29]李成文:《中国上市公司重整的内在逻辑与制度选择》,中国法制出版社2011年版。

[30]谢在全:《民法物权论》(下册),中国政法大学出版社2011年版。

[31]郭毅敏:《破产重整·困境上市公司复兴新视野》,人民法院出版社2010年版。

[32]贺丹:《破产重整控制权的法律配置》,中国检察出版社2010年版。

[33]霍敏:《破产案件审理精要》,法律出版社2010年版。

[34]蒋学跃:《司法介入公司治理法律问题研究》,人民法院出版社2010年版。

[35]张海征:《破产重整制度的建立和有效性研究:以英国、美国和中国比较分析为视角》,世界知识出版社2010版。

[36]王作全、马旭东、牛丽云:《公司利益相关者法律保护及实证分析》,法律出版社2010年版。

[37][英]费奥娜·托米:《英国公司和个人破产法》(第2版),汤维建、刘静译,北京大学出版社2010年版。

[38][美]罗伯特·考特、托马斯·尤伦:《法和经济学》(第5版),史晋川、董雪兵等译,格致出版社、上海三联书店、上海人民出版社2010年版。

[39]薄燕娜:《破产法教程》,对外经济贸易大学出版社 2009 年版。

[40]王延川:《破产法理论与实务》,中国政法大学出版社 2009 年版。

[41]罗培新:《破产法》,格致出版社 2009 年版。

[42]胡利玲:《困境企业拯救的法律机制研究——以制度改进为视角》,中国政法大学出版社 2009 年版。

[43]李永军、王欣新、邹海林:《破产法》,中国政法大学出版社 2009 年版。

[44]齐树杰:《破产法》,厦门大学出版社 2009 年版。

[45]尹正友、张兴祥:《中美破产法律制度比较研究》,法律出版社 2009 年版。

[46]吴庆宝、王建平主编:《破产案件裁判标准规范》,人民法院出版社 2009 年版。

[47]张继红:《银行破产法律制度研究》,上海大学出版社 2009 年版。

[48][德]汉斯-贝恩德·舍费尔、克劳斯·奥特:《民法的经济分析》(第 4 版),江清云、杜涛译,法律出版社 2009 年版。

[49][日]我妻荣:《我妻荣民法讲义Ⅲ:新订担保物权法》,中国法制出版社 2008 年版。

[50]丁文联:《破产程序中的政策目标与利益平衡》,法律出版社 2008 年版。

[51]杨忠孝:《破产法上的利益平衡问题研究》,北京大学出版社 2008 年版。

[52]韩长印主编:《破产法学》,中国政法大学出版社 2007 年版。

[53]覃有土主编:《商法学》(第 4 版),中国政法大学出版社 2007 年版。

[54]郑志斌、张婷:《困境公司如何重整》,人民法院出版社 2007 年版。

［55］齐树洁:《破产法》,厦门大学出版社 2007 年版。

［56］肖金泉、刘红林:《破产重整——中国企业新的再生之路》,上海人民出版社 2007 年版。

［57］汤维建主编:《企业破产法新旧专题比较与案例应用》,中国法制出版社 2006 年版。

［58］刘德璋:《新企业破产法理解与操作指南》,法律出版社 2007 年版。

［59］《中华人民共和国企业破产法》起草组编:《〈中华人民共和国企业破产法〉释义》,人民出版社 2006 年版。

［60］程春华:《破产救济研究》,法律出版社 2006 年版。

［61］冀宗儒编著:《美国破产法案例选评》,对外经济贸易大学出版社 2006 年版。

［62］联合国国际贸易法委员会:《贸易法委员会破产法立法指南》,2006 年,中文版。

［63］李飞主编:《当代外国破产法》,中国法制出版社 2006 年版。

［64］李曙光、宋晓明主编:《〈中华人民共和国企业破产法〉制度设计与操作指引》,人民法院出版社 2006 年版。

［65］汪世虎:《公司重整中的债权人利益保护研究》,中国检察出版社 2006 年版。

［66］张世君:《公司重整的法律构造——基于利益平衡的解析》,人民法院出版社 2006 年版。

［67］邹海林、常敏:《债权担保的理论与实务》,社会科学文献出版社 2005 年版。

［68］[美]大卫·G.爱泼斯坦:《破产及相关法律》,法律出版社 2005 年版。

［69］柯芳芝:《公司法要义》,台北,三民书局 2005 年版。

［70］付翠英编著:《破产法比较研究》,中国人民公安大学出版社 2004 年版。

[71] 王艳梅、孙璐:《破产法》,中山大学出版社 2004 年版。

[72] 陈计男:《破产法论》,台北,三民书局 2004 年版。

[73] [美]布赖恩·A.布卢姆:《破产法与债务/债权人:案例与解析》,中信出版社 2004 年版。

[74] 费安玲主编:《比较担保法——以德国、法国、瑞士、意大利、英国和中国担保法为研究对象》,中国政法大学出版社 2004 年版。

[75]《英国破产法》,丁昌业译,法律出版社 2003 年版。

[76] 陈本寒:《担保物权法比较研究》,武汉大学 2003 年版。

[77] [美]大卫·G.爱泼斯坦、史蒂夫·H.尼克勒斯、詹姆斯·J.怀特:《美国破产法》,韩长印等译,中国政法大学出版社 2003 年版。

[78] [美]伊丽莎白·沃伦、杰伊·劳伦斯·韦斯特布鲁克:《债务人与债权人法案例与难点》,中信出版社 2004 年版。

[79] 程啸:《中国抵押制度的理论与实践》,法律出版社 2002 年版。

[80]《德国支付不能法》,杜景林、卢谌译,法律出版社 2002 年版。

[81] 汤维建:《破产程序与破产立法研究》,人民法院出版社 2001 年版。

[82] 何建华:《分配正义论》,人民出版社 2001 年版。

[83] 史尚宽:《物权法论》,中国政法大学出版社 2000 年版。

[84] [日]石川明:《日本破产法》,何勤华、周桂秋译,中国法制出版社 2000 年版。

[85] 石静霞:《跨国破产的法律问题研究》,武汉大学出版社 1999 年版。

[86] 潘琪:《美国破产法》,法律出版社 1999 年版。

[87] [美]理查德·A.波斯纳:《法律的经济分析》(下),蒋兆康等译,中国大百科全书出版社 1997 年版。

[88] 李永军:《破产重整制度研究》,中国人民公安大学出版社 1996 年版。

[89] 邹海林:《破产程序和破产法实体制度比较研究》,法律出版社

1995 年版。

[90][日]伊藤真:《破产法》,刘荣军、鲍荣振译,中国社会科学院出版社 1995 年版。

[91]沈达明、郑淑君编著:《比较破产法初论》,对外贸易教育出版社 1993 年版。

[92]刘小林:《联邦德国经济法规选》,中国展望出版社 1986 年版。

[93]陈荣宗:《破产法》,台北,三民书局 1986 年版。

中文论文

[1]韩长印:《供给侧改革与破产程序的制度诱因》,载《人民论坛》2018 年第 20 期。

[2]邹海林:《透视重整程序中的债转股》,载《法律适用》2018 年第 19 期。

[3]高丝敏:《重整计划强裁规则的误读与重释》,载《中外法学》2018 年第 1 期。

[4]张钦昱:《论公平原则在重整计划强制批准中的适用》,载《法商研究》2018 年第 6 期。

[5]齐明:《论破产法中债务人财产保值增值原则》,载《清华法学》2018 年第 3 期。

[6]王雄飞、李杰:《破产程序中税收优先权与担保物权的冲突和解决》,载《法律适用》2018 年第 9 期。

[7]王欣新:《府院联动机制与破产案件审理》,载《人民法院报》2018 年 2 月 7 日,第 7 版。

[8]贺小荣、葛洪涛、郁琳:《破产清算、关联企业破产以及执行与破产衔接的规范与完善——〈全国法院破产审判工作会议纪要〉的理解与适用(下)》,载《人民司法·应用》2018 年第 16 期。

[9]贺小荣、王富博、杜军:《破产管理人与重整制度的探索与完善——〈全国法院破产审判工作会议纪要〉的理解与适用(上)》,载《人民司法(应用)》2018 年第 13 期。

［10］冉克平:《破产程序中让与担保权人的权利实现路径》,载《东方法学》2018 年第 2 期。

［11］贺丹:《企业拯救导向下债权破产止息规则的检讨》,载《法学》2017 年第 5 期。

［12］王欣新:《论破产程序中担保债权的行使与保障》,载《中国政法大学学报》2017 年第 3 期。

［13］高丝敏:《我国破产重整中债务人自行管理制度的完善——以信义义务为视角》,载《中国政法大学学报》2017 第 3 期。

［14］徐阳光:《破产法视野中的担保物权问题》,载《中国人民大学学报》2017 年第 2 期。

［15］朱慈蕴、沈朝晖:《不完全合同视角下的公司治理规则》,载《法学》2017 年第 4 期。

［16］周游:《公司法上的两权分离之反思》,载《中国法学》2017 年第 4 期。

［17］池伟宏:《论重整计划的制定》,载《交大法学》2017 年第 3 期。

［18］韦忠语:《破产财产经营论》,载《法商研究》2016 年第 2 期。

［19］王欣新:《论重整中担保权的暂停行使》,载《人民法院报》2015 年 7 月 1 日。

［20］任一民:《既存债务追加物保的破产撤销问题》,载《法学》2015 年第 10 期。

［21］韩长印:《简论破产重整计划表决的信息披露机制——以美国法为借鉴》,载《人民司法》2015 年第 1 期。

［22］王之洲:《论担保权在重整中的保护与限制——兼与王欣新教授商榷》,载《人民法院报》2015 年 9 月 30 日。

［23］高丝敏:《美国破产法二百年流变:立法、司法和学术》,载《清华法律评论》2014 年第 2 期。

［24］贺丹:《公司重整中的价值分配:法律原则、现实偏离与制度纠正——基于中国大陆上市公司重整实证样本的研究》,载《月旦财经法杂

志》2014 年第 34 期。

［25］尹田、尹伊:《论对未经登记及登记不实财产的强制执行》,载《法律适用》2014 年第 10 期。

［26］张自合:《论担保物权实现的程序》,载《法学家》2013 年第 1 期。

［27］王佐发:《上市公司重整中对债权人强裁的公平原则》,载《政治与法律》2013 年第 2 期。

［28］马一德:《公司治理与董事勤勉义务的联结机制》,载《法学评论》2013 年第 6 期。

［29］蒋大兴:《论公司治理的公共性———从私人契约向公共干预的进化》,载《吉林大学社会科学学报》2013 年第 6 期。

［30］熊伟、王宗涛:《中国税收优先权制度的存废之辩》,载《法学评论》2013 年第 2 期。

［31］王欣新:《重整制度理论与实务新论》,载《法律适用》2012 年第 11 期。

［32］张勇健、杜军:《破产重整程序中股权调减与股权负担协调问题刍议》,载《法律适用》2012 年第 11 期。

［33］王欣新、丁燕:《论破产法上信息披露制度的构建与完善》,载《政治与法律》2012 年第 2 期。

［34］许德风:《论担保物权在破产程序中的实现》,载《环球法律评论》2011 年第 3 期。

［35］陈本寒、陈英:《破产重整中有担保债权行使问题之检讨》,载《甘肃政法学院学报》2011 年第 3 期。

［36］赵泓任:《企业破产重整计划可行性的法律分析》,载《法学杂志》2010 年第 6 期。

［37］韩长印、韩永强:《债权受偿顺位省思——基于破产法的考量》,载《中国社会科学》2010 年第 4 期。

［38］蒋新华:《企业破产法对担保物权规定的不足与完善》,载《人

民司法·应用》2010年第2期。

［39］王建平、张达君:《破产重整计划批准制度及反思》,载《人民司法·应用》2010年第23期。

［40］张海征:《英国破产重整制度及其借鉴》,载《政治与法律》2010年第9期。

［41］金玄武:《论债权人参与公司治理的模式——基于公司社会责任视角的考察》,载《政法论坛》2009年第4期。

［42］陈英:《破产重整立法利益倾向之比较——以美、德、法为例》,载《云南大学学报法学版》2009年第4期。

［43］胡利玲:《破产重整制度之审思》,载《中国政法大学学报》2009年第4期。

［44］栾甫贵:《企业破产重整价值评估探讨——兼与程虹、袁国栋商榷》,载《审计与经济研究》2009年第4期。

［45］许德风:《破产法基本原则再认识》,载《法学》2009年第8期。

［46］付翠英:《破产保全制度比较:以美国破产自动停止为中心》,载《比较法研究》2008年第3期。

［47］王建平:《修订后的破产法对债权人利益的保障与影响》,载《人民司法·应用》2008年第3期。

［48］徐晓:《论破产别除权的行使》,载《当代法学》2008年第4期。

［49］高圣平:《担保物权实行途径之研究——兼及民事诉讼法的修改》,载《法学》2008年第1期。

［50］丁广宇:《论有限责任公司债权人权利的回归——基于相机治理理论的探讨》,载《法商研究》2008年第2期。

［51］李永军:《破产法的程序结构与利益平衡机制》,载《政法论坛》2007年第1期。

［52］王欣新:《破产别除权理论与实务研究》,载《政法论坛》2007年第1期。

［53］殷慧芬:《美国破产法2005年修正案述评》,载《比较法研究》

2007年第2期。

[54] 杨以生:《破产别除权制度相关问题研究》,载《法律适用》2007年第10期。

[55] 熊伟:《作为特殊破产债权的欠税请求权》,载《法学评论》2007年第5期。

[56] 刘子平:《破产别除权的认定标准及其行使》,载《法律适用》2007年第11期。

[57] 甘培忠:《公司控制权正当行使的法社会学分析》,载《经济法研究》2007年第5卷。

[58] 许德风:《论担保物权的经济意义及我国破产法的缺失》,载《清华法学》2007年第3期。

[59] 董娇娇:《论公司重整制度中担保债权人的权利限制与保护》,载《中国商法年刊》2007年第1期。

[60] 梁上上:《利益衡量的界碑》,载《政法论坛》2006年第5期。

[61] 汪世虎:《论破产程序对担保物权优先性的限制》,载《河北法学》2006年第8期。

[62] 王利明《关于劳动债权与担保物权的关系》,载《法学家》2005年第2期。

[63] 汤维建:《我国破产法草案在重整程序设计上的若干争议问题之我见》,载《法学家》2005年第2期。

[64] 朱慈蕴:《公司资本理念与债权人利益保护》,载《政法论坛》2005年第3期。

[65] 石静霞:《联合国国际贸易法委员会破产法立法指南评介及其对我国破产立法的借鉴》,载《法学家》2005年第2期。

[66] 王卫国:《新破产法草案与公司法人治理》,载《法学家》2005年第2期。

[67] 陈本寒:《优先权的立法定位》,载《中国法学》2005年第4期。

[68] 程啸:《现行法中抵押权实现制度的一些缺陷及完善》,载《法

学杂志》2005 年第 3 期。

[69] 王利明:《破产立法中的若干疑难问题探讨》,载《法学》2005 年第 3 期。

[70] 许士宦:《担保权在债务清理程序上所受处遇——破产法修正草案之新走向》,载《月旦法学》2003 年第 4 期。

[71] 李永军:《重申破产法的私法精神》,载《政法论坛》2002 年第 3 期。

[72] 韩长印:《企业破产立法目标的争论及其评价》,载《中国法学》2002 年第 3 期。

[73] 方流芳:《郑百文"资产、债务"重组方案:法律视角的评述》,载《证券法律评论》2001 年第 1 期。

[74] 马俊驹、梅夏英:《无形财产的理论和立法问题》,载《中国法学》2001 年第 2 期。

[75] 马俊驹、梅夏英:《不动产制度与物权法的理论和立法构造》,载《中国法学》1999 年第 4 期。

[76] 郁光华:《论物的担保之债的经济意义》,载《比较法研究》1997 年第 1 期。

[77] 冯果:《公司重整制度与债权人的法律保护》,载《武汉大学学报(哲学社会科学版)》1997 年第 5 期。

[78] 王卫国:《法国治理企业困境的立法和实践》,载《外国法译评》1996 年第 4 卷。

[79] 王卫国:《论重整制度》,载《法学研究》1996 年第 1 期。

[80] 张维迎:《公司融资结构的契约理论:一个综述》,载《改革》1995 年第 4 期。

[81] 韩长印:《企业破产立法的公共政策构成》,中国人民大学 2001 年博士学位论文。

[82] 贺丹:《破产重整控制权的法律配置》,中国政法大学 2006 年博士学位论文。

[83]管锡展:《公司破产重组中的产权保护问题研究——兼论中国的破产法改革》,复旦大学 2003 年博士学位论文。

[84]丁文联:《论破产程序中的利益平衡》,对外经济贸易大学 2003 年博士学位论文。

[85]禹芳:《俄罗斯破产重整中债权人利益保护法律制度研究》,中国政法大学 2009 年博士学位论文。

[86]吕曜均:《海峡两岸困境企业重整程序之比较研究》,中国政法大学 2008 年博士学位论文。

[87]胡利玲:《困境企业拯救的法律机制研究——以制度改进为中心》,中国政法大学 2007 年博士学位论文。

[88]齐明:《美国破产重整制度研究》,吉林大学 2009 年博士学位论文。

[89]徐洁:《担保物权功能论》,西南政法大学 2004 年博士学位论文。

英文文献

英文专著

[1] Charles J. Tabb, *Law of Bankruptcy*, West Academic Publishing, 2016, Fourth Edition.

[2] Walter Effross, *Corporate Governance: Principles and Practices*, Wolters Kluwer Law & Business, 2nd edition, New York, 2013.

[3] Brian A. Blum, *Bankruptcy and Debtor/Creditor: Examples and Explanations*, Third Edition, Aspen Publishers, Inc. 2004.

[4] Gerard McCormack, *Secured Credit under English and American Law*, Cambridge: Cambridge University Press, 2004.

[5] Charles J. Tabb, Ralph Brubaker, *Bankruptcy Law: Principles, Policies, and Practice*, Anderson Publishing Co. , 2003.

[6] H. Nickles, *Business Reorganization In Bankruptcy/Cases and*

Materials, West Group, 2001.

[7] Margaret M. Blair, *Ownership and Control: Rethinking Corporate Governance for the 21st Century*, Brookings Institution, 1995.

[8] Elizabeth Warren, Jay Lawrence Westbook, *The Law of Debtors and Creditors-Text, Cases and Problems*, Second Edition, Little, Brown and Company, 1991.

英文论文

[1] Jay Lawrence Westbrook, "Secured Creditor Control and Bankruptcy Sales——An Empirical View", 2015 *U. Ill. L. Rev.* 831.

[2] Charles W. Mooney, Jr, "The (Il)Legitimacy of Bankruptcies for the Benefit of Secured Creditors", 2015 *U. Ill. L. Rev.* 735.

[3] David A. Skeel Jr., "From Chrysler and General Motors to Detroit", *Widener Law Journal*, 2015, vol. 24.

[4] John Armour, Jeffrey N. Gordon, "Systemic Harms and Shareholder Value", 6 *J. Legal Analysis* 35 (2014).

[5] Joshua Goodman and Adam Levitinm, "Bankruptcy Law and the Cost of Credit: The Impact of Cramdown on Mortgage Interest Rates", 57 *The Journal of Law & Economics* 139 (2014).

[6] Jacqueline Palank, "Firms in Chapter 11 Face Fast Trip to Auction Block", *Walc. St. J.*, Jan. 14, 2013.

[7] Melissa B. Jacoby & Edward J. Janger, "Ice Cube Bonds: Allocating the Price of Process in Chapter 11 Bankruptcy", 123 *Yale L. J.* 862 (2014).

[8] Mark J. Roe, Joo-Hee Chung, "How the Chrysler Reorganization Differed from Prior Practice", 5 *Journal of Legal Analysis* 399 (2013).

[9] Charles J. Tabb, "Credit Bidding, Security, and the Obsolescence of Chapter 11", 2013 *U. Ill. L. Rev.* 103.

[10] Douglas G. Baird & Anthony J. Casey, "No Exit? Withdrawal

Rights and the Law of Corporate Reorganizations", 113 *Colum. L. Rev.* 1 (2013).

[11] Andrea Polo, "Secured Creditor Control in Bankruptcy: Costs and Conflict", *Ssrn Electronic Journal*(2012).

[12] Blazy, Régis, Chopard, Bertrand, "(Un) Secured Debt and the Likelihood of Court-Supervised Reorganization", *European Journal of Law & Economics*, 2012, Vol. 34, Issue 1.

[13] Erik W. Chalut, Blair R. Zanzig, "River Road—The Right Road for Selling a Secured Lender's Collateral under a Chapter 11 Plan of Reorganization", 129 *Banking L. J.* 173(2012).

[14] Matthew A. Bruckner, "Improving Bankruptcy Sales by Raising the Bar: Imposing a Preliminary Injunction Standard for Objections to 363 Sales", 62 *Cath. U. L. Rev.* 1, 12–13, 25 (2012).

[15] Michael Busenkell & Ryan Cicoski, "At the Intersection of Successor Liability and the Bankruptcy Code", *Am. Bankr. Inst. J.*, 2012.

[16] Jacob A. Kling, "Rethinking 363 Sales", 17 *Stan. J. L. Bus. & Fin.* 258, 272 & n. 91 (2012).

[17] Jonathan M. Landers, "The Changing Face of Chapter 1 for Large Operating Businesses", 8 *Pratt's J. Bankr. L.* 99 (2012).

[18] Pamela Foohey, "Chapter 11 Reorganization and the Fair and Equitable Standard How the Absolute Priority Rule Applies to All Nonprofit Entities", 86 *St. John's L. Rev.* 31(2012).

[19] Kenneth N. Klee & Richard Levin, "Rethinking Chapter 11", 21 *Norton J. Bankr. L. & Prac.* 1, 12 (2012).

[20] Stephanie Ben-Ishai & Stephen J. Lubben, "Involuntary Creditors and Corporate Bankruptcy", 45 *U. B. C. L. Rev.* 253, 255 (2012).

[21] Anthony J. Casey, "The Creditors' Bargain and Option-Preservation Priority in Chapter 11", 78 *U. Chi. L. Rev.* 759 (2011).

[22] Michelle M. Harner & Jamie Marincic, "Committee Capture? An Empirical Analysis of the Role of Creditors' Committees in Business Reorganization", 64 *Vand. L. Rev.* 749, 755 (2011).

[23] Stephanie Ben-Ishai & Stephen J. Lubben, "Sales or Plans: A Comparative Account of the 'New' Corporate Reorganization", 56 *McGiLL L. J.* 591, 621 (2011).

[24] Barry E. Adler, "A Reassessment of Bankruptcy Reorganization after Chrysler and General Motors", 18 *Am. Banint. Inst. L. Rev.* 305 (2010).

[25] Eisenberg, "Gifting and Asset Reallocation in Chapter11 Proceedings: A Synthesized Approach", 29 *Am. Bankr. Inst. J.* 50, 50 (2010).

[26] Leah M. Eisenberg, "Gifting and Asset Reallocation in Chapter 11 Proceedings: A Synthesized Approach", *American Bankruptcy Institute Journal*, Vol. 29, Iss. 7 (September 2010).

[27] Ralph Brubaker & Charles Jordan Tabb, "Bankruptcy Reorganization and the Troubling Legacy of Chrysler and GM", *U. Ill. L. Rev.* 1375 (2010).

[28] Randall Klein & Danielle Juhle, "Majority Rules: Non-Cash Bids and the Reorganization Sale", 84 *Am. Bankr. L. J.* 297 (2010).

[29] Mark J. Roe & David A. Skeel, "Assessing the Chrysler Bankruptcy", 108 *Mich. L. Rev.* 727 (2010).

[30] Todd L. Friedman, "Note, The Unjustified Business Justification Rule: A Reexamination of the Lionel Canon in Light of the Bankruptcies of Lehman, Chrysler, and General Motors", 11 *U. C. Davis Bus. L. J.* 181 (2010).

[31] Kenneth M. Ayotte & Edward R. Morrison, "Creditor Control and Conflict in Chapter 11", 1 *J. Legal Analysis* 511 (2009).

[32] Stephen J. Lubben, "No Big Deal: The GM and Chrysler Cases in Context", 83 *Am. Bankr. L. J.* 531 (2009).

[33] Kenneth Daniels & Gabriel G. Ramirez, "Information, Credit Risk, Lender Specialization and Loan Pricing: Evidence from the DIP Financing Market", 34 *J. Fin. Servicesres.* 35, 45 & Tbl. 2 (2008).

[34] Edward R. Morrison, "Bankruptcy Decision Making: An Empirical Study of Continuation Bias in Small-Business Bankruptcies", 5 *J. L & Econ.* 381 (2007).

[35] Eric B. Fisher and Andrew L. Buck, "Hedge Funds and the Changing Face of Corporate Bankruptcy Practice", 25 *Am. Bankr. Inst. J.* 24 (Dec./Jan. 2007).

[36] Frank Partnoy and David Skeel, "The Promise and Perils of Credit Derivatives", *U. Cinn. L. Rev.* (2007).

[37] Lynn M. LoPucki & Joseph W. Doherty, "Bankruptcy Fire Sales", 6 *Mich. L. Rev.* 1(2007).

[38] Mark Broadie, Mikhail Chernov, and Suresh Sundaresan, "Optimal Debt and Equity Values in the Presence of Chapter 7 and Chapter 11", *J. Fin* (forthcoming 2007).

[39] Douglas G. Baird, Donald S. Bernstein, "Absolute Priority, Valuation Uncertainty, and the Reorganization Bargain", 115 *Yale L. J.* 1930 (2006).

[40] Douglas G. Baird and Robert K. Rasmussen, "Private Debt and the Missing Lever of Corporate Governance", 154 *U. Penn. L. Rev.* 1209 (2006).

[41] Reinier Kraakman, "Concluding Remarks on Creditor Protection", *European Business Organization Law Review*, vol. 7 (2006).

[42] Ethan S. Bernstein, "All's Fair in Love, War & Bankruptcy: Corporate Governance Implications of CEO Turnover in Financial Distress", *Working Paper* (Oct. 26, 2005).

[43] Barry E. Adler, Vedran Capkun, and Lawrence A. Weiss, "Destruction of Value in the New Era of Chapter 11", *Working Paper* (Sept. 9, 2005).

[44] Harvey R. Miller & Shai Y. Waisman, "Is Chapter *11* Bankrupt?", 47 *B. C. L. Rev.* 129, 156 (2005).

[45] Viral Acharya, Kose John, and Rangarajan Sundaram, "Cross-Country Variations in Capital Structure: The Role of Bankruptcy Codes", *Working Paper* (2005).

[46] Paul M. Goldschmid, "Note, More Phoenix than Vulture: The Case for Distressed Investor Presence in the Bankruptcy Reorganization Process", 2005 *Colum. L. Rev.* 191 (2005).

[47] David A. Skeel, "The Past, Present and Future of Debtor-in-Possession Financing", 25 *Card. L. Rev.* 1905 (2004).

[48] Harvey R. Miller and Shay Y. Waisman, "Does Chapter 11 Reorganization Remain a Viable Option for Distressed Businesses For the Twenty-First Century?", 78 *Am. Bankr. L. J.* 153 (2004).

[49] Pascal Francois and Erwan Morellec, "Capital Structure and Asset Prices: Some Effects of Bankruptcy Procedures", 77 *J. Bus.* 377 (2004).

[50] Sris Chatterjee, Upinder S. Dhillon and Gabriel G. Ramirez, "Debtor-in-Possession Financing", 28 *J. Bank. &Fin.* 3097 (2004).

[51] David A. Skeel, Jr., "Creditors' Ball: The 'New' Corporate Governance in Chapter 11", 152 *U. Pa. L. Rev.* 917, 919 – 20 (2003).

[52] Douglas G. Baird & Robert K. Rasmussen, "Chapter 11 at Twilight", 56 *Stan. L. Rev.* 673 (2003).

[53] Elizabeth Warren and Jay Westbrook, "Secured Party in Possession", 22 *Am. Bankr. Inst. J.*, Sept. (2003).

[54] Lynn M. LoPucki, "The Nature of the Bankrupt Firm: A Response to Baird and Rasmussen's The End of Bankruptcy", 56 *Stan. L. Rev.* 645, 648 (2003).

[55] Sandeep Dahiya, Kose John, Manju Puri, and Gabriel Ramirez, "Debtor-in-Possession Financing and Bankruptcy Resolution: Empirical Evidence", 69 *J. Fin. Econ.* 259 (2003).

[56] Maria Carapeto, "Does Debtor-in-Possession Financing Add Value?", *Working Paper* (Oct. 6, 2003).

[57] Douglas G. Baird & Robert K. Rasmussen, "The End of Bankruptcy", 55 *Stan. L. Rev.* 751, 784–85 (2002).

[58] Douglas G. Baird & Edward R. Morrison, "Bankruptcy Decision Making", 17 *J. L. Econ. & Org.* 356 (2001).

[59] Douglas G. Baird, Robert K. Rasmussen, "The End of Bankruptcy", *Stanford. L. Rev.* 751 (2002).

[60] Lucian Arye Bebchuk and Jesse M. Fried, "A New Approach to Valuing Secured Claims in Bankruptcy", *Harvard Law Review*, Vol. 114, No. 8 (2001).

[61] Oliver Hart, "Financial Contracting", *Journal of Economic Literature* (2001).

[62] Fayez A. Elayan and Thomas O. Meyer, "The Impact of Receiving Debtor-in-Possession Financing on the Probability of Successful Emergence and Time Spent under Chapter 11 Bankruptcy", 28 *J. Bus. Fin. & Acctg.* 905 (2001).

[63] Alan Schwartz, "A Contract Theory Approach to Business Bankruptcy", 107 *Yale L. J.* 127, 183 n.60 (1997).

[64] Upinder S. Dhillon, Thomas Noe, and Gabriel Ramirez,

"Debtor-in-Possession Financing and the Resolution of Uncertainty in Chapter 11 Reorganizations", *Working Paper* (1996).

[65] Brian L. Betker, "Management's Incentives, Equity's Bargaining Power, and Deviations from Absolute Priority in Chapter 11 Bankruptcies", 68 *J. Bus.* 161 (1995).

[66] Stuart C. Gilson and Michael R. Vetsuypens, "Creditor Control in Financially Distressed Firms: Empirical Evidence", 72 *Wash. U. L. Q.* 1005 (1994).

[67] Barry E. Adler, "Financial and Political Theories of American Corporate Bankruptcy", 45 *Stan. L. Rev.* 311, 315 – 16 (1993).

[68] Olive Hart, "An Economist's Views of Fiduciary Duty", 43 *University of Toronto Law Journal* 303 (1993).

[69] Lynn M. LoPucki and William C. Whitford, "Corporate Governance in the Bankruptcy Reorganization of Large, Publicly Held Companies", 141 *U. Penn. L. Rev.* 669, 723 – 36 (1993).

[70] Lucian Arye Bebchuk and Howard F. Chang, "Bargaining and the Division of Value in Corporate Reorganizations", 8 *J. L. Econ. & Org.* 253 (1992).

[71] Michael Bradley and Michael Rosenzweig, "The Untenable Case for Chapter 11", 101 *Yale L. J.* 1043 (1992).

[72] Thomas H. Jackson and Scott, "On the Nature of Bankruptcy: An Essay on Bankruptcy Sharing and the Creditor's Bargain", *Virginia Law Review*, Vol. 75, No. 2(1989).

[73] Harvard Law Review Association, "Adequate Protection and The Availability of Postpetition Interst to Undersecured Creditors in Bankruptcy", *Harvard Law Review* (1987).

[74] Douglas G. Baird and Thomas H. Jackson, "Corporate Reorganizations and the Treatment of Diverse Ownership Interests: A

Comment on Adequate Protection of Secured Creditors in Bankruptcy", 51 *U. Chi. L. Rev.* 97, 121 (1984).

[75] Michael C. Jensen and William H. Meckling, "Theory of the Firm: Managerial Behavior, Agency Costs, and Ownership Structure", 3 *J. Fin. Econ.* 305 (1976).

其他资料

[1]最高人民法院网:《全国法院审理破产典型案例》,载最高人民法院网,2018年3月6日发布,访问时间2018年11月13日。

[2]《全国法院破产审判工作会议纪要》(法〔2018〕53号)。

[3]《人民法院依法推进破产审判工作妥善处理"僵尸企业"相关情况新闻发布会》,2017年8月3日最高人民法院新闻发布会。

[4]最高人民法院:《人民法院关于依法审理破产案件推进供给侧结构性改革典型案例》,载《人民法院报》2016年6月16日。

[5]《最高人民法院〈会议纪要〉立规重整＊ST创智欲"尝鲜"强闯重组关》,载《上海证券报》2013年1月22日。

[6]《关于审理上市公司破产重整案件工作座谈会纪要》(法〔2012〕261号)。

[7]《假如郑百文重组在新破产法实施之后》,载《法制日报》2007年8月12日。